Herbert Schenkelberg

BAföG-Darlehen und ihre Rückzahlung

Herbert Schenkelberg

BAföG Darlehen und ihre Rückzahlung

Wer Bescheid weiß zahlt weniger

2. Auflage
aktualisiert und neu bearbeitet

athenäum + UNiCuM

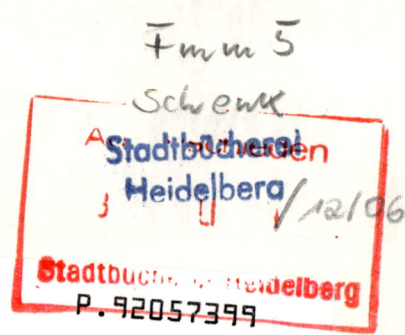

CIP-Titelaufnahme der Deutschen Bibliothek

Schenkelberg, Herbert: BAföG-Darlehen und ihre Rückzahlung: wer Bescheid weiss, zahlt weniger / Herbert Schenkelberg. – 2. Aufl., aktualisiert u. neu bearb. – Frankfurt am Main: Athenäum; Bochum: Unicum, 1989
 ISBN 3-610-08471-5

2. Auflage, aktualisiert und neu bearbeitet 1989

© 1988 UniCum-Verlag GmbH, Bochum
Alle Rechte vorbehalten.
Ohne ausdrückliche Genehmigung des Verlags ist es auch nicht gestattet, das Buch oder Teile daraus auf fotomechanischem Wege (Fotokopie, Mikrokopie) zu vervielfältigen.
Umschlaggestaltung: Karl Gerstner, Basel
Satz: Schürmann & Klagges, Bochum
Druck und Bindung: Clausen & Bosse, Leck
Printed in West Germany
ISBN 3-610-08471-5

Inhalt

Vorwort

Erster Teil
Die Höhe der Darlehensschuld 1
I. Durch das Amt für Ausbildungsförderung
    geleistete Darlehen. 3
    *1. Die Bewilligung der Darlehen durch einen
        entsprechenden Bescheid* 3
    2. Die Bekanntgabe des Bewilligungsbescheides 4
    3. Die bestandskräftige Bewilligung des Darlehens 5
    4. Die endgültige Bewilligung des Darlehens. 6
    5. Die Auszahlung des Darlehens 7

II. Feststellung der Höhe der Darlehensschuld durch einen
    Feststellungsbescheid des Bundesverwaltungsamtes ... 8
    1. Die Entwicklung des § 18 Abs. 5a BAföG. 9
    2. Der Ausschluß von § 44 SGB-X 10
    *3. Die Feststellung der Darlehensschuld in einem
        Bescheid nach § 18 Abs. 5a BAföG*. 12
    *4. Folgen der Feststellungen eines Bescheids nach
        § 18 Abs. 5a BAföG* 13

Zweiter Teil
Einwendungen gegen den Rückzahlungsbescheid 17
I. Die Einwendungen im einzelnen 17
    *1. Der Einwand, über die Rückforderung der
        Darlehen sei bereits bestandskräftig entschieden* 17
    a.) Die Zulässigkeit von Nachforderungen 18
    b.) Die Regelung des § 18 Abs. 5a BAföG 20
    *c.) Die Nachforderung von Darlehen während eines
        laufenden Widerspruchsverfahrens*. 25
    *2. Der Einwand der Nachrangigkeit der
        Ausbildungsförderung gegenüber dem zivilrechtlichen
        Unterhaltsanspruch*...................... 26
    *a.) Darlehensrückforderung bei übergeleitetem
        Unterhaltsanspruch* 26

	b.) Darlehensrückforderung bei rechtswidrig unterlassener Überleitung des Unterhaltsanspruches	31
	3. Der Einwand gegen Art und Umfang der Förderung	32
	4. Der Einwand, das Darlehen sei an einen Dritten ausgezahlt worden	33
	5. Der Einwand der Verjährung	35
	6. Der Einwand der Verwirkung	35
II.	Einwendungen nur gegenüber dem Rückzahlungsbescheid	36
	1. *Das Verhältnis von Rückzahlungsbescheid nach § 10 DarlehensV und Feststellungsbescheid nach § 18 Abs. 5a BAföG*	36
	2. *Auswirkungen auf den Rechtsschutz*	37

Dritter Teil
Die Förderungshöchstdauer 39

I.	Allgemeines	39
II.	Die Förderungshöchstdauerverordnung	39
III.	Die Bemessung der Förderungshöchstdauer im Bewilligungsverfahren	40
IV.	Die Bemessung der Förderungshöchstdauer im Rückforderungsverfahren	42
V.	Die Festsetzung der Förderungshöchstdauer durch das Bundesverwaltungsamt	45

Vierter Teil
Die Rückzahlung in Raten 49

I.	Geltende Rechtslage	49
	1. Der Beginn der Rückzahlungsverpflichtung	49
	2. Die Höhe der monatlichen Raten	50
	3. Die Regelungen des Rückzahlungsbescheides	51
	4. *Der Tilgungsplan*	51
II.	Die Übergangsregelung für Auszubildende, die vor dem 1. August 1983 Darlehen erhalten haben	54
III.	Unterscheidung zwischen Fälligkeits- und Zahlungstermin	57
IV.	Fälligkeits- und Zahlungstermin bei Rechtsmitteln gegen den Rückzahlungsbescheid	60
V.	Steuerrechtliche Berücksichtigung	61

Fünfter Teil
Einkommensabhängige Rückzahlung................. 63
I. Die Freistellung nach § 18 a BAföG 63
   1. Allgemeines 63
   2. Die Voraussetzungen für die Freistellung 64
     a.) Die Berechnung des Einkommens 64
     b.) Die Berechnung der Freibeträge 67
     c.) Das Glaubhaftmachen der Voraussetzungen...... 68
     d.) Freistellung nur auf Antrag 69
   3. Beginn und Ende der Freistellung............. 69
II. Die Stundung nach § 59 Bundeshaushaltsordnung 72
   1. Die Voraussetzungen für eine Stundung......... 72
   2. Stundungszinsen und Sicherheitsleistung 73
   3. Stundung nur auf Antrag 74
III. Die Niederschlagung
    nach § 59 Bundeshaushaltsordnung 74

Sechster Teil
Der – teilweise – Erlaß der Darlehensschuld............ 77
I. Der Erlaß wegen herausragender Studienleistungen... 78
   1. Die Bildung von Vergleichsgruppen 78
   2. Die Bildung der Rangfolge 79
   3. Auskunftspflichten des Darlehensnehmers 82
   4. Erlaß nur auf Antrag...................... 82
II. Der Erlaß wegen vorzeitiger Beendigung
    des Studiums......................... 84
   1. Die Entstehungsgeschichte der Vorschrift 84
   2. Erlaß nur auf Antrag...................... 85
   3. Die Beendigung der Ausbildung vier Monate vor
     Ablauf der Förderungshöchstdauer............ 86
     a.) Die Beendigung der Ausbildung 87
     b.) Das Ende der Förderungshöchstdauer 88
   4. Erlaß auch bei weiterer Ausbildung............ 90
   5. Die Behandlung von Härtefällen 91
III. Der Erlaß wegen Pflege und Erziehung eines Kindes .. 95
   1. Erlaß nur auf Antrag...................... 96
   2. Das Einkommen des Darlehensnehmers......... 97

    3. *Pflege und Erziehung eines Kindes unter 10 Jahren* . . 97
    4. *Unwesentliche Erwerbstätigkeit* 98
    5. *Kausalität zwischen Erwerbslosigkeit und Betreuung eines Kindes* 99
IV. Der Erlaß wegen vorzeitiger Rückzahlung des Darlehens 100
    1. *Die Höhe des Nachlasses* 100
    2. *Vorzeitige Tilgung* 102
    3. *Erlaß nur auf Antrag* 103
V. Der Erlaß wegen einer behinderungsbedingten Verlängerung des Studiums 104
VI. Der Erlaß wegen besonderer Härte 105
    1. *Besondere sachliche Härte* 105
    2. *Besondere persönliche Härte* 106

Siebter Teil
Die Verzinsung des Darlehens, Mahnkosten 109
I. Der Grundsatz der Unverzinslichkeit 109
II. Verzugszinsen 110
    1. *Verzug des Darlehensnehmers* 110
    2. *Berechnung der Verzugszinsen* 112
III. Mahnkosten 115
    a.) Erhebung durch Verwaltungsakt 115
    b.) Die Höhe der Mahngebühren 117

Achter Teil
Die Kosten der Anschriftenermittlung 119
I. Die Rechtmäßigkeit der Kostenpauschale in Höhe von 50,– DM 119
II. Die Voraussetzungen für eine Gebührenerhebung im einzelnen 124
    1. *Mitteilung des Wohnungswechsels* 124
    2. *Mitteilung an das Bundesverwaltungsamt* 125
    3. *Nachweis für die Mitteilung* 126
    4. *Kenntnis des Darlehensnehmers von der Mitteilungspflicht* 127

Neunter Teil
Darlehensrückzahlung bei Tod des Darlehensnehmers 128

Anmerkungen 129

Anhang
I. Bundesausbildungsförderungsgesetz –
   ausgewählte Paragraphen.................... 138
II. Darlehensverordnung...................... 160
III. Förderungshöchstdauerverordnung 165
IV. Teilerlaßverordnung....................... 170
V. Einkommensverordnung.................... 175
VI. § 44 – § 51 Sozialgesetzbuch 178

Schlagwortverzeichnis 182

Vorwort

Seit dem Wintersemester 1983/84 wird für Studenten von Höheren Fachschulen, Akademien und Hochschulen Ausbildungsförderung nur noch in Form von unverzinslichen Darlehen geleistet. Damit hat eine neue Ära der Ausbildungsförderung begonnen.

Wurden die Auszubildenden zuvor nämlich im Grundsatz mit Zuschüssen und nur zu einem geringen Teil mit Darlehen (sog. Grunddarlehen) gefördert, so sind nunmehr Darlehensschulden von 40 000,– DM und mehr keine Seltenheit. Es liegt auf der Hand, daß damit den Problemen, die sich im Zusammenhang mit der Rückzahlung des Darlehens stellen (einkommensabhängige Rückzahlung, Darlehens(teil)erlasse, Folgen verspäteter Ratenzahlungen etc.) ein ebenso hohes Gewicht beizumessen ist wie den Fragen, die die Förderung als solche betreffen.

Trotz ihrer erheblichen praktischen Bedeutung sind die Einzelheiten der Darlehensrückzahlung weithin unbekannt und auch in der juristischen Literatur kaum bearbeitet.

Ziel der Arbeit ist es daher, die Darlehensnehmer – auch schon die Studenten – und die sie vertretenden Rechtsanwälte mit den Modalitäten der Darlehensrückzahlung vertraut zu machen und einen systematischen Überblick über das geltende Recht zu geben. Dazu gehört insbesondere die Rechtsprechung des Verwaltungsgerichts Köln und des Oberwaltungsgerichts für das Land Nordrhein-Westfalen, die wegen des Sitzes des mit dem Darlehenseinzug beauftragten Bundesverwaltungsamtes in Köln allein für die Entscheidung verwaltungsgerichtlicher Klagen zuständig sind.

Bereits ein Jahr nach Erscheinen der 1. Auflage liegt nun die 2. Auflage vor. Sie wurde im Hinblick auf das positive Echo, das die 1. Auflage gefunden hat, erforderlich. Konzeption und Umfang wurden im wesentlichen beibehalten; berücksichtigt wurden die Änderungen, die das 11. BAföG-Änderungsgesetz gebracht hat.

Abkürzungsverzeichnis

Abs.	Absatz
Art.	Artikel
BAföG	Bundesausbildungsförderungsgesetz
BGB	Bürgerliches Gesetzbuch
BGBl.	Bundesgesetzblatt
BGH	Bundesgerichtshof
BHO	Bundeshaushaltsordnung
BSHG	Bundessozialhilfegesetz
BVA	Bundesverwaltungsamt
BVerfG	Bundesverfassungsgericht
BVerwG	Bundesverwaltungsgericht
BVerwGE	Entscheidung des Bundesverwaltungsgerichts
BT-Drs.	Bundestagsdrucksache
EStG	Einkommenssteuergesetz
FamRZ	Zeitschrift für das gesamte Familienrecht
FEVS	Fürsorgerechtliche Entscheidungen der Verwaltung- und Sozialgerichte
GMBl.	Gemeinsames Ministerialblatt
i.S.d.	im Sinne des/r
NJW	Neue Juristische Wochenschrift
NVwZ	Neue Zeitschrift für Verwaltungsrecht
OVG NW	Oberverwaltungsgericht für das Land Nordrhein-Westfalen in Münster
Rdnr.	Randnummer
SGB-X	Sozialgesetzbuch, Zehnter Teil
SGB-AT	Sozialgesetzbuch, Allgemeiner Teil
sog.	sogenannte(r)
Urt.v.	Urteil vom
VG	Verwaltungsgericht
Vorl.VV	Vorläufige Verwaltungsvorschriften
VwGO	Verwaltungsgerichtsordnung

Erster Teil:

Die Höhe der Darlehensschuld

Es entspricht dem Wesen eines Darlehens, daß es in der Höhe zurückzuzahlen ist, in der es gewährt wurde. Dieser Grundsatz gilt – selbstverständlich – auch für die nach dem Bundesausbildungsförderungsgesetz geleisteten Darlehen (§ 18 Abs. 3 BAföG).

So einfach und einleuchtend dieser Ausgangspunkt auf den ersten Blick auch erscheinen mag, so schwierig kann sich die Beantwortung der Frage gestalten, wie hoch die Darlehensschuld im Einzelfall ist. Dies gilt insbesondere in den Fällen, in denen die Ausbildungsförderung nach der jeweils geltenden Rechtslage teilweise als Darlehen, im übrigen aber als Zuschuß gewährt wurde.[1]) Die erste Schwierigkeit ergibt sich aus dem Umstand, daß die Behörde, die dem Darlehensnehmer mit dem Rückforderungsbegehren gegenübertritt, das Bundesverwaltungsamt nämlich, nicht identisch ist mit der Behörde, die den Darlehensnehmer tatsächlich gefördert hat.

Die Bewilligung der Ausbildungsförderung und die Entscheidung über Art und Umfang ist Sache der Bundesländer (§ 39 Abs. 1 BAföG). Diese haben hierfür die nach den Paragraphen 40 ff. BAföG vorgesehenen Ämter für Ausbildungsförderung eingerichtet. Für die Verwaltung und Einziehung der Darlehen nach dem Bundesausbildungsförderungsgesetz (§ 39 Abs. 2 und § 63 Abs. 1 BAföG) ist das Bundesverwaltungsamt mit Sitz in Köln zuständig. Das Bundesverwaltungsamt ist durch Gesetz vom 28. Dezember 1959 (BGBl. I S. 829) im Geschäftsbereich des Bundesministers des Innern als selbständige Bundesoberbehörde (Art. 87 Abs. 3 GG) errichtet worden mit der Folge, daß die Verwaltung und Einziehung der Darlehen zu einem Teil der bundeseigenen Verwaltung geworden ist. Das Bundesverwaltungsamt hat also, wenn es den Rückforderungsanspruch gegenüber dem Darlehensnehmer geltend macht, selbst keine unmittelbaren Erkenntnisse darüber, welche Ausbildung der Darlehensnehmer durchlaufen hat und wie lange diese Ausbildung mit Mitteln nach dem Bundesausbildungsförderungsgesetz gefördert wurde. Es fehlt dem Bundesverwaltungsamt auch an eigenen Erkenntnissen darüber, in welcher Art und Weise (Zuschuß und/ oder Darlehen) der Auszubildende gefördert wurde, insbesondere in welcher Höhe Darlehen tatsächlich an ihn geflossen sind. Das Bundesverwaltungsamt ist in allen diesen Punkten auf entsprechende Meldungen der Ämter für Ausbildungsförderung angewiesen und hat – da die Förderungsakte regelmäßig beim Amt für Ausbildungsförderung verbleibt – auch keine Möglichkeit, die mitgeteilten Daten auf ihre Richtigkeit zu überprüfen. Fehlerhafte Meldungen des Amtes für Ausbildungsförderung oder Fehlleistungen im Meldesystem führen deshalb zwangsläufig zu einer fehlerhaften Feststellung der Höhe der geleisteten Darlehen, wobei die eintretenden Begünstigungen oder Benachteiligungen für den Darlehensnehmer oder die öffentliche Hand rein zufällig sind.

Eine weitere Schwierigkeit, die Höhe der Darlehensschuld zu bestimmen, ergibt sich daraus, daß die Summe der dem Darlehensnehmer während des Studiums zugeflossenen Darlehen nicht notwendigerweise mit der noch zu tilgenden Darlehensschuld identisch sein muß. Ein Teil der vormals bestehenden Darlehensschuld kann zu dem Zeitpunkt bereits erloschen sein, wenn das Bundesverwaltungsamt das Darlehen zurückfordert. Zahlen etwa die unterhaltspflichtigen Eltern aufgrund eines nach den Paragraphen 36 und 37 BAföG übergeleiteten Unterhaltsanspruches an das Amt für Ausbildungsförderung, so werden diese Zahlungen nach § 37 Abs. 1 Satz 2 und § 11 Abs. 2 BAföG zwar zunächst auf den als Zuschuß gezahlten Teil verrechnet; der dadurch nicht verbrauchte Teil der Unterhaltszahlungen führt jedoch zu einer entsprechenden Tilgung des Darlehens und damit im Ergebnis auch zu einer Verminderung der Darlehensschuld. Ähnliches gilt, wenn der Darlehensnehmer einen Darlehensteilerlaß beansprucht, sei es, daß er die Voraussetzungen des § 18 b BAföG erfüllt und ein entsprechender Antrag positiv beschieden wurde, sei es, daß der Teilerlaß von Gesetzes wegen eingetreten ist.[2])

Schließlich ist die Höhe der Darlehensschuld ständigen Schwankungen auch deshalb unterworfen, weil der Darlehensnehmer das Darlehen vorzeitig – unter Umständen unter Inanspruchnahme eines Erlasses nach § 18 Abs. 5b BAföG – oder aber entsprechend dem aufgestellten Tilgungsplan planmäßig tilgt.

Die Höhe der jeweiligen Darlehensschuld, von der im folgenden die Rede sein wird und auf die auch § 18 Abs. 5a BAföG abstellt, *ist somit die Summe der dem Darlehensnehmer während der Ausbildung für einzelne Bewilligungszeiträume geleisteten Darlehen abzüglich der bereits erfolgten Tilgungen.* Bevor wir uns aber der Frage zuwenden, wie das Bundesverwaltungsamt die Höhe der Darlehensschuld feststellt, wollen wir zunächst untersuchen, welche Kriterien bei einem Darlehen vorliegen müssen.

I. Durch das Amt für Ausbildungsförderung geleistete Darlehen

Darlehen im hier interessierenden Sinne sind diejenigen Förderungsmittel, die aufgrund eines bestandskräftigen Bewilligungsbescheides des zuständigen Amtes für Ausbildungsförderung endgültig *als Darlehen* bewilligt und dem Darlehensnehmer ausgezahlt worden sind. Diese Merkmale sollen nachfolgend erörtert werden. Fehlt es an einem von ihnen, so kann sich derjenige, gegen den sich ein Rückforderungsbegehren des Bundesverwaltungsamtes richtet, mit Erfolg darauf berufen, ihm sei kein Darlehen gewährt worden.

1. Die Bewilligung der Darlehen durch einen entsprechenden Bescheid

Eine Entscheidung darüber, ob Ausbildungsförderung als Darlehen gewährt wird, kann nur durch einen entsprechenden Bewilligungsbescheid des Amtes für Ausbildungsförderung erfolgen. Ein Bewilligungsbescheid ist ein Verwaltungsakt, durch den der Darlehensnehmer in eine öffentlich-rechtliche Rechtsbeziehung mit seinem Amt für Ausbildungsförderung eintritt. In einem solchen Rechtsverhältnis hat der Darlehensnehmer besondere Rechte und Pflichten, die sich aus speziellen Verwaltungsgesetzen (BAföG, Sozialgesetzbuch u.a.) und der Verwaltungsgerichtsordnung (VwGO) ergeben.

Ohne einen Bewilligungsbescheid, in dem die Ausbildungsförderung ganz oder teilweise ausdrücklich als Darlehen ausgewiesen wird, kann dem Auszubildenden kein Darlehen geleistet worden sein.[3] Dabei ist es unerheblich, ob dem Darlehensnehmer überhaupt, und wenn ja, in welcher Höhe Förderungsmittel tatsächlich zugeflossen sind. Unerheblich ist insofern auch, ob die ausgezahlten Beträge aufgrund der gesetzlichen Vorschriften ganz oder teilweise als Darlehen hätten bewilligt werden müssen oder ob das Amt für Ausbildungsförderung aufgrund interner Überlegungen, die aber in keinem Bescheid ihren Niederschlag gefunden haben, die Ausbildungsförderung nur in der Form des Darlehens bewilligen wollte.[4]

Soweit Förderungsmittel ohne einen derartigen Bewilligungsbescheid an den Auszubildenden ausgezahlt worden sind, erfolgte dies ohne rechtliche Grundlage. In derartigen Fällen kann das Amt für Ausbildungsföderung einen Erstattungsanspruch nach § 50 Abs. 2 Sozialgesetzbuch, X. Buch (SGB−X) besitzen. Ein derartiger Anspruch wäre von dem zuständigen Amt für Ausbildungsförderung selbst, nicht aber vom Bundesverwaltungsamt geltend zu machen.[5]

2. Die Bekanntgabe des Bewilligungsbescheides

Ein Bewilligungsbescheid, der eine Rückzahlungsverpflichtung gegenüber dem Bundesverwaltungsamt auslösen könnte, liegt auch dann nicht vor, wenn der Bewilligungsbescheid vom Amt für Ausbildungsförderung zwar erstellt wurde, dieser Bescheid dem Auszubildenden aber nicht zugegangen ist; in diesem Fall fehlt es an der erforderlichen Bekanntgabe des Bescheides (§ 37 und § 39 SGB−X).[6]

Nach § 50 Abs. 1 BAföG ist die Entscheidung über die

Die Höhe der Darlehensschuld

Bewilligung von Ausbildungsförderung dem Antragsteller schriftlich mitzuteilen. Das Gesetz verzichtet demnach zwar auf eine förmliche Zustellung des Bescheides (z.B. durch Postzustellungsurkunde). Ohne seine Bekanntgabe, d.h. ohne seinen Zugang wird der Bescheid gegenüber dem Auszubildenden jedoch nicht wirksam.

Bestreitet der Auszubildende, einen Bewilligungsbescheid tatsächlich erhalten zu haben und gibt dieses Bestreiten ernsthafte Veranlassung, an dem Zugang des Bescheides zu zweifeln, so ist das Amt für Ausbildungsförderung beweispflichtig (§ 37 Abs. 2 SGB−X).

Ist eine wirksame Bekanntgabe des Bewilligungsbescheides nicht nachweisbar, so kann sie unter Umständen noch nachgeholt werden. Dieses kann allerdings nur vom zuständigen Amt für Ausbildungsförderung selbst veranlaßt werden.[7] Die − lediglich informatorische − Übersendung einer Fotokopie des angeblich zugesandten Bewilligungsbescheides durch das Bundesverwaltungsamt an den Auszubildenden reicht für eine wirksame Bekanntgabe nicht aus. Etwas anderes könnte allenfalls dann gelten, wenn die Übersendung ausdrücklich vom Amt für Ausbildungsförderung veranlaßt wird und das Bundesverwaltungsamt insofern als dessen Bote fungiert.

Dabei sind allerdings die Voraussetzungen der Paragraphen 44 ff SGB−X zu beachten. Sollte mit einem neuen Bewilligungsbescheid etwa ein früherer Bescheid, der die geleistete Ausbildungsförderung als Zuschuß bewilligte, ganz oder teilweise aufgehoben werden, so ist ein solcher Abänderungsbescheid nur unter den Voraussetzungen zulässig, unter denen das Gesetz die Rücknahme oder den Widerruf eines begünstigenden Verwaltungsaktes zuläßt.

3. Die bestandskräftige Bewilligung des Darlehens

Ist der Bewilligungsbescheid bestandskräftig geworden, d.h. wurde gegen ihn nicht innerhalb der einmonatigen Rechtsmittelfrist Widerspruch eingelegt, so sind die darin getroffenen Feststellungen rechtsverbindlich. Die in einem bestandskräftigen Bewilligungsbescheid ausgewiesenen Darlehen sind vom Bundesverwaltungsamt zurückzufordern.

Dabei ist unerheblich, ob die in der Form des Darlehens erfolgte Förderung den gesetzlichen Vorschriften entsprach, insbesondere ob die Bewilligung des Darlehens dem Grunde und der Höhe nach rechtmäßig war.[8]) Der in der Praxis häufig von Seiten der Darlehensnehmer gegen einen Rückzahlungsbescheid des Bundesverwaltungsamtes vorgebrachte Einwand, die Ausbildungsförderung könne nicht zurückgefordert werden, weil sie nicht in Form des Darlehens hätte erfolgen dürfen, sondern als Zuschuß hätte bewilligt werden müssen, geht also fehl. Eine vom Darlehensnehmer gewünschte Umwandlung eines Darlehens in einen Zuschuß setzt eine Änderung der jeweiligen Bewilligung voraus. Diese stellt, wie die Bewilligung selbst, eine „Entscheidung über die Ausbildungsförderung" im Sinne von § 45 Abs. 1 BAföG dar, die nach § 45 Abs. 3 BAföG allein dem für die Hochschule zuständigen Amt für Ausbildungsförderung obliegt.[9])

Solange also die – wenn auch rechtswidrigen – bestandskräftigen Bewilligungsbescheide vom Amt für Ausbildungsförderung nicht abgeändert worden sind, können Einwendungen betreffend Art und Umfang der Förderung gegenüber dem Bundesverwaltungsamt nicht geltend gemacht werden.[10])

Der Darlehensnehmer muß sich, worauf an anderer Stelle noch ausführlich hinzuweisen sein wird, in einem solchen Fall an das Amt für Ausbildungsförderung wenden und den seiner Meinung nach zu Unrecht ergangenen Bewilligungsbescheid nachträglich angreifen.[11]) Erst wenn über diesen Weg der Bewilligungsbescheid aufgehoben wurde, kann das Bundesverwaltungsamt von der Einziehung der ursprünglich bewilligten Darlehen absehen.

4. Die endgültige Bewilligung des Darlehens

Geleistet ist ein Darlehen weiter nur dann, wenn es endgültig bewilligt wurde.[12]) Ist ein Darlehen unter dem „Vorbehalt" seiner

Rückforderung bewilligt worden, so ist darin noch keine endgültige Entscheidung über die Gewährung eines Darlehens zu sehen. In diesem Fall können die Förderungsmittel nur von dem leistenden Amt für Ausbildungsförderung wieder zurückgefordert werden (vgl. § 20 Abs. 1 Nr. 4 BAföG). Dem Bundesverwaltungsamt ist eine Rückforderung von Darlehen, über deren Gewährung noch nicht endgültig entschieden ist, im Rahmen des § 39 Abs. 2 BAföG nicht gestattet.[13])

5. Die Auszahlung des Darlehens

Ein Darlehen wurde schließlich auch dann nicht geleistet, wenn dem Auszubildenden die Förderungsmittel zwar bewilligt, aber nicht ausgezahlt worden sind. Die Auszahlung unterbleibt gelegentlich z.B. in den Fällen, in denen dem Amt für Ausbildungsförderung nach Bewilligung des Darlehens bekannt wird, daß der Auszubildende zwischenzeitlich seine Ausbildung abgebrochen hat. In diesen Fällen ist der Auszubildende trotz eines weitergehenden Bewilligungsbescheides nur verpflichtet, die tatsächlich erhaltenen Darlehen zurückzuzahlen.

Das pauschale Bestreiten eines Auszubildenden gegenüber dem Bundesverwaltungsamt, die bewilligten Darlehen seien ihm nicht ausgezahlt worden, führt allerdings in der Regel nicht zu dem erhofften Wegfall der Rückzahlungsverpflichtung. Das gilt insbesondere in solchen Fällen, in denen die Verwaltungsvorgänge, etwa durch Eintragungen in sog. Stammblättern oder gesonderten Zahlungslisten, konkrete Hinweise auf eine Auszahlung bieten.[14])

Ein weiteres Indiz dafür, daß ein Auszubildender die ihm zustehenden Förderungsmittel auch tatsächlich erhalten hat, kann in seinem früheren Verhalten gesehen werden. Es entspricht der Lebenserfahrung, daß ein Auszubildender, dem Ausbildungsförderung durch einen Bescheid bewilligt wurde, auch auf deren Auszahlung besteht. Hat ein Auszubildender demgegenüber während der Ausbildung zu keinem Zeitpunkt irgendwie zum Ausdruck gebracht, daß das Amt für Ausbildungsförderung seinen Zahlungsverpflichtungen nicht oder nicht vollständig nachgekommen ist, so spricht später alles dafür, daß es sich bei dem – erstmals – beim Bundesverwaltungsamt erhobenen Einwand, die Förderungsmittel seien nicht ausgezahlt worden, um eine bloße Schutzbehauptung handelt, mit der dem Rückzahlungsbegehren begegnet werden soll.

Hat der Auszubildende die Förderungsmittel tatsächlich nicht erhalten, obwohl die Verwaltungsvorgänge auf eine Auszahlung schließen lassen, so hat er dieses durch Vorlage entsprechender Unterlagen (Bankauszüge etc.) zu belegen.

II. Feststellung der Höhe der Darlehensschuld durch einen Feststellungsbescheid des Bundesverwaltungsamtes (§ 18 Abs. 5a BAföG)

Auf die Höhe der tatsächlich geleisteten Darlehen kommt es dann nicht mehr an, wenn die Höhe der Darlehensschuld durch einen bestandskräftigen Feststellungsbescheid nach § 18 Abs. 5a BAföG festgestellt wurde. Einen derartigen Feststellungsbescheid erläßt das Bundesverwaltungsamt regelmäßig viereinhalb Jahre nach Ablauf der Förderungshöchstdauer, wobei der Erlaß eines solchen Bescheides aber nicht zwingend ist; es steht im Ermessen des Bundesverwaltungsamtes, ob es neben dem eigentlichen Rückzahlungsbescheid noch einen gesonderten Feststellungsbescheid erläßt. Der Feststellungsbescheid soll abschließend darüber Auskunft geben, wieviel Darlehen der Darlehensnehmer während seiner Ausbildung erhalten hat; mit dem Erlaß des Feststellungsbescheides wird in der Regel das Rückzahlungsverfahren eingeleitet.

Nach dem eindeutigen Wortlaut des § 18 Abs. 5a BAföG kann nach Eintritt der Unanfechtbarkeit dieses Bescheides eine Überprüfung der festgestellten Darlehensschuld nicht mehr stattfinden; eine Anwendung der Vorschriften des § 44 SGB–X (s. Anhang VI) wird ausdrücklich ausgeschlossen. Da den Feststellungen eines Bescheides, der nach dieser Vorschrift ergeht, einerseits eine weitreichende Bedeutung zukommt, andererseits die rechtlichen Auswirkungen dieses Bescheides weder von der Rechtsprechung noch von der Literatur ausreichend geklärt sind, erscheinen die folgenden Ausführungen zum besseren Erfassen von Inhalt und Tragweite der nach § 18 Abs. 5a BAföG getroffenen Feststellungen angebracht.

1. Die Entwicklung der Vorschrift

Anlaß für die Regelung, der im Rahmen der Rückforderung der Darlehen insgesamt eine zentrale Bedeutung zukommt, war das Inkrafttreten des § 44 SGB−X am 1. Januar 1981.[15] Bis zu diesem Zeitpunkt hatte sich das Bundesverwaltungsamt durch den Erlaß sog. „Zwischenfeststellungsbescheide" bemüht, die an einen Auszubildenden geleisteten Darlehen diesem gegenüber der Höhe nach zu beziffern und verbindlich festzustellen. Dieses Bemühen des Bundesverwaltungsamtes war in Anbetracht der Vielzahl der Bewilligungsbescheide, die jedem Auszubildenden im Laufe seiner Ausbildung durch das Amt für Ausbildungsförderung zugehen, und aufgrund des zeitlichen Abstands zu Förderung selbst durchaus sinnvoll. Es war auch im Interesse des Darlehensnehmers, weil dieser anhand der in den Zwischenfeststellungsbescheiden ausgewiesenen Darlehen nochmals überprüfen konnte, in welcher Höhe ihm in der Vergangenheit aufgrund bestandskräftiger Bewilligungsbescheide Darlehen geleistet worden waren, insbesondere, ob die dem Bundesverwaltungsamt vom zuständigen Amt für Ausbildungsförderung gemachten Darlehensmeldungen zutreffend waren.

Ob diese Zwischenfeststellungsbescheide, die ohne eine gesetzliche Grundlage ergingen, überhaupt geeignet waren, die Höhe der Darlehensschuld gegenüber dem Darlehensnehmer verbindlich festzustellen, erscheint fraglich. Spätestens durch das Inkrafttreten des § 44 SGB−X hatte sich diese Frage überholt. Nach Absatz 2 dieser Vorschrift war das Bundesverwaltungsamt nunmehr verpflichtet, innerhalb einer Frist von 4 Jahren rechtswidrige, den Darlehensnehmer belastende Verwaltungsakte für die Zukunft zurückzunehmen; auch die Rücknahme eines solchen Bescheides für die Vergangenheit erschien im Regelfall geboten. Damit schied eine Berufung des Bundesverwaltungsamtes auf falsche, wenn auch bestandskräftige Zwischenfeststellungsbescheide im Ergebnis regelmäßig aus. Das Bemühen des Bundesverwaltungsamtes, ab einem bestimmten Zeitpunkt die Höhe der Darlehensschuld aufgrund eines eigenen Bescheides endgültig festzustellen und auf diese Weise von einer weiteren, an sich notwendigen Einbeziehung der Ämter für Ausbildungsförderung frei zu werden, konnte nicht länger Erfolg haben.

2. Der Ausschluß von § 44 SGB−X

Mit dem Inkraftsetzen des § 18 Abs. 5a BAföG, der als eine unmittelbare Reaktion auf die Regelungen des § 44 SGB−X verstanden werden muß[16]) und der diese Bestimmungen ausdrücklich für nicht anwendbar erklärt, hat der Gesetzgeber dem Bundesverwaltungsamt zur Bewältigung der massenhaft anfallenden Verwaltungsverfahren ein Instrument gegeben, mit dem die Höhe der geleisteten Darlehen tatsächlich ab einem bestimmten Zeitpunkt mit endgültiger Wirkung für und gegen alle Beteiligten festgestellt werden kann.

Wird gegen die Feststellungen, die in einem Bescheid nach § 18 Abs. 5a BAföG getroffen werden, innerhalb der Rechtsmittelfrist ein Widerspruch nicht erhoben, so sind diese Feststellungen, soweit sie die Höhe der Darlehensschuld betreffen, nicht mehr überprüfbar, wobei der Ausschluß der Überprüfungsmöglichkeiten umfassend gilt. Das ist so zu verstehen, daß einerseits der Darlehensnehmer eine Überprüfung und eventuelle Abänderung der in dem Bescheid getroffenen Feststellungen und dessen Bestandskraft nicht mehr erreichen kann; andererseits ist aber auch das Bundesverwaltungsamt nicht mehr befugt, von sich aus in eine Überprüfung einzutreten und eine Änderung vorzunehmen.[17])

Soweit im „Kommentar zum BAföG" von Rothe/Blanke[18]) die Auffassung vertreten wird, die Regelung in § 18 Abs. 5a BAföG beschränke nur den sich aus § 44 SGB−X ergebenden allgemeinen Anspruch des Sozialleistungsempfängers auf Überprüfung der Festsetzungen, dem Bundesverwaltungsamt verbleibe jedoch das allgemeine Recht aus § 18 SGB−X, nach freiem Ermessen die getroffenen Festsetzungen zu überprüfen und gegebenenfalls in dem in den Paragraphen 44 und 45 SGB−X gesetzten Rahmen abzuändern, kann dem nicht gefolgt werden. Eine solche Auslegung widerspricht bereits dem Wortlaut der Bestimmung des § 18 Abs. 5a BAföG. Die allgemein gefaßte Wendung, „eine Überprüfung dieser Feststellungen findet nach Eintritt der Unanfechtbarkeit des Bescheides nicht mehr statt", schließt eine Überprüfung generell aus, und nicht etwa nur eine solche, die vom Darlehensnehmer begehrt wird. Der im 2. Halbsatz des § 18 Abs. 5a Satz 2 BAföG enthaltene ausdrückliche Hinweis auf die Vorschrift des § 44 SGB−X, der durch das Wort „insbesondere" noch verstärkt wird, zeigt, daß im Gegensatz zu den sonstigen Regelungen des Sozialrechts im Bereich der Rückforderung der nach BAföG geleisteten Darlehen eine besonders geartete Bindungswirkung eintreten soll, selbst auf die Gefahr hin, daß sich im Einzelfall die finanzielle Gerechtigkeit nicht herstellen läßt.[19])

Ein Verständnis des § 18 Abs. 5a BAföG in dem Sinne, daß (allein) das Bundesverwaltungsamt ein Verfahren mit dem Ziel der Abänderung getroffener Feststellungen einleiten könnte, widerspräche auch dem erklärten Zweck der Vorschrift, der sich aus den Gesetzesmaterialien[20]), nicht zuletzt aber auch aus der bereits geschilderten Entstehungsgeschichte entnehmen läßt. Es ist das Ziel der Vorschrift, ab einem bestimmten Zeitpunkt Streitigkeiten über die Höhe der geleisteten Darlehen auszuschließen. Würde man dem Bundesverwaltungsamt die Möglichkeit einräumen, von sich aus einseitig bereits bestandkräftig getroffene Feststellungen wieder abzuändern, wäre damit nicht nur der Darlehensnehmer – ohne daß dies im Gesetz eine Stütze fände – unangemessen benachteiligt; der eigentliche Zweck und die Besonderheit des § 18 Abs. 5a BAföG, im Interesse der Verwaltungsvereinfachung auf Dauer nicht mehr angreifbare Feststellungen treffen zu können, könnte nicht mehr erreicht werden.

3. Die Feststellung der Darlehensschuld in einem Bescheid nach § 18 Abs. 5a BAföG

Mit dem Erlaß des Feststellungsbescheides nach § 18 Abs. 5a BAföG stellt das Bundesverwaltungsamt die Höhe der Darlehensschuld gegenüber dem Darlehensnehmer endgültig fest.

Der Begriff der Darlehensschuld ist in diesem Zusammenhang unglücklich gewählt. An anderer Stelle (S. 3) wurde bereits darauf hingewiesen, daß unter der Darlehensschuld die Summe der dem Darlehensnehmer während der Ausbildung für einzelne Bewilligungszeiträume geleisteten Darlehen abzüglich der bereits erfolgten Tilgungen zu verstehen ist. Die Höhe der Darlehensschuld ist deshalb – notwendigerweise – variabel.

Die Feststellung der Höhe der Darlehensschuld als solche durch einen Feststellungsbescheid nach § 18 Abs. 5a BAföG hätte zur Folge, daß die Höhe der Darlehensschuld unabänderlich mit Wirkung für alle Beteiligten festgestellt würde. Umstände, die zu einer vollständigen oder auch nur teilweisen Tilgung der Darlehensschuld geführt haben, wie etwa Zahlungen des Darlehensnehmers und/oder der unterhaltspflichtigen Eltern oder die Gewährung eines Darlehensteilerlasses, könnten nicht mehr berücksichtigt werden, wenn der Feststellungsbescheid erst einmal bestandskräftig geworden wäre. Es liegt auf der Hand, daß der Gesetzgeber dies nicht gewollt hat.

Die Gesetzesmaterialien bestätigen, daß mit der Vorschrift des § 18 Abs. 5a BAföG die Höhe der Darlehensschuld nicht im eigentlichen Sinne festgestellt werden soll. Festgeschrieben werden soll vielmehr, in welcher Höhe dem Darlehensnehmer während seiner Ausbildung Darlehen zugeflossen sind. Dementsprechend heißt es in der Beschlußempfehlung und dem Bericht des Bundestagsausschusses für Bildung und Wissenschaft vom 23. Juni 1981:[21])

„Die Regelung führt auch zu einer ganz erheblichen Verwaltungsentlastung der Länder, die künftig den Nachweis des Darlehenszuflusses und -verbleibs nur bereitzuhalten haben, bis der feststellende Verwaltungsakt Bestandskraft erlangt hat. Nach diesem Zeitpunkt besteht künftig für sie kein Anlaß mehr, entsprechende Unterlagen aufzubewahren."

In diesem Sinne versteht im übrigen auch das Bundesverwaltungsamt die Vorschrift. Wenngleich der erste Abschnitt des Feststellungsbescheides mit „1. Darlehensschuld" überschrieben ist, so heißt es sodann doch wörtlich: „Nach den bisher vorliegenden Darlehensmeldungen durch das für Sie zuständige Amt für Ausbildungsförderung haben Sie während Ihrer Ausbildung folgende Darlehen nach dem BAföG erhalten..."

Daß das Bundesverwaltungsamt in Anlehnung an den insoweit mißverständlichen Wortlaut des § 18 Abs. 5a BAföG zugleich auch von „Darlehensschuld" spricht, ist irreführend und beeinflußt nicht zuletzt die Diskussion bezüglich der Zulässigkeit von sog. Nachforderungen[22]); diese unglückliche Wortwahl ist letztlich aber in Anbetracht des im übrigen eindeutigen Wortlautes des Bescheides unschädlich. Der Feststellungsbescheid, der sich erkennbar nur auf die Summe der in bestimmten Jahren erhaltenen Darlehen bezieht, wird damit seiner vordringlichsten Aufgabe gerecht, nämlich festzustellen, in welcher Höhe das Amt für Ausbildungsförderung während der Ausbildung Darlehen geleistet hat. Alles weitere, insbesondere die Frage, auf welchen Betrag sich die Darlehensschuld unter Berücksichtigung etwaiger Tilgungen oder Erlasse jeweils beläuft, läßt sich anhand dieser Feststellungen leicht errechnen.[23])

4. Folgen der Feststellungen eines Bescheids nach § 18 Abs. 5a BAföG

Wird der Feststellungsbescheid nach § 18 Abs. 5a BAföG bestandskräftig, so sind die genannten Darlehensleistungen unabänderlich festgestellt; ob die in dem Feststellungsbescheid genannten Summen mit den tatsächlich geleisteten Darlehen übereinstimmen, ist unerheblich. Der Gesetzgeber hat es im Interesse der Verwaltungsvereinfachung bewußt in Kauf genommen, daß es auf diesem Weg zu rechtswidrigen, aber gleichwohl nicht mehr abänderbaren Feststellungen kommen kann. Den

Darlehensnehmern ist dringend anzuraten, Bedenken gegen die Feststellung des Bescheides nach § 18 Abs. 5a BAföG innerhalb der Rechtsmittelfrist von einem Monat nach Bekanntgabe vorzubringen. Geschieht das nicht, laufen sie Gefahr, unter Umständen mehr Förderungsmittel zurückzuzahlen, als sie tatsächlich erhalten haben.

Die Bestandskraft eines Bescheides nach § 18 Abs. 5a BAföG steht insbesondere auch der ansonsten bestehenden Möglichkeit entgegen, unter Hinweis auf die Regelungen des § 44 SGB−X gegen möglicherweise fehlerhafte Bewilligungsbescheide des Amtes für Ausbildungsförderung vorzugehen. Wird dem Darlehensnehmer erstmals im Rückforderungsverfahren bewußt, daß die bestandskräftigen Bewilligungsbescheide des Amtes für Ausbildungsförderung falsch sind und ihn belasten, muß er sich solange, unter Umständen durch mehrere gerichtliche Instanzen, gegen den Feststellungsbescheid des Bundesverwaltungsamtes wehren, bis er in einem parallel betriebenen Verfahren die Aufhebung der Bewilligungsbescheide erreicht hat. Hat der Darlehensnehmer ein Verwaltungsverfahren gegen das Amt für Ausbildungsförderung in Gang gesetzt, dürfte es sich empfehlen, auf eine Aussetzung des gerichtlichen Verfahrens, das die Überprüfung des Feststellungsbescheides zum Gegenstand hat, hinzuwirken. Eine Aussetzung des Verfahrens ist in Fällen dieser Art nach § 94 VwGO geboten.

Im Hinblick auf die Besonderheiten, zu denen die Anwendung des § 18 Abs. 5a BAföG führt, sollte der Gesetzgeber prüfen, ob der Feststellungsbescheid nicht von dem Amt für Ausbildungsförderung erlassen werden sollte, das den Darlehensnehmer während seiner Ausbildung – zuletzt[24]) – betreut hat. Der umständliche und fehlerhafte Meldeweg zum Bundesverwaltungsamt entfiele; die entscheidenden Feststellungen könnten von der Behörde getroffen werden, in deren Händen auch die Förderung selbst lag. Gegenüber dem Darlehensnehmer würde zunächst nur eine Behörde auftreten, was seinen Rechtsschutz erleichtern würde. Das Bundesverwaltungsamt wäre auf diese Weise in der Lage, auf der Grundlage eines bereits bestandskräftigen Feststellungsbescheides nach § 18 Abs. 5a BAföG die Darlehen einzuziehen. Streitigkeiten zwischen dem Bundesverwaltungsamt und dem Darlehensnehmer, die in vielen Fällen ohnehin zu keinem Ergebnis führen können, könnten hierdurch vermieden werden.

Nicht zuletzt wegen der Schwierigkeiten, denen das Bundesverwaltungsamt im Falle einer erforderlich werdenden Nachforderung gegenübersteht, wenn es bereits einen bestandskräftigen Feststellungsbescheid erlassen hat, aber noch zusätzliche Darlehensbeträge vom Amt für Ausbildungsförderung nachgemeldet werden, ist die derzeitige Verwaltungspraxis zweckmäßig, den Feststellungsbescheid so spät wie möglich zu erlassen. Der Feststellungsbescheid sollte erst ergehen, wenn sicher ist, daß alle geleisteten Darlehen vom Amt für Ausbildungsförderung gemeldet wurden. Die Rückzahlungsverpflichtung des Darlehens besteht ohnehin von Gesetzes wegen (§ 18 Abs. 3 BAföG), und auch auf die Fälligkeit des Darlehens hat der Feststellungsbescheid keinen Einfluß (vgl. insoweit den Wortlaut des § 18 Abs. 5a BAföG). Die Zahlungsverpflichtung des Darlehensnehmers kann (allein) durch den Erlaß eines Rückzahlungsbescheides nach § 10 Darlehensverordnung (DarlehensV) herbeigeführt werden.

Zweiter Teil:

Einwendungen gegen den Rückzahlungsbescheid

Die Feststellung allein, in welcher Höhe Darlehen an den Darlehensnehmer geflossen sind (vgl. dazu den Ersten Teil), sagt dann nichts über die Höhe des zurückzuzahlenden Darlehens aus, wenn Besonderheiten des Einzelfalles eine Rückforderung des Darlehens ganz oder teilweise ausschließen. Es sind nämlich durchaus Einwendungen möglich, die der Darlehensnehmer einem Rückforderungsbegehren entgegenhalten kann, wenngleich die besonderen Voraussetzungen, unter denen ein Darlehensnehmer von seiner Rückzahlungsverpflichtung frei wird, nur in seltenen Fällen vorliegen dürften.

Nachfolgend soll zunächst (I.) ein Überblick über mögliche Einwendungen gegeben werden, wobei die Gewährung eines Darlehens(teil)erlasses[25] allerdings noch außer Betracht bleiben soll. Im Anschluß daran (II.) soll der Frage nachgegangen werden, wie Einwendungen im System der Darlehensrückforderung zum Erfolg verholfen werden kann.

I. Die Einwendungen im einzelnen

1. Der Einwand, über die Rückforderung der Darlehen sei bereits bestandskräftig entschieden

Sofern das Bundesverwaltungsamt die Summe der geleisteten Darlehen nicht auf einmal, sondern in mehreren Teilen und aufgrund verschiedener Bescheide zurückfordert, machen die Darlehensnehmer in der Praxis gegenüber dem Bundesverwaltungsamt nicht selten geltend, die Höhe des Darlehens sei bereits durch einen unabänderlichen, weil bestandskräftigen Rückzahlungsbescheid festgesetzt worden. Die Darlehensnehmer schließen aus dem Vorliegen eines bestandskräftigen Bescheides, daß die Rückforderung der Darlehen sich aus Gründen des Vertrauensschutzes auf die in diesem Bescheid genannte Darlehenssumme beschränkt, und zwar unabhängig davon, in welcher Höhe das Darlehen tatsächlich geleistet wurde.

a.) Die Zulässigkeit von Nachforderungen

Die von Gesetzes wegen bestehende Verpflichtung zur Rückzahlung des Darlehens beinhaltet zugleich die Verpflichtung, das Darlehen vollständig, d.h. in der Höhe zurückzuzahlen, in der es gewährt und ausgezahlt wurde. Daraus folgt ohne weiteres, daß sog. Nachforderungen grundsätzlich zulässig sind[26]); einen Grundsatz des Inhalts, daß das Darlehen nur mit einem Rückzahlungsbescheid zurückgefordert werden könne, kennt das geltende Recht nicht. Im Gegenteil: Das Interesse der Allgemeinheit daran, daß die zum Zwecke der Ausbildungsförderung geleisteten Darlehen wieder vollständig zurückfließen, verpflichtet das Bundesverwaltungsamt – allerdings unter Beachtung eines möglicherweise auf Seiten des Darlehensnehmers bestehenden Vertrauensschutzes – für eine vollständige Rückführung der öffentlichen Gelder Sorge zu tragen.

Etwas anderes kann sich allerdings dann ergeben, wenn die Höhe der Darlehensschuld bereits durch einen bestandskräftigen Feststellungsbescheid nach § 18 Abs. 5a BAföG festgestellt wurde. Damit ist jedoch ein besonderer Problemkreis angesprochen, der unter b.) ausführlich behandelt wird.

Im einzelnen wird man wie folgt differenzieren können:

Sofern das Bundesverwaltungsamt in einem ersten Rückzahlungsbescheid lediglich die für bestimmte Förderungsjahre gewährten Darlehen zurückfordert, ist eine Nachforderung für die in weiteren Förderungsjahren geleisteten Darlehen bereits nach dem Wortlaut des ersten Bescheides nicht ausgeschlossen.

> *Beispiel: Der Darlehensnehmer hat in den Förderungsjahren 1978 bis 1982 Darlehen in Höhe von jeweils 6.000,– DM, also 30.000,– DM erhalten. In einem ersten Rückzahlungsbescheid werden zunächst nur 18.000,– DM für die Förderungsjahre 1978 bis 1980 zurückgefordert.*

Hier ist eine Nachforderung von weiteren 12 000,– DM für die Förderungsjahre 1981 und 1982 ohne weiteres zulässig, zumal die Bescheide des Bundesverwaltungsamtes regelmäßig den Hinweis enthalten, daß sich die Regelung des Bescheides nur auf die dort angegebenen Förderungsjahre bezieht und daß eine Nachforderung von Darlehen ausdrücklich vorbehalten bleibt, die von dem Bescheid nicht erfaßt wurden.

Es liegt auf der Hand, daß in Fällen dieser Art ein Vertrauensschutz auf Seiten des Darlehensnehmers in dem Sinne, daß eine Nachforderung ausgeschlossen wäre, nicht bestehen kann.[27])

Eine Rückforderung ist aber auch dann nicht ausgeschlossen, wenn der erste Rückzahlungsbescheid seinem Inhalt nach die gesamte Darlehensschuld zurückfordern wollte, der Bescheid tatsächlich aber nur einen Teil der geleisteten Darlehen erfaßt.

> *Beispiel: Das Bundesverwaltungsamt fordert den Darlehensnehmer (vgl. Beispiel oben) mit einem ersten Rückzahlungsbescheid auf, den während des Studiums erhaltenen Darlehensgesamtbetrag in Höhe von 18.000,– DM zurückzuzahlen.*

Auch hier können die noch nicht berücksichtigten 12 000,– DM zurückgefordert werden. In einem solchen Fall ist nämlich in einem zusätzlichen Rückzahlungsbescheid die „stillschweigend" (konkludent) erklärte Rücknahme des ersten Bescheides zu sehen. Eine solche Rücknahme ist trotz der bereits eingetretenen Bestandskraft des ersten Bescheides rechtlich zulässig, wie sich aus folgendem ergibt:

Der zunächst ergangene Rückzahlungsbescheid ist, da er die Höhe des gewährten Darlehens falsch ausweist, rechtswidrig. Er ist zudem, da er sich seinem Regelungsgehalt nach allein auf die Rückforderung des Darlehens und die damit zusammenhängenden Tilgungsmodalitäten beschränkt, für den Darlehensnehmer ein ausschließlich belastender Verwaltungsakt. Eine den Darlehensnehmer begünstigende Regelung in dem Sinne, daß über den ausgewiesenen Darlehensbetrag hinaus weitere Darlehensbeträge künftig nicht (mehr) zurückgefordert, sondern „erlassen" würden, kann dem ersten Rückzahlungsbescheid grundsätzlich nicht entnommen werden. Im Ergebnis steht deshalb die Rücknahme eines rechtswidrigen belastenden Verwaltungsaktes in Rede. Dagegen wird der Darlehensnehmer nichts einwenden können, denn daß das Bundesverwaltungsamt bei der Rücknahme eines solchen Bescheides gegen Grundsätze des Vertrauensschutzes verstoßen oder eine fehlerhafte Ermessensentscheidung treffen könnte, wird man für den Regelfall ausschließen können.[28])

b.) Die Regelung des § 18 Abs. 5a BAföG

Ausgeschlossen ist eine Nachforderung allerdings dann, wenn ein Feststellungsbescheid nach § 18 Abs. 5a BAföG vorliegt und dieser bestandskräftig geworden ist. Mit einem solchen Bescheid kann das Bundesverwaltungsamt neben der Förderungshöchstdauer auch die Höhe der Darlehensschuld[29]) verbindlich festsetzen.

Diese Regelung verdient deshalb besondere Beachtung, weil nach Eintritt der Unanfechtbarkeit eines nach dieser Vorschrift erlassenen Feststellungsbescheides eine Überprüfung der in diesem Bescheid getroffenen Feststellungen nicht mehr stattfinden kann; die Anwendung des § 44 SGB−X ist ausgeschlossen. Hat demnach das Bundesverwaltungsamt die Höhe der geleisteten Darlehen bereits einmal durch einen Feststellungsbescheid gemäß § 18 Abs. 5a festgestellt und ist dieser Bescheid bestandskräftig geworden, so ist damit die Höhe der in diesem Bescheid festgestellten Darlehensschuld, ungeachtet der tatsächlich geleisteten Darlehen, unabänderlich festgesetzt. Eine Nachforderung ist dann ausgeschlossen.

Die Besonderheiten des § 18 Abs. 5a BAföG geben in dem hier interessierenden Zusammenhang zu folgenden ergänzenden Überlegungen Anlaß:

Es wird die Auffassung vertreten, es könne in jedem Rückforderungsverfahren und im Verhältnis zu dem einzelnen Darlehensnehmer jeweils nur ein einziger Feststellungsbescheid nach § 18 Abs. 5a BAföG ergehen.[30]) Würde man dieser Auffassung folgen, so hieße das, daß immer dann, wenn ein solcher Feststellungsbescheid ergangen und bestandskräftig geworden wäre, eine Nachforderung nicht mehr zulässig sein könnte.

Beispiel: Der Darlehensnehmer hat in den Jahren 1978 bis 1981 jeweils 6.000,- DM erhalten. Es ergeht ein Feststellungsbescheid nach § 18 Abs. 5a BAföG mit folgendem Inhalt:

„Nach den bisherigen Darlehensmeldungen durch das für Sie zuständige Amt für Ausbildungsförderung haben Sie während Ihrer Ausbildung folgende Darlehen nach dem BAföG erhalten:
1980   6.000,- DM
1981   6.000,- DM
Gesamt 12.000,- DM
Dieser Bescheid stellt die Höhe der genannten Darlehensschuld unabänderlich fest."

Dürfte es tatsächlich nur einen einzigen Feststellungsbescheid nach § 18 Abs. 5a BAföG geben, so wäre die Höhe der Darlehensschuld mit 12 000,- DM unabänderlich festgestellt; die Rückzahlung der für die Jahre 1978 und 1979 geleisteten Darlehen könnte nicht mehr verlangt werden, wenngleich sich aus dem Bescheid eindeutig ergibt, daß von der Feststellung nur die für die ausdrücklich genannten Jahre 1980 und 1981 geleisteten Darlehen erfaßt werden sollten. Dieses Ergebnis würde selbst dann gelten, wenn der Feststellungsbescheid – wie gegenwärtig üblich – den Zusatz enthält, daß für den Fall einer Nachmeldung von Darlehen durch das Amt für Ausbildungsförderung dem Bundesverwaltungsamt eine Nachforderung vorbehalten bleibt.

Ein derartiger Vorbehalt einer Nachforderung wäre nach der oben beschriebenen Auffassung rechtswidrig, weil er dem Zweck des § 18 Abs. 5a BAföG zuwiderlaufen würde, wonach ja gerade nur ein einziger Bescheid zulässig sein soll. Auch wenn man einen solchen Vorbehalt einer Nachforderung als eine Nebenbestimmung i.S.d. § 32 Abs. 2 Ziff. 3 SGB−X ansehen wollte, die zwar rechtswidrig, aber doch bestandskräftig gegenüber dem Darlehensnehmer festgesetzt worden wäre, so könnte von diesem Vorbehalt dennoch kein Gebrauch gemacht werden, weil auch mit Hilfe einer bestandskräftigen Nebenbestimmung im Ergebnis nicht gegen den ausdrücklichen Zweck einer gesetzlichen Vorschrift verstoßen werden darf.[31])

Im Gegensatz zu dieser den Darlehensnehmer in hohem Maße begünstigenden Auslegung des Gesetzes vertritt die 18. Kammer des Verwaltungsgerichts Köln eine andere Auffassung[32]):

Nicht jeder Feststellungsbescheid, der nach dem Inkrafttreten des § 18 Abs. 5a BAföG ergangen ist bzw. ergeht, muß notwendigerweise dazu führen, daß eine Nachforderung ausgeschlossen ist. Es sind vielmehr durchaus Fälle denkbar, in denen trotz des Vorliegens eines ersten Feststellungsbescheides nach § 18 Abs. 5a BAföG eine Nachforderung zulässig ist.

Dieses Ergebnis wird damit begründet, daß sich die absolute Bestandskraft des Bescheides nur auf diejenigen Feststellungen beziehen kann, die der Bescheid tatsächlich trifft. Wenn demnach aus dem Feststellungsbescheid ersichtlich wird, daß nur die in bestimmten Jahren geleisteten Darlehen erfaßt werden sollen, so ist über die Verpflichtung zur Rückzahlung weiterer Darlehen, die in anderen, noch nicht genannten Jahren geleistet wurden, noch nichts gesagt. Hinsichtlich dieser Beträge ist dann trotz eines bereits vorliegenden Feststellungsbescheides nach § 18 Abs. 5a BAföG eine Nachforderung − u.U. aufgrund eines weiteren Feststellungsbescheides − zulässig.

Bewertet man den Feststellungsbescheid im Beispiel auf Seite 21 unter Berücksichtigung dieser Auffassung, so kann folgendes festgehalten werden:

Durch den ausdrücklichen und eindeutigen Hinweis des Bundesverwaltungsamtes darauf, daß der Darlehensnehmer in den

Kalenderjahren 1980 und 1981 Darlehen in Höhe von insgesamt 12 000,– DM erhalten hat, sind die für die Jahre 1978 und 1979 geleisteten Darlehen von dem Feststellungsbescheid überhaupt nicht erfaßt. Im Gegenteil: Durch den Hinweis auf eine mögliche Nachforderung bleibt gerade offen, ob neben den für die Jahre 1980 und 1981 ausgewiesenen Darlehen noch weitere Darlehen (in anderen Jahren) geleistet wurden. Die besondere Bestandskraft des Feststellungsbescheides nach § 18 Abs. 5a BAföG erstreckt sich damit nur auf die Feststellung, in welcher Höhe in den Jahren 1980 und 1981 Darlehen geleistet wurden. Eine Nachforderung der für die Jahre 1978 und 1979 geleisteten Darlehen durch einen sog. Zusatzfeststellungs- und Rückzahlungsbescheid wäre zulässig.

Dieser Ansicht dürfte der Vorzug zu geben sein, und zwar aufgrund folgender Überlegungen:

§ 18 Abs. 5a BAföG besagt nichts darüber, daß das Bundesverwaltungsamt nur einen einzigen Bescheid nach dieser Vorschrift erlassen dürfte. Das Bundesverwaltungsamt ist vielmehr berechtigt, bei Bedarf auch mehrere Feststellungsbescheide zu erlassen. Ebenso wie das Bundesverwaltungsamt nach ständiger Rechtsprechung befugt ist, das Darlehen eines Darlehensnehmers nach § 18 Abs. 3 BAföG „scheibchenweise" mit mehreren Rückzahlungsbescheiden zurückzufordern, so ist es grundsätzlich auch möglich, mehrere Feststellungsbescheide nach § 18 Abs. 5a BAföG zu erlassen; weder der Wortlaut der Vorschrift noch der Bericht des federführenden Bundestagsausschusses für Bildung und Wissenschaft stehen einer solchen Auslegung der Vorschrift entgegen. Voraussetzung ist nur, daß jeder Feststellungsbescheid über einen eigenen, selbständigen Regelungscharakter verfügt. Feststellungen, die bereits einmal nach § 18 Abs. 5a BAföG bestandskräftig getroffen wurden, sind nicht mehr abänderbar und können deshalb auch nicht mehr Gegenstand eines anderen Feststellungsbescheides sein.

Vorsicht ist dann geboten, wenn das Bundesverwaltungsamt vom Darlehensnehmer im Ergebnis zwar die richtige Darlehenssumme zurückfordert, die Zuordnung zu den einzelnen Förderungsjahren aber falsch vornimmt.

Beispiel:
Der Darlehensnehmer hat in den Förderungsjahren 1976 bis 1981 ein Darlehen in Höhe von 20.000,– DM erhalten. In dem Feststellungsbescheid nach § 18 Abs. 5a BAföG werden zwar geleistete Darlehen in Höhe von insgesamt 20.000,– DM festgestellt, allerdings für die Förderungsjahre 1977 bis 1982.

Hier ist der Bescheid hinsichtlich der Feststellungen für das Förderungsjahr 1982 aufzuheben, da der Darlehensnehmer in diesem Jahr keine Förderungsmittel erhalten hat. Daß die Darlehenssumme im Ergebnis zutrifft, ist eine für den Darlehensnehmer verhängnisvolle Betrachtungsweise: Da er auch im Förderungsjahr 1976 Darlehen erhalten hat, diese aber vom Feststellungsbescheid nicht erfaßt werden, ist für dieses Jahr noch eine Nachforderung möglich. Nur die teilweise Aufhebung des Feststellungsbescheides bezüglich des Förderungsjahres 1982 verhindert, daß der Bescheid mit falschem Inhalt bestandskräftig und damit unabänderlich wird und der Darlehensnehmer insgesamt mehr Förderungsmittel zurückzahlen muß, als er erhalten hat.[33])

Die Zuordnung der Darlehen zu einzelnen Kalender- bzw. Förderungsjahren erfolgt danach, für welchen Zeitraum das Darlehen geleistet wurde; wann ein Darlehensteilbetrag dem Darlehensnehmer tatsächlich zugeflossen ist, ist demgegenüber unerheblich.[34]) Die Frage, für welchen Zeitraum die Darlehen geleistet wurden, läßt sich allein unter Rückgriff auf die Regelungen der Bewilligungsbescheide beantworten, die die einzelnen Förderungsleistungen – unabhängig vom Zeitpunkt der tatsächlichen Auszahlung – nach Art und Umfang bestimmten Zeiträumen zuordnen.

Eine Auslegung des § 18 Abs. 5a BAföG in dem oben dargelegten Sinne läßt eine Nachforderung in vielen Fällen zu. Das mag zwar für den Darlehensnehmer unerfreulich sein, führt jedoch dazu, daß die geleisteten Förderungsmittel größtenteils wieder zurückfließen. Sofern sich in Einzelfällen auf der Grundlage der vorstehenden Überlegungen eine Nachforderung verbietet und dadurch Darlehensbeträge nicht mehr zurückgefordert werden können, liegt dies im Interesse der vom Gesetzgeber bewußt angestrebten Verwaltungsvereinfachung.

   c.) *Die Nachforderung von Darlehen während eines laufenden Widerspruchsverfahrens*

Hat ein Darlehensnehmer gegen einen Festellungs- und/oder Rückzahlungsbescheid Widerspruch eingelegt, so ist das Bundesverwaltungsamt grundsätzlich nicht gehindert, seine Ausgangsentscheidung – auch zu Lasten des Widerspruchsführers – abzuändern, und zwar unabhängig davon, ob ein Bescheid nach § 18 Abs. 5a BAföG erlassen wurde oder nicht. Zwar ist nach neuerer Rechtsprechung des Bundesverwaltungsgerichts[35]) eine solche „reformatio in peius" (Schlechterstellung) nicht mehr allgemein mit der Begründung zulässig, daß der Widerspruchsführer durch Einlegung des Rechtsmittels selbst die Aufrechterhaltung des Bescheides in Frage gestellt habe, womit er unter dem Aspekt des Vertrauensschutzes grundsätzlich auch eine Verschlechterung seiner Position in Kauf zu nehmen habe. Gleichwohl ist eine Schlechterstellung im Widerspruchsverfahren nach wie vor zulässig, und zwar nach den Grundsätzen über die Rücknahme und den Widerruf von Verwaltungsakten (§ 44 ff. SGB−X).[36])

Es ist deshalb im Einzelfall zu prüfen, ob der Darlehensnehmer trotz der Einlegung des Rechtsmittels auf den bisherigen Regelungsinhalt des angegriffenen Verwaltungsaktes vertrauen und ihn zur Grundlage eigener Vermögensdispositionen machen durfte. Das wird in der Regel zu verneinen sein.[37]) Anhand der dem Darlehensnehmer zugegangenen Bewilligungsbescheide ist dieser in der Lage, die Höhe der geleisteten Darlehen selbst zu berechnen. Er kann deshalb bei Erhalt eines falschen Feststellungs- oder Rückzahlungsbescheides nicht ohne weiteres davon ausgehen, daß auf eine weitere Rückforderung verzichtet würde.

2. Der Einwand der Nachrangigkeit der Ausbildungsförderung gegenüber dem zivilrechtlichen Unterhaltsanspruch

a.) Darlehensrückforderung bei übergeleitetem Unterhaltsanspruch

Einen in der Praxis bedeutsamen und rechtlich möglicherweise erheblichen Einwand kann der Darlehensnehmer dann erheben, wenn er das Darlehen als Vorausleistung gemäß § 36 BAföG erhalten hat und der ihm gegenüber seinen Eltern zustehende Unterhaltsanspruch auf das Land übergeleitet worden ist. Im Falle der Überleitung eines Unterhaltsanspruches ist davon auszugehen, daß der jeweilige Inhaber dieses Anspruches von Gesetzes wegen verpflichtet ist, alles zu unternehmen, um den Unterhaltsanspruch auch tatsächlich zu realisieren. Nach Sinn und Zweck der Paragraphen 36 und 37 BAföG sowie der Entwicklung, die diese Vorschriften durch mehrere Gesetzesänderungen bis heute genommen haben, muß davon ausgegangen werden, daß mit Hilfe der Überleitung des Unterhaltsanspruches die Nachrangigkeit der Ausbildungsförderung gegenüber der zivilrechtlichen Unterhaltsverpflichtung der Eltern wieder hergestellt werden soll[38]); der Auszubildende soll im Ergebnis auf Kosten seiner Eltern, nicht aber auf Kosten der Allgemeinheit gefördert werden. Dabei hat der Gesetzgeber durch die Überleitung des Unterhaltsanspruches von Gesetzes wegen, wie er in § 37 BAföG vorgesehen ist, deutlich zum Ausdruck gebracht, daß er es dem Auszubildenden nicht zumutet, den Unterhaltsanspruch gegenüber seinen Eltern – unter Umständen klageweise – durchzusetzen. Sofern eine Unterhaltsklage notwendig werden sollte, soll dies durch den neuen Gläubiger, der auf keine familiären Bindungen Rücksicht zu nehmen braucht, geschehen. Das alles zwingt zu dem Schluß, daß der übergeleitete Unterhaltsanspruch vorrangig zu verfolgen ist.

Liegen die oben beschriebenen Umstände vor, müßte der Darlehensnehmer, dem Vorausleistungen nach § 36 BAföG gewährt wurden, einem Rückzahlungsbegehren des Bundesverwaltungsamtes mit Erfolg entgegenhalten können, das Land habe als Inhaber des Unterhaltsanspruches diesen noch nicht realisiert. Das soll nicht etwa in dem Sinne verstanden werden, daß aufgrund der vorgenommenen Überleitung die Rückzahlungsverpflichtung des Darlehensnehmers erlöschen würde. Das Gebot einer vorrangigen Verfolgung des Unterhaltsanspruches müßte jedoch auf seiten des Darlehensnehmers zu einer Einrede gegenüber dem geltend gemachten Rückzahlungsanspruch führen: Solange das Land seiner Verpflichtung zur Durchsetzung der Nachrangigkeit der Ausbildungsförderung gegenüber der Unterhaltspflicht der Eltern noch nicht in dem gebotenen Maße nachgekommen ist, und solange noch nicht feststeht, ob und gegebenenfalls in welchem Umfang die Durchsetzung des Unterhaltsanspruches zur Tilgung des Darlehens führt bzw. geführt hätte, sollte der Darlehensnehmer nicht in Anspruch genommen werden.[39])

Beispiel: Der Darlehensnehmer, der Vorausleistungen nach § 36 BAföG erhalten hat, weist nach, daß das Amt für Ausbildungsförderung den Unterhaltsanspruch gegenüber dem Vater nicht einmal geltend gemacht hat. Es sind keine Gründe dafür ersichtlich, daß der wohlhabende Vater einem Zahlungsbegehren des Amtes für Ausbildungsförderung nicht entsprochen hätte.

In einem solchen Fall kann das Bundesverwaltungsamt den Darlehensnehmer nicht in Anspruch nehmen, ohne zu berücksichtigen, daß man ihm seinen Unterhaltsanspruch zwangsweise genommen, diesen aber nicht realisiert hat.

Dieser Ausgangspunkt wird vom Oberverwaltungsgericht in Münster nicht geteilt.[40]) Das Gericht vermag weder eine Nachrangigkeit der Darlehensverbindlichkeiten gegenüber dem Unterhaltsanspruch gegen die Eltern zu erkennen, noch sieht es einen Verstoß gegen den auch im öffentlichen Recht geltenden Grundsatz von Treu und Glauben darin, daß der Unterhaltsanspruch – aus welchen Gründen auch immer – nicht durchgesetzt worden ist. Begründet wird dieses Ergebnis zunächst mit dem Hinweis darauf, die Überleitung des Unterhaltsanspruchs erfolge nicht im Interesse des Auszubildenden; es solle der öffentlichen Hand lediglich eine Ausgleichsmöglichkeit dafür geboten werden, daß sie dem Auszubildenden gegenüber mit Geldleistungen in Vorlage getreten ist, die letztlich nicht von der Allgemeinheit zu tragen sind. Wesentlich erscheint dem Gericht auch, daß das Bundesverwaltungsamt „erheblich überfordert wäre, wenn es in einer Vielzahl von Fällen prüfen müßte, ob das mit der Vergabe der Förderungsmittel beauftragte Amt für Ausbildungsförderung bzw. das Land, auf das der Unterhaltsanspruch überzuleiten war bzw. übergegangen ist, alles Zumutbare getan hat, was ein Unterhaltsgläubiger vernünftigerweise zur Durchsetzung des Unterhaltsanspruchs unternehmen würde." Das Oberverwaltungsgericht schlägt deshalb vor, der übergeleitete Unterhaltsanspruch solle wieder an den ehemaligen Auszubildenden abgetreten werden, sodaß dieser nun selbst gegen seine Eltern vorgehen könne. Im übrigen stehe es dem Darlehensnehmer frei, einen Schadensersatzprozeß gegen das Land zu führen.

Diese Auffassung begegnet Bedenken. Ungeachtet des Umstandes, daß keine Rechtsvorschrift ersichtlich ist, nach der der Darlehensnehmer einen Anspruch auf Rückübertragung des Unterhaltsanspruches hätte, verweist das Oberverwaltungsgericht Münster den Darlehensnehmer – entgegen dem klaren Willen des Gesetzgebers – auf einen Prozeß gegen die Eltern. Ein solcher Prozeß ist zudem in aller Regel von vorneherein aussichtslos, weil die Unterhaltsansprüche gemäß § 197 BGB in vier Jahren verjähren und diese Frist zu dem Zeitpunkt, zu dem sich das Bundesverwaltungsamt erstmals bei dem Darlehensnehmer meldet, verstrichen ist. Es kann auch nicht davon ausgegangen werden, daß die Eltern, die vormals nicht leistungswillig waren, nunmehr auf die Einrede der Verjährung verzichten und ihrer Unterhaltsverpflichtung „freiwillig" nachkommen würden. Mit der Rückübertragung des Unterhaltsanspruches gäbe man dem Darlehensnehmer Steine statt Brot.

Ebenso aussichtslos wäre ein Amtshaftungsprozeß, den der Darlehensnehmer gegen das Land führen könnte. Die Voraussetzungen des § 839 BGB i.V.m. Art. 34 GG liegen bereits deshalb nicht vor, weil das Gesetz die Verletzung einer „ einem Dritten gegenüber obliegenden Amtspflicht" verlangt, die Überleitung und Realisierung des Unterhaltsanspruches nach Auffassung des Oberverwaltungsgerichts Münster jedoch nicht im Interesse des Darlehensnehmers, sondern allein im Interesse der öffenlichen Hand erfolgt.

Überlegenswert wäre allenfalls, ob durch die zwangsweise Überleitung des Unterhaltsanspruches zwischen dem Land einerseits und dem Darlehensnehmer andererseits ein „verwaltungsrechtliches Schuldverhältnis" begründet wird, auf das sich die Grundsätze einer „positiven Forderungsverletzung" übertragen ließen.[41] Ob eine derartige Schadensersatzklage in der Praxis mit Erfolg geführt werden könnte, läßt sich derzeit nicht absehen.

Nach diesseitiger Auffassung kommt es darauf aber auch nicht an. Das bereits beschriebene Gebot einer vorrangigen Verfolgung des Unterhaltsanspruches führt auf seiten des Darlehensnehmers zu einer Einrede gegenüber dem geltend gemachten Rückzahlungsanspruch des Bundesverwaltungsamtes, wenn das Land seiner Verpflichtung zur Realisierung des Unterhaltsanspruches nicht oder nicht in dem gebotenen Umfang nachgekommen ist. Erst wenn feststeht, daß das Land alles zur Durchsetzung des ihm zustehenden Unterhaltsanspruches unternommen hat, was ein Unterhaltsgläubiger vernünftigerweise zur Rechtsverfolgung dieses Anspruchs unternehmen würde, ist eine Inanspruchnahme des Darlehensnehmers zulässig.

Beispiel: Das Amt für Ausbildungsförderung hat den Vater aufgrund des übergeleiteten Unterhaltsanspruches zivilrechtlich verklagt; die Klage ist rechtskräftig abgewiesen worden, oder sie wurde auf entsprechenden Hinweis des Gerichts wegen Aussichtslosigkeit zurückgenommen.

In einem solchen Fall muß der Darlehensnehmer das Darlehen zurückzahlen; eine Rechtsbeeinträchtigung ist hier nicht ersichtlich. Ist es nämlich dem Land nicht möglich, trotz ordnungsgemäßen Vorgehens gegen die Eltern Unterhaltsleistungen zu erlangen, so hätte auch der Darlehensnehmer, wäre er selbst gegen die Eltern vorgegangen, nichts erhalten. In diesem Fall ist der Darlehensnehmer so zu stellen, als habe er von Anfang an keinen durchsetzbaren Unterhaltsanspruch gehabt; er muß das Darlehen, wie andere Studenten auch, zurückzahlen.

Ob die derzeit bestehende gesetzliche Regelung, die im Falle der Gewährung einer Vorausleistung automatisch zu einem Übergang des Unterhaltsanspruches führt, aus sozialpolitischer Sicht sinnvoll ist, ist in rechtlicher Hinsicht jedoch ohne Belang.

Rechtlich unerheblich ist daneben auch, ob die mit der Bewilligung und Verwaltung der Mittel der Ausbildungsförderung beauftragten Behörden mit der Einziehung der Unterhaltsbeiträge in nicht zumutbarer Weise belastet oder überfordert werden. Entscheidend ist allein, daß der Gesetzgeber der Nachrangigkeit der Ausbildungsförderung dadurch Rechnung tragen will, daß der jeweilige Inhaber des Unterhaltsanspruches, regelmäßig das Land, diesen Anspruch gegenüber den unterhaltspflichtigen Eltern vollständig realisiert und damit die Allgemeinheit, die die Förderungsmittel zu Verfügung gestellt hat, wieder entlastet. Ein sachgerechtes Vorgehen gegenüber den Eltern hätte zudem den Vorteil, daß die Förderungsmittel schneller zurückfließen würden. Während die an den Auszubildenden geleisteten Förderungsmittel von diesem erst fünf Jahre nach Ende der Förderungshöchstdauer in kleinen Raten zurückgefordert werden können, sind die Unterhaltsbeiträge der Eltern sofort fällig. Im Falle einer zögerlichen Zahlung der Eltern ist der Unterhaltsanspruch von der Fälligkeit an mit 6 % zu verzinsen (§ 37 Abs. 6 BAföG).

All diesen Überlegungen würde man nicht gerecht werden (können), wenn der Auszubildende allein unter Hinweis auf die darlehensweise Gewährung der Förderung zu deren Rückzahlung verpflichtet würde.

b.) Darlehensrückforderung bei rechtswidrig unterlassener Überleitung des Unterhaltsanspruches[42])

Ob diese Überlegungen auch dann gelten, wenn der Unterhaltsanspruch trotz entsprechender gesetzlicher Verpflichtung nicht übergeleitet wurde, erscheint zweifelhaft. Insofern wird man einerseits einwenden können, solange der Unterhaltsanspruch beim Darlehensnehmer verblieben sei, trage dieser das Risiko für nicht erbrachte Unterhaltsleistungen. Andererseits muß jedoch berücksichtigt werden, daß bereits durch das 2. BAföG-Änderungsgesetz vom 31. Juli 1974 die ursprünglich in das Ermessen der Behörde gestellte Entscheidung, ob übergeleitet werden soll, durch eine Verpflichtung zur Überleitung ersetzt wurde. Hinzu kommt, daß die Regelung des § 37 Abs. 2 in der Fassung des 2. BAföG-Änderungsgesetzes, wonach der Darlehensnehmer aus wichtigem Grund einer Überleitung widersprechen konnte mit der Folge, daß ihm der Förderungsbetrag in Höhe des zur Überleitung vorgesehenen Betrages als unverzinsliches Darlehen geleistet wurde, er seinen Unterhaltsanspruch aber behielt, durch Art. 18 § 1 Nr. 6 des Haushaltsstrukturgesetzes vom 18. Dezember 1975 mit Wirkung vom 1. April 1986 aufgehoben wurde. Aufgrund dieser neuen Regelungen war dem Auszubildenden eine Einflußnahme auf die Überleitung nicht mehr möglich. Der Darlehensnehmer mußte deshalb davon ausgehen, daß der Unterhaltsanspruch übergeleitet und realisiert wird.

Die vorstehenden Überlegungen gelten nur dann, wenn zum Zeitpunkt der Förderung auch tatsächlich ein Unterhaltsanspruch bestand. Wurde die Förderung ganz oder teilweise als Vorausleistung gewährt, obwohl objektiv ein Unterhaltsanspruch nicht (mehr) bestand, kann sich der Darlehensnehmer seiner Rückzahlungsverpflichtung nicht entziehen.

Ob bzw. in welchem Umfang ein privatrechtlicher Unterhaltsanspruch des Darlehensnehmers beispielsweise gegenüber seinen Eltern bestand, bestimmt sich nach den Vorschriften des Bürgerlichen Gesetzbuches.

3. Der Einwand gegen Art und Umfang der Förderung

Einwendungen gegen Art und Umfang der Förderung als solche können gegenüber dem Bundesverwaltungsamt nicht geltend gemacht werden. Zwar wird den Darlehensnehmern häufig erstmals aufgrund des Bescheides des Bundesverwaltungsamtes bewußt, daß sie überhaupt mit einem Darlehen gefördert wurden; nicht selten war den Darlehensnehmern auch unklar, in welcher Höhe Darlehen gewährt wurden. In dieser Situation können die Darlehensnehmer gegenüber dem Bundesverwaltungsamt jedoch nicht mit dem Einwand durchdringen, die Ausbildungsförderung hätte nicht oder nicht in dieser Höhe in Form des Darlehens erfolgen dürfen.

Die Entscheidung darüber, ob und in welcher Form Ausbildungsförderung geleistet wird, trifft nicht das mit dem Darlehenseinzug beauftragte Bundesverwaltungsamt, sondern das für die Entscheidung über die Ausbildungsförderung zuständige Amt für Ausbildungsförderung (§ 45 Abs. 1 BAföG). Letzteres meldet dem Bundesverwaltungsamt auf der Grundlage der vorliegenden Bewilligungsbescheide, in welcher Höhe dem Darlehensnehmer Ausbildungsförderung in Form eines Darlehens zugeflossen ist. Auf der Grundlage dieser Meldungen erläßt das Bundesverwaltungsamt seine Bescheide. Dabei ist das Bundesverwaltungsamt an die vom zuständigen Amt für Ausbildungsförderung erlassenen Bewilligungsbescheide und deren Inhalt gebunden; zu einer etwaigen Änderung dieser Bescheide, insbesondere auch zu einer Umwandlung von darlehensweise gewährter Ausbildungsförderung in einen Zuschuß, ist nicht das Bundesverwaltungsamt, sondern allein das zuständige Amt für Ausbildungsförderung befugt.[43])

In einem solchen Fall muß sich der Darlehensnehmer, will er die bestandskräftige Bewilligung des Darlehens angreifen, zunächst an die Bewilligungsbehörde, d.h. das Amt für Ausbildungsförderung halten und eine Abänderung des Bewilligungsbescheides herbeiführen. Ein solches Vorgehen ist trotz der zwischenzeitlich regelmäßig eingetretenen Bestandskraft der Bewilligungsbescheide durchaus möglich und zulässig, da der Darlehensnehmer nach § 44 SGB−X, der auch im Recht der Ausbildungsförderung Anwendung findet, unter bestimmten Voraussetzungen einen Anspruch auf Aufhebung bzw. Abänderung des Bewilligungsbescheides haben kann. Das Bundesverwaltungsgericht hat in seinem Urteil vom 25. April 1985[44]) ausdrücklich klargestellt, daß § 44 SGB−X auf das Recht der Ausbildungsförderung uneingeschränkte Anwendung findet. Zu beachten ist allerdings die Frist des § 44 Abs. 3 SGB−X; nach Ablauf dieser Frist von vier Jahren erlöschen die Rechte des Darlehensnehmers aus den Absätzen 1 und 2 der Vorschrift. Es verbleibt dann bei dem im Verwaltungsrecht allgemein geltenden Grundsatz, daß ein Wiederaufgreifen eines bereits bestandskräftig abgeschlossenen Verwaltungsverfahrens im pflichtgemäßen Ermessen der Bewilligungsbehörde steht.

4. Der Einwand, das Darlehen sei an einen Dritten ausgezahlt worden

Erhält ein Auszubildender Ausbildungsförderung nach Vorschriften außerhalb des BAföG, etwa im Rahmen der Eingliederungshilfe nach dem Bundessozialhilfegesetz (BSHG), so wird sein Anspruch auf Ausbildungsförderung nach dem BAföG regelmäßig gemäß § 90 BSHG auf den Träger der Sozialhilfe übergeleitet. Das hat zur Folge, daß die Ausbildungsförderung (hier: Darlehen) nach dem BAföG zwar gegenüber dem Auszubildenden bewilligt wird, die Auszahlung allerdings an einen neuen Gläubiger erfolgt. In derartigen Fällen machen die Auszubildenden dann geltend, nicht sie, sondern der Empfänger des Darlehens sei zur Rückzahlung der Ausbildungsförderung verpflichtet, weil die Überleitungsanzeige auch zu einem Schuldnerwechsel geführt habe. Müßte der Auszubildende das Darlehen zurückzahlen, das letzlich an einen Dritten ausgezahlt worden sei, würde im Ergebnis die Eingliederungshilfe, für die an sich eine Rückzahlungsverpflichtung nicht besteht, rückgängig gemacht werden.

Mit diesem Einwand dürften die Auszubildenden keinen

Erfolg haben. Ist das Darlehen dem Auszubildenden gegenüber durch einen bestandskräftigen Bescheid des Amtes für Ausbildungsförderung bewilligt worden, so ist der Auszubildende auch der Darlehensnehmer. Durch die Überleitung nach § 90 BSHG kommt es nur zu einem Übergang des Anspruches auf Auszahlung des Darlehens. Die Überleitung hat die Wirkung einer Abtretung; die Stelle, zu der der Anspruch übergeleitet worden ist, tritt in die Stellung des bisherigen Anspruchsgläubigers ein und kann den Anspruch im eigenen Namen verfolgen. Ein Schuldnerwechsel, der im übrigen vom Amt für Ausbildungsförderung genehmigt werden müßte (§ 415 BGB entsprechend), findet aufgrund der Überleitung jedoch nicht statt.

Auch nach Änderung des § 90 BSHG mit Wirkung vom 1. Juli 1983 dahingehend, daß ein Recht zur Überleitung von Ansprüchen gegen Leistungsträger i.S.d. § 12 Sozialgesetzbuch Allg. Teil (SGB–AT), zu denen auch die Ämter für Ausbildungsförderung gehören (§ 18 SGB–AT), nicht mehr bestehen soll, sondern stattdessen eine Erstattung zwischen den Leistungsträgern direkt nach den Paragraphen 102 ff SGB–X erfolgen soll, ändert sich die Interessenlage für den Auszubildenden nicht. Bevor nämlich ein Ausgleich zwischen den Leistungsträgern erfolgen kann, bedarf es der Feststellung, in welcher Höhe dem Auszubildenden Ausbildungsförderung nach den Vorschriften des BAföG zusteht. Auch in diesem Fall wird ein Bewilligungsbescheid des Amtes für Ausbildungsförderung erforderlich, der gegenüber dem Auszubildenden ergehen muß. Wird in diesem Bescheid (auch) ein Darlehen bewilligt, so wird der Auszubildende Darlehensnehmer und muß das Darlehen zurückzahlen, unabhängig davon, ob das Geld letztlich an ihn oder aufgrund des Paragraphen 102 ff SGB–X an den Leistungsträger ausgezahlt wurde, der in Vorleistung getreten ist.

Der Auszubildende wird dadurch nicht benachteiligt, da auf diese Weise dem Grundsatz der Nachrangigkeit der Sozialhilfe Geltung verschafft wird (§ 2 Abs. 1 BSHG). Wäre die Ausbildungsförderung vor der Eingliederungshilfe bewilligt worden, wäre es zu einer Auszahlung von Mitteln nach dem BSHG gar nicht gekommen.

5. Der Einwand der Verjährung

Der Anspruch auf Rückzahlung des Darlehens verjährt in Ermangelung einer anderweitigen speziellen gesetzlichen Verjährungsregel nach § 195 BGB in 30 Jahren.[45]) Bis zum Ablauf dieser Frist ist der Darlehensnehmer verpflichtet, die Darlehen zu erstatten. Auch Nachforderungen sind – sofern sie zulässig sind – bis zum Ablauf dieser Frist möglich.[46])

6. Der Einwand der Verwirkung

Eine Verwirkung des Rückzahlungsanspruches setzt voraus, daß – erstens – seit der Möglichkeit seiner Geltendmachung längere Zeit verstrichen ist und – zweitens – besondere Umstände hinzutreten, die eine verspätete Geltendmachung als Verstoß gegen Treu und Glauben erscheinen lassen. Eine Verwirkung kommt demnach nur dann in Betracht, wenn das Bundesverwaltungsamt oder das Amt für Ausbildungsförderung durch ein bestimmtes Verhalten dem Darlehensnehmer Veranlassung zu der Annahme gegeben hat, ein Darlehen solle nicht mehr zurückgefordert werden. Die bloß verspätete Geltendmachung des Rückforderungsanspruches führt deshalb allein noch nicht zu einer Verwirkung des Anspruches, und zwar auch dann nicht, wenn zwischen Gewährung des Darlehens und seiner Rückforderung mehrere Jahre liegen.[47]) Im Ergebnis wird sich der Darlehensnehmer selbst dann nicht auf eine Verwirkung berufen können, wenn ihm von seiten der Behörde – außerhalb eines Verfahrens nach § 59 BHO[48]) und ohne daß dazu ein sachlich bedingter Anlaß bestanden hätte – in Aussicht gestellt worden wäre, der Rückforderungsanspruch werde nicht (mehr) geltend gemacht. Eine solche Zusage wäre im Ergebnis ein Verzicht auf die Rückforderung öffentlicher Mittel, der von Gesetzes wegen nicht zulässig wäre. Ebensowenig, wie auf das Eintreiben von Gebühren, Beiträgen etc. verzichtet werden kann, kann wirksam auf die Rückforderung der darlehensweise gewährten Ausbildungsförderung verzichtet werden.

II. Einwendungen nur gegenüber dem Rückzahlungsbescheid

Diese Einwendungen können nur gegenüber dem Rückzahlungsbescheid gemäß § 10 DarlehensV geltend gemacht werden; die Feststellungen eines Bescheides nach § 18 Abs. 5a BAföG werden von den Einwendungen nicht berührt.

1. Das Verhältnis von Rückzahlungsbescheid nach § 10 DarlehensV und Feststellungsbescheid nach § 18 Abs. 5a BAföG

Nach § 10 DarlehensV erteilt das Bundesverwaltungsamt unbeschadet der nach § 18 Abs. 3 BAföG eintretenden Fälligkeit der Rückzahlungsraten dem Darlehensnehmer einen Bescheid, in dem der Zeitpunkt des Beginns der Rückzahlung des Darlehens, die Höhe der monatlichen oder vierteljährlichen Raten sowie gegebenenfalls die Gesamthöhe des Zinsbetrages ausgewiesen werden.

Der auf § 10 DarlehensV beruhende Rückzahlungsbescheid und der Feststellungsbescheid nach § 18 Abs. 5a BAföG stehen grundsätzlich selbständig und gleichberechtigt nebeneinander; das gilt auch dann, wenn das Bundesverwaltungsamt beide Bescheide – wie regelmäßig – aus Gründen der Verwaltungsvereinfachung zusammenfaßt. Dabei ist der Rückzahlungsbescheid zwar an die Festsetzungen, die der Feststellungsbescheid trifft, insofern gebunden, als er von den festgestellten Darlehensleistungen auszugehen hat. Das heißt jedoch nicht, daß die Höhe der geleisteten Darlehen einerseits und der rückforderbare Teil des Darlehens andererseits identisch sein müßten. Alle Einwendungen, die nicht die Höhe des geleisteten Darlehens und die Festsetzung der Förderungshöchstdauer, sondern die Frage betreffen, in welcher Höhe das Darlehen zurückzuzahlen ist, sind ausschließlich gegenüber dem Rückzahlungsbescheid geltend zu machen.[49])

2. Auswirkungen auf den Rechtsschutz

Kommt in einem Klagebegehren zum Ausdruck, daß der Kläger die im Feststellungsbescheid getroffenen Feststellungen nicht in Frage stellen will, sondern sich nur gegen die Rückzahlungsverpflichtung insgesamt oder eines Teilbetrages wendet, so beschränkt sich die Klage allein auf den Rückzahlungsbescheid. Der Feststellungsbescheid wird bestandskräftig.

Eine Klage auch gegen den Feststellungsbescheid, die allein deshalb erhoben wird, um die Höhe der „Darlehensschuld" nicht unabänderlich werden zu lassen, ist nicht erforderlich. Da durch den Feststellungsbescheid nur festgestellt wird, in welcher Höhe Darlehen an den Darlehensnehmer geflossen sind (vgl. dazu S. 3), hat dieser Bescheid keine Auswirkungen auf die Höhe der Darlehensschuld, wenn es etwa um die Gewährung eines Darlehensteilerlasses oder die Anerkennung eines Einwandes in dem oben unter I. beschriebenen Sinne geht. Wird nach Bestandskraft des Feststellungsbescheides ein Darlehensteilerlaß gewährt, vermindert sich der rückforderbare Teil des Darlehens; das gleiche gilt, wenn die Darlehensschuld ganz oder teilweise durch Erfüllungsleistungen des Darlehensnehmers oder seiner unterhaltspflichtigen Eltern erloschen ist. Derartigen Umständen kann und muß allein durch die Änderung des Rückzahlungsbescheides Rechnung getragen werden.[50])

Da § 10 DarlehensV eine dem § 18 Abs. 5a BAföG vergleichbare Regelung bezüglich der Bestandskraft nicht enthält, ist § 44 SGB−X anwendbar. Daraus folgt, daß die in dem Rückzahlungsbescheid getroffenen Regelungen, insbesondere der ausgewiesene Rückzahlungsbetrag, auch nach Bestandskraft des Bescheides noch abänderbar sind, sofern dazu Veranlassung besteht.

Dritter Teil:

Die Förderungshöchstdauer

I. Allgemeines

Der Förderungshöchstdauer kommt (auch) im Rahmen der Rückforderung der Darlehen eine erhebliche Bedeutung zu, was nicht zuletzt dadurch unterstrichen wird, daß die Förderungshöchstdauer mit der Darlehensschuld zusammen in einem Bescheid nach § 18 Abs. 5a BAföG und unter Inanspruchnahme der besonderen Bestandskraft dieser Vorschrift festzustellen ist. Die Förderungshöchstdauer hat einerseits Auswirkungen auf die Gewährung von Darlehensteilerlassen (vgl. § 18 b Abs. 1a und Abs. 1b BAföG); andererseits steckt die Förderungshöchstdauer den Rahmen für das gesamte Rückforderungsverfahren ab, indem sie den Rückzahlungsbeginn und davon ausgehend den gesamten Tilgungsplan bestimmt (§ 18 Abs. 3 BAföG).

II. Die Förderungshöchstdauerverordnung

Die für den einzelnen Studiengang geltende Förderungshöchstdauer ist der „Verordnung über die Förderungshöchstdauer für den Besuch von Höheren Fachschulen, Akademien und Hochschulen" (FörderungshöchstdauerV) zu entnehmen, die auf der Grundlage von § 15 Abs. 4 BAföG erlassen wurde.[51]) Die Förderungshöchstdauerverordnung enthält zunächst die Bestimmung der Förderungshöchstdauer für die einzelnen Ausbildungsgänge an Höheren Fachschulen (§ 1), Akademien (§ 2), Fachhochschulen (§ 3), Kunsthochschulen (§ 4), Wissenschaftlichen Hochschulen (§ 5) und für integrierte Studiengänge (§ 6).

Darüber hinaus enthält die FörderungshöchstdauerV die Regelung von Sonderfällen: Ist eine Ausbildung im Katalog der Paragraphen 1–6 FörderungshöchstdauerV nicht enthalten, so beträgt die Förderungshöchstdauer für diese Ausbildung sechs Semester. Handelt es sich um eine Zusatzausbildung an einer Fach-, Kunst- oder wissenschaftlichen Hochschule, so beträgt die Förderungshöchstdauer zwei Semester. Wird die Ausbildung außerhalb des Geltungsbereiches des Gesetzes ohne zeitliche Begrenzung (§ 16 Abs. 3 BAföG) durchgeführt, so gilt § 8 FörderungshöchstdauerV. Hat ein Auszubildender eine Ausbildung abgebrochen oder die Fachrichtung gewechselt (§ 7 Abs. 3 BAföG), so ist die Förderungshöchstdauer für die andere Ausbildung neu festzusetzen (§ 11 FöderungshöchstdauerV). Dabei und bei der Festsetzung der Förderungshöchstdauer für eine weitere Ausbildung (§ 7 Abs. 2 BAföG) sind vorhergehende Ausbildungszeiten zu berücksichtigen.

III. Die Bemessung der Förderungshöchstdauer im Bewilligungsverfahren

Die in § 15 Abs. 4 BAföG enthaltene Ermächtigung zum Erlaß der Förderungshöchstdauerverordnung verpflichtet den Bundesminister für Bildung und Wissenschaft, mit Zustimmung des Bundesrates die Förderungshöchstdauer für jede Ausbildung an den in § 2 Abs. 1 Nr. 4 und 5 BAföG bezeichneten oder diesen nach § 2 Abs. 3 BAföG als gleichwertig bestimmten Ausbildungsstätten festzulegen, und zwar unter besonderer Berücksichtigung der jeweiligen Ausbildungs- und Prüfungsordnungen.

Nach der Begründung zu der von der Bundesregierung beschlossenen FörderungshöchstdauerV in ihrer ursprünglichen Fassung vom 9. November 1972 ist jedenfalls für die Fachrichtungen (Studiengänge) an wissenschaftlichen Hochschulen die Bestimmung der Förderungshöchstdauer in der Weise vorzunehmen, daß über die in der jeweiligen Studien- und/oder Prüfungsordnung vorgesehen Mindeststudienzeit – gegebenenfalls unter Einschluß eines Examenssemesters – hinaus generell ein sogenanntes Verfügungssemester, d.h. ein weiteres Semester zur freien Studiengestaltung hinzuzufügen ist. Einwendungen gegen diese allgemeine Handhabung bei der Förderungshöchstdauer hat der

Die Förderungshöchstdauer

Bundesrat nicht erhoben. Das hat zur Folge, daß der Verordnungsgeber jedenfalls im Rahmen der Ausbildungsförderung verpflichtet ist, jedem Studenten an einer wissenschaftlichen Hochschule, über die Mindeststudiendauer und das Examenssemester hinaus, ein weiteres Semester zuzubilligen. Das Bundesverwaltungsgericht hat in seiner grundsätzlichen Entscheidung vom 23. Juni 1983 zum Studiengang Sozialwissenschaften an der Universität Marburg folgendes ausgeführt:[52])

„Da der Verordnungsgeber ein solches zusätzliches Studiensemester im Rahmen der Gestaltungsfreiheit jedem Auszubildenden beim Besuch einer wissenschaftlichen Hochschule zugebilligt und die vom üblichen abweichenden Ausbildungs- und Prüfungsordnungen in Wahrnehmung des ihm in der Ermächtigungsnorm des § 15 Abs. 4 BAföG erteilten Auftrages, dem Gleichbehandlungsgrundsatz des Artikel 3 Abs. 1 GG zu genügen, auch dann zu berücksichtigen hat, wenn insoweit auch nur an einer einzigen Ausbildungsstätte Besonderheiten bestehen, verstößt § 5 Abs. 1 Nr. 81 FörderungshöchstdauerV, soweit darin für den Studiengang Sozialwissenschaften auch an der Phillips-Universität Marburg die Förderungshöchstdauer nur auf neun Semester festgesetzt worden ist, gegen Artikel 3 Abs. 1 GG. Dieser Verstoß kann indessen in der Weise behoben werden, daß dem Absolventen des Studienganges Soziologie an der Phillips-Universität Marburg eine Förderungshöchstdauer von zehn Semestern eingeräumt wird."

Diese für wissenschaftliche Hochschulen geltenden Grundsätze müssen grundsätzlich auch dann gelten, wenn es um die Bemessung der Förderungshöchstdauer für Fachhochschulen geht.[53]) In Anbetracht der Bedeutung, die der Förderungshöchstdauer bei der Bewilligung von Ausbildungsförderung zukommt, läßt sich eine unterschiedliche Behandlung von wissenschaftlichen Hochschulen und Fachhochschulen nicht rechtfertigen.

Für die Förderungshöchstdauer ist die Zahl der Fachsemester maßgeblich, unabhängig davon, ob in diesen Semestern eine Förderung erfolgt ist oder Semester wiederholt wurden (§ 10 FörderungshöchstdauerV.) Dabei wird nach der Rechtsprechung des Bundesverwaltungsgerichts[54]) nur dann von einem

Fachsemester ausgegangen, wenn der Auszubildende die zu dem entsprechenden Fach gehörenden Lehrveranstaltungen auch belegt hat; eine (bloße) organisationsrechtliche Zugehörigkeit reicht für die Annahme eines Fachsemesters nicht aus. Von Bedeutung wird dies bei der Berücksichtigung von Urlaubssemestern. Da während eines Urlaubssemesters eine förderungsfähige Ausbildung nicht fortdauert, wird ein Urlaubssemester auch grundsätzlich nicht auf die Förderungshöchstdauer angerechnet, und zwar unabhängig davon, ob der Student sich anderweitig, etwa durch häusliches Studium, mit seiner Ausbildung beschäftigt hat.

IV. Die Bemessung der Förderungshöchstdauer im Rückforderungsverfahren

Es besteht Einigkeit darüber, daß die Regelung des § 15 Abs. 4 BAföG nach ihrer systematischen Stellung innerhalb des § 15 BAföG ansich (nur) auf die Ausbildungsphase zugeschnitten ist und allein den Zeitraum umschreibt, in dem Förderungsleistungen erbracht werden sollen. Auch entstehungsgeschichtlich wird diese Einordnung dadurch bestätigt, daß die ursprüngliche Fassung dieser Vorschrift, die zu einer Zeit formuliert wurde, in der die Förderungshöchstdauer im Rahmen der Rückforderung der Darlehen noch keine Rolle spielte, bis heute nicht geändert wurde. Selbst zu dem Zeitpunkt, zu dem mit der Einführung des § 18 a BAföG durch das 2. BAföG-Änderungsgesetz der Förderungshöchstdauer im Rahmen der Rückforderung der Darlehen (hier bei der Gewährung eines Darlehensteilerlasses wegen vorzeitiger Beendigung des Studiums) erstmals eine entscheidende Bedeutung zukam, wurde diesbezüglich eine gesonderte gesetzgeberische Entscheidung bezüglich der Bemessung der Förderungshöchstdauer in dem Rückforderungsverfahren nicht getroffen.

Im Rahmen der Rückforderung der Darlehen stellt sich damit die Frage, ob die Grundsätze, die die Bemessung der Förderungshöchstdauer im Bewilligungsverfahren bestimmen, auch bei

Die Förderungshöchstdauer 43

der Rückforderung der Darlehen gelten. Konkret ist etwa fraglich, wie zu verfahren ist, wenn die in der Förderungshöchstdauerverordnung für einen einzelnen Studiengang vorgesehene Förderungshöchstdauer zwar einerseits ausreichend bemessen ist, um das Studium bis zu seinem Ende zu fördern, andererseits die Förderungshöchstdauer aber so knapp bemessen ist, daß etwa das Erreichen eines Darlehensteilerlasses wegen vorzeitiger Beendigung des Studiums objektiv nicht möglich ist. Nicht geklärt ist auch die Frage, wie sich Urlaubssemester auf die Gewährung eines Teilerlasses nach § 18 b Abs. 1a BAföG auswirken.

Das Oberverwaltungsgericht für das Land Nordrhein-Westfalen hat in seiner Entscheidung vom 6. Juni 1984[55]) für den Besuch einer Fachhochschule in Nordrhein-Westfalen, bei dem die Förderungshöchstdauer von sieben Semestern deshalb nicht um vier Monate unterschritten werden konnte, weil nach der Prüfungsordnung mit der Anfertigung der Diplomarbeit erst nach Abschluß der Vorlesungszeit des sechsten Fachsemesters begonnen werden durfte, folgendes ausgeführt:

Solange sichergestellt sei, daß das Studium bis zum Ende der Förderungshöchstdauer abgeschlossen werden könne, sei der Student nicht beschwert. Beschränkten sich die nachteiligen Folgen der Festsetzung der Förderungshöchstdauer für Studenten der nordrhein-westfälischen Fachhochschulen regelmäßig darauf, daß der Teilerlaß wegen vorzeitiger Beendigung des Studiums nicht erreichbar sei, so sei dagegen auch aus verfassungsrechtlicher Sicht nichts einzuwenden. Unter Berücksichtigung des dem Normgeber zustehenden weiten Gestaltungsspielraums sei es nicht willkürlich, wenn dieser den Studenten nordrhein-westfälischer Fachhochschulen, die bei im wesentlichen gleichen Ausbildungsinhalten und Ausbildungsanforderungen wegen der längeren Regelstudienzeit ohnehin länger mit Leistungen nach dem Bundesausbildungsförderungsgesetz gefördert würden, die Möglichkeit des Teilerlasses faktisch abschneide.

Es erscheint fraglich, ob diese Auffassung mit den Grundsätzen, die das Bundesverwaltungsgericht in seiner bereits zitierten Entscheidung vom 23. Juni 1983[56]) aufgestellt hat, vereinbar ist.

Auch wenn auf die Vorschrift des § 15 Abs. 4 BAföG im Rahmen der Rückforderung der Darlehen wegen der bestehenden systematischen Unterschiede nicht ohne weiteres zurückgegriffen werden kann, so müssen doch die grundsätzlichen Aussagen des Bundesverwaltungsgerichts zu Artikel 3 GG auch im Rahmen der Rückforderung Berücksichtigung finden mit der Folge, daß jeder Student wenigsten die – theoretische – Möglichkeit haben muß, die vom Gesetz gebotenen und zum Teil beträchtlichen Vergünstigungen in Anspruch zu nehmen. Die Ausübung des dem Gesetz- und Verordnungsgeber zustehenden Gestaltungsermessens darf nicht dazu führen, daß im wesentlichen gleiche Sachverhalte verschieden und mit entgegengesetztem Ergebnis behandelt werden. Eine Ungleichbehandlung aber wäre letztlich nicht mehr zu vermeiden, wenn Studenten bestimmter Studiengänge, sei es an wissenschaftlichen Hochschulen, sei es an Fachhochschulen, von vornherein nur deshalb nicht in den Genuß einer Vergünstigung kommen können, weil die Förderungshöchstdauer in ihrem Fall unter Verstoß gegen § 15 Abs. 4 BAföG zu knapp bemessen ist. Gerade weil es etwa den Darlehensteilerlaß wegen vorzeitiger Beendigung der Ausbildung gibt, muß er auch für jeden Auszubildenden, der Darlehen erhält, grundsätzlich erreichbar sein, zumal es sich bei dem Erlaßbetrag in Höhe von 5 000,– DM um mehr als eine *quantité negligeable* handelt. § 18 b Abs. 1a und § 15 Abs. 4 BAföG bedingen einander in der Weise, daß § 18 b Abs. 1a BAföG bezüglich der Bemessung der Förderungshöchstdauer Vorgaben macht, die vom Verordnungsgeber über § 15 Abs. 4 einzuhalten sind. Anders gewendet heißt das, daß § 15 Abs. 4 BAföG die Verpflichtung an den Verordnungsgeber enthält, die Festsetzung der Förderungshöchstdauer auch im Hinblick auf § 18 b Abs. 1a BAföG vorzunehmen. Artikel 80 GG legt den Verordnungsgeber fest: eine im Hinblick auf § 18 b Abs. 1a BAföG zu kurz bemessene Förderungshöchstdauer, die den Studenten einzelner Studiengänge bereits die theoretische Möglichkeit eines Teilerlasses nehmen würde, wäre mit dem Gewaltenteilungsprinzip nicht vereinbar.

Die Festsetzung einer Förderungshöchstdauer unter Verlet-

Die Förderungshöchstdauer 45

zung dieser Grundsätze ist also entsprechend der Rechtsprechung des Bundesverwaltungsgerichts auch im Rückforderungsverfahren zu berücksichtigen und unter Rückgriff auf Artikel 3 GG zu korrigieren.

Aus diesen Überlegungen wird zugleich deutlich, daß es Unterschiede bei der Bemessung der Förderungshöchstdauer im Bewilligungsverfahren einerseits und im Rückforderungsverfahren andererseits nicht geben darf; die Grundsätze für die Bemessung der Förderungshöchstdauer gelten grundsätzlich einheitlich. Demnach sind auch Urlaubssemester regelmäßig bei der Festsetzung der Förderungshöchstdauer im Rahmen der Darlehensverordnung zu berücksichtigen; auf etwaige Ausnahmen soll an anderer Stelle (Teilerlaß wegen vorzeitiger Beendigung des Studiums) näher eingegangen werden.

V. Die Festsetzung der Förderungshöchstdauer durch das Bundesverwaltungsamt

Zuständig für die Festsetzung der Förderungshöchstdauer im Rahmen der Rückforderung der Darlehen ist das Bundesverwaltungsamt und nicht etwa das Amt für Ausbildungsförderung. Das ergibt sich eindeutig aus § 18 Abs. 5a BAföG, wonach das Bundesverwaltungsamt die Förderungshöchstdauer gegenüber dem Darlehensnehmer durch einen anfechtbaren Verwaltungsakt feststellt. Hinweise des Amtes für Ausbildungsförderung auf die Förderungshöchstdauer in den Bewilligungsbescheiden sind für das Rückforderungsverfahren unerheblich. Es ist bereits zweifelhaft, ob derartigen Hinweisen in den Bewilligungsbescheiden, die den Auszubildenden darauf hinweisen sollen, wie lange er noch gefördert werden kann, überhaupt Verwaltungsaktqualität zukommt[57]); das Bundesverwaltungsamt ist an derartige Hinweise im Rückforderungsverfahren jedenfalls nicht gebunden.

An die Entscheidungen anderer Stellen ist das Bundesverwaltungsamt nur in den Fällen des § 11 a FörderungshöchstdauerV gebunden: Betreibt der Auszubildende eine weitere oder eine andere Ausbildung (vgl. § 7 BAföG), so sind bei der Festsetzung der Förderungshöchstdauer für diese „zweite" Ausbildung vorhergehende Ausbildungszeiten zu berücksichtigen. Insofern ist zunächst von der landesrechtlich dazu bestimmten Stelle eine Entscheidung darüber einzuholen, wieviele Semester der „ersten" Ausbildung für die „zweite" anerkannt werden. Diese Entscheidung hat das Bundesverwaltungsamt, wenn es die Förderungshöchstdauer festsetzt, zu berücksichtigen. Liegt eine solche Anerkennungsentscheidung nicht vor, setzt das Amt für Ausbildungsförderung die Förderungshöchstdauer unter der Berücksichtigung der jeweiligen Studien- und Prüfungsordnungen sowie der Umstände des Einzelfalles fest. Auch eine derartige Entscheidung hat das Bundesverwaltungsamt, ist sie erst einmal bestandskräftig geworden, zu respektieren. Die Praxis zeigt, daß die Festsetzung der Förderungshöchstdauer in Fällen des § 11 a FörderungshöchstdauerV durch das Amt für Ausbildungsförderung nur selten in einem gesonderten Bescheid ergeht; zumeist wird das Ende der neuen Förderungshöchstdauer in einem Bescheid, in dem auch über die Förderungsleistungen entschieden wird, festgesetzt. In einem solchen Fall ist dann – insoweit abweichend vom Normalfall – in dem im Bewilligungsbescheid ausgewiesenen Ende der Förderungshöchstdauer eine selbstständige Regelung, d.h. ein Verwaltungsakt zu sehen, der, wenn er nicht angefochten wurde, zum Zeitpunkt der Rückforderung der Darlehen bestandskräftig ist.

Ist eine Entscheidung nach § 11 a Abs. 2 FörderungshöchstdauerV zwar getroffen worden, ist dieser Bescheid aber noch nicht bestandskräftig, so ist eine Festsetzung der Förderungshöchstdauer durch das Bundesverwaltungsamt noch nicht möglich. Ergeht gleichwohl ein Feststellungsbescheid nach § 18 Abs. 5a BAföG mit der Festsetzung der Förderungshöchstdauer, weil das Amt für Ausbildungsförderung das Bundesverwaltungsamt über das eingelegte Rechtsmittel nicht in Kenntnis gesetzt hat, so setzt das Verwaltungsgericht ein etwaiges Verfahren nach § 94 VwGO wegen Vorgreiflichkeit der anderen Entscheidung aus.

Ist ein Feststellungsbescheid nach § 18 Abs. 5a BAföG, der eine Festsetzung der Förderungshöchstdauer enthält, bestandskräftig geworden, so ist die Festsetzung für das gesamte Rückforderungsverfahren bindend.[58] Im diesem Falle ist auch das Bundesverwaltungsamt nicht mehr befugt, die einmal festgesetzte Förderungshöchstdauer abzuändern, unabhängig davon, ob sie mit dem geltenden Recht im Einklang steht oder nicht. Diese Besonderheit hat in einer Vielzahl von gerichtlichen Entscheidungen dazu geführt, daß dem Darlehensnehmer unter Hinweis auf die falsche, aber doch bestandskräftige Festsetzung der Förderungshöchstdauer ein Darlehensteilerlaß nach § 18 b Abs. 1a BAföG zugesprochen wurde, obwohl der Darlehensnehmer bei richtiger Festsetzung der Förderungshöchstdauer die Voraussetzungen für einen Erlaß nicht erfüllt hätte.

Vierter Teil:

Die Rückzahlung in Raten

1. Geltende Rechtslage

1. Der Beginn der Rückzahlungsverpflichtung

Der Beginn der Rückzahlungsverpflichtung läßt sich unmittelbar – und ohne daß es dazu eines besonderen Bescheides bedürfte – aus dem Gesetz entnehmen. Nach § 18 Abs. 3 Satz 2 BAföG ist die erste Rate fünf Jahre nach Ende der Förderungshöchstdauer des zuerst mit Darlehen geförderten Ausbildungsabschnittes zu leisten. Der erste Rückzahlungstermin ist demgemäß auf das Ende des ersten Monats, bei vierteljährlicher Zahlungsweise des dritten Monats nach Ablauf von fünf Jahren, gerechnet vom Ende der Förderungshöchstdauer der ersten Ausbildung, festgelegt (§ 11 Abs. 1 DarlehensV).

Das Ende der Förderungshöchstdauer des ersten mit Darlehen geförderten Ausbildungsabschnittes ist auch dann der maßgebende Anknüpfungspunkt, wenn die erste Ausbildung gar nicht bis zu diesem Zeitpunkt betrieben (z. B. vorzeitig abgebrochen) oder gefördert wurde, aber auch dann, wenn später ein weiterer Ausbildungsabschnitt (z. B. Referendarausbildung, Dissertation) oder eine weitere Ausbildung gefolgt sind. Für Auszubildende, die vor dem 1. August 1983 Darlehen erhalten haben, gilt eine Übergangsregelung (vgl. dazu S. 54 ff). Zur Förderungshöchstdauer und ihrer Festsetzung vgl. ausführlich S. 39 ff.

Die Fälligkeit der ersten Rückzahlungsrate tritt kraft Gesetzes ein (vgl. dazu auch S. 57 ff). Das 11. BAföG-Änderungsgesetz hat durch eine Neufassung des § 18 Abs. 3 BAföG mit Wirkung vom 1. 7. 1988 vorgesehen, daß Darlehensnehmer, die im Zeitpunkt der Fälligkeit von Tilgungsleistungen noch immer oder noch einmal nach dem BAföG gefördert werden, ohne ein entsprechendes Verwaltungsverfahren vorerst von der Rückzahlungspflicht freigestellt werden. Die Vorschrift trägt damit den Unsicherheiten Rechnung, die dann auftreten, wenn der Darlehensnehmer für eine zweite Ausbildung Darlehen erhält, obwohl das für die erste Ausbildung geleistete Darlehen noch nicht – vollständig – zurückgezahlt ist. Die Vorschrift dient im wesentlichen der Verfahrensvereinfachung, denn von wenigen Ausnahmefällen abgesehen ergibt sich unter den genannten Voraussetzungen für den Darlehensnehmer auch nach § 18a BAföG regelmäßig ein Anspruch auf Freistellung von der Rückzahlungsverpflichtung.[59])

Die Wirkung der Freistellung entspricht derjenigen nach § 18a BAföG (vgl. dazu im Einzelnen S. 63ff). Der Zeitraum der Freistellung wird auf den maximalen Freistellungszeitraum von 10 Jahren (§ 18a Abs. 5 BAföG) angerechnet. Unter systematischen Gesichtspunkten wäre die Regelung eigentlich besser in § 18a BAföG unmittelbar eingeordnet worden.[60])

2. Die Höhe der monatlichen Raten

Das Darlehen ist – beginnend mit dem so errechneten Fälligkeitstermin – in gleichbleibenden Raten innerhalb von 20 Jahren zurückzuzahlen (§ 18 Abs. 3 Satz 1 BAföG). Die Höhe der Monatsraten ergibt sich also, wenn man den Gesamtbetrag des Darlehens durch den Faktor 240 teilt. Sie beträgt nach der derzeit geltenden Regelung mindestens 120,– DM; ist die rechnerisch ermittelte Zahl niedriger, so verkürzt das den Rückzahlungszeitraum entsprechend. Durch den Hinweis in § 18 Abs. 3 BAföG, wonach die Mindestrate „vorhaltlich des Gleichbleibens der Rechtslage" 120,–DM beträgt, ist klargestellt, daß sich die Mindestrate auch zulasten des Darlehensnehmers ändern kann.

Das Bundesverwaltungsamt kann nach § 18 Abs. 4 BAföG verlangen, daß die Raten für jeweils drei aufeinanderfolgende Monate in einer Summe entrichtet werden.

Eine Reduzierung der Höhe der zu leistenden Raten im Interesse eines Darlehensnehmers, der sich aufgrund seiner wirtschaftlichen Verhältnisse zu einer Zahlung nicht in der Lage sieht, ist im Gesetz nicht vorgesehen. In Fällen mangelnder

Zahlungsfähigkeit ist der Darlehensnehmer auf die Möglichkeit einer Freistellung nach § 18 a BAföG[61]) oder einer Stundung nach § 59 BHO[62]) zu verweisen.

3. Die Regelungen des Rückzahlungsbescheides

Der Zeitpunkt des Beginns der Rückzahlungsverpflichtung und die Höhe der monatlichen Raten werden dem Darlehensnehmer im Rückzahlungsbescheid mitgeteilt, der auf der Grundlage von § 10 DarlehensV ergeht.

Der Rückzahlungsbescheid enthält zunächst die Festsetzung des Rückzahlungsbeginns. Obwohl sich – worauf bereits hingewiesen wurde – der Rückzahlungsbeginn unmittelbar aus dem Gesetz entnehmen läßt, handelt es sich bei der Festsetzung des Rückzahlungsbeginns um einen selbständig anfechtbaren Verwaltungsakt mit der Folge, daß nach Bestandskraft dieser Festsetzung der Rückzahlungsbeginn dem Rückzahlungsbescheid entnommen werden muß, unabhängig davon, ob der derart festgesetzte Rückzahlungsbeginn der gesetzlichen Regelung entspricht oder nicht. Einem Darlehensnehmer, der die Rückzahlung seines Darlehens an dem im Rückzahlungsbescheid ausgewiesenen Rückzahlungsbeginn ausrichtet, kann nicht entgegengehalten werden, von Gesetzes wegen habe zu einem früheren Zeitpunkt mit der Rückzahlung begonnen werden müssen. Ein fehlerhaft festgestellter Rückzahlungsbeginn kann jedoch auch noch nach Bestandskraft des Rückzahlungsbescheides unter den Voraussetzungen, unter denen das SGB−X die Rücknahme eines rechtswidrigen Verwaltungsaktes zuläßt, abgeändert werden.

4. Der Tilgungsplan

Mit dem Rückzahlungsbescheid wird ein sog. Tilgungsplan erstellt, der dem Darlehensnehmer wichtige Einzelheiten der Rückzahlung, nämlich das Darlehenskonto, die Fälligkeit der ersten Rate sowie die Höhe der monatlich bzw. vierteljährlich zu leistenden (Mindest-)Rate bekanntgibt.

Die Rechtsqualität dieses Tilgungsplans läßt sich nicht eindeutig einordnen. Gegen die Annahme, es handle sich um einen – selbständig anfechtbaren – Verwaltungsakt spricht zunächst der Umstand, daß im eigentlichen Sinne nichts geregelt wird, was sich nicht bereits unmittelbar aus dem Gesetz entnehmen ließe. Indem im Rückzahlungsbescheid der Rückzahlungsbeginn durch Verwaltungsakt festgesetzt wird, lassen sich die Höhe der Raten und die jeweiligen Fälligkeitstermine auf der Grundlage von § 18 Abs. 3 BAföG relativ leicht errechnen.

Andererseits darf jedoch nicht verkannt werden, daß gerade der Tilgungsplan die Grundlage für die Zahlungen des Darlehensnehmers sein wird. Für den Fall, daß der Tilgungsplan die sich aus dem Gesetz ergebenden Konsequenzen falsch wiedergeben würde, indem etwa die Fälligkeit der ersten Rate abweichend von der gesetzlichen Regelung hinausgeschoben würde oder die Höhe der zu leistenden (Mindest-)Rate falsch ausgewiesen wäre, wäre der Darlehensnehmer – ohne es zu wissen – mit seinen Zahlungen in Verzug, wenn er entsprechend den Feststellungen des Tilgungsplanes zahlen würde. Gerade diese Überlegungen sprechen wohl dafür, den „Regelungen" des Tilgungsplanes eine Rechtsverbindlichkeit zuzusprechen.

Schwierigkeiten ergeben sich dann, wenn der einmal vorgegebene Tilgungsplan durch das Bundesverwaltungsamt geändert werden muß, weil beispielsweise aufgrund eines Widerspruchs des Darlehensnehmers die Darlehenssumme reduziert wurde.

Beispiel: Der Dalehensnehmer hat Darlehen von insgesamt 9.180,– DM erhalten, die beim Bundesverwaltungsamt auf zwei verschiedenen Darlehenskonten gebucht wurden (1.200,– DM auf Darlehenskonto I, fällig am 30. 6. 1986; 7.980,– DM auf Darlehenskonto II, fällig am 30. 6. 1988). Der Widerspruch des Darlehensnehmers hat dazu geführt, daß der Betrag von 1.200,– DM (Darlehenskonto I) nicht zurückgefordert werden darf; die Darlehensschuld beträgt also nur 7.980,– DM.

Die letztlich festgestellte Darlehensschuld ist an sich entsprechend dem bestandskräftig festgestellten Rückzahlungsbeginn zu tilgen, so daß die erste vierteljährliche Rate am 30. 6. 1986 fällig wäre. Etwas anderes könnte deshalb gelten, weil nach dem Tilgungsplan die erste vierteljährliche Rate, die dieses Darlehen betraf, erst am 30. 6. 1988 fällig sein sollte. Würde man eine Abänderung dieses Tilgungsplanes nur unter den Voraussetzungen zulassen, unter denen ein Verwaltungsakt zurückgenommen werden dürfte, hätte das weitreichende Folgen, etwa für die Frage einer notwendigen Anhörung des Darlehensnehmers (§ 24 SGB–X); Probleme ergäben sich auch in Bezug auf die Frage, ob einem Widerspruch bzw. einer verwaltungsgerichtlichen Klage gegen eine „Abänderung" eines Tilgungsplanes aufschiebende Wirkung zukommt mit der Folge, daß der Darlehensnehmer durch einen Rechtsstreit die Fälligkeit des Darlehens hinausschieben und sich so bestimmte Vergünstigungen, etwa die Möglichkeit einer vorzeitigen Tilgung, über längere Zeit erhalten kann. Man wird diese Frage wie folgt beantworten können:

Wenngleich die Feststellungen des Tilgungsplanes rechtlich verbindlich sind, sind sie doch nicht in der Weise selbständig, daß sie unabhängig von den übrigen Regelungen des Rückzahlungsbescheides bestandskräftig würden und nur unter Beachtung der besonderen Voraussetzungen der Vorschriften des SGB–X abgeändert werden könnten. Der Tilgungsplan knüpft vielmehr an die Festsetzung des Rückzahlungsbeginns und die Höhe der Darlehensschuld an und ist auf den unveränderten Fortbestand dieser „Eckdaten" angewiesen. Verändert sich eine dieser Größen, wie etwa die Höhe der Darlehensschuld im Beispiel oben, so wird der zunächst erstellte Tilgungsplan obsolet; an diese Stelle tritt dann ein vom Bundesverwaltungsamt zu erstellender (neuer) Tilgungsplan.

Nachteile für den Darlehensnehmer ergeben sich dadurch nicht. Im Beispiel oben beträgt die zu tilgende Darlehensschuld trotz des erfolgreichen Widerspruchs immerhin noch 7 980,– DM; dieses Darlehen ist – bei vierteljährlicher Tilgung – beginnend mit dem 30. 6. 1986 zu tilgen. Die Verringerung der Darlehensschuld beeinflußt nicht den Fälligkeitstermin der ersten

Rate, sondern verkürzt (nur) die Länge des Tilgungszeitraumes.

Kommt der Darlehensnehmer mit der Zahlung seiner Raten in Verzug, hat das auf den einmal aufgestellten Tilgungsplan keine Auswirkungen etwa in dem Sinne, daß nunmehr die gesamte Darlehensrestschuld fällig würde. Auch im Falle des Verzuges mit einer oder mehreren Raten verbleibt es bei dem vorgegebenen Tilgungsplan im übrigen, wobei allerdings die Vorschrift des § 1 Abs. 4 DarlehensV zu beachten ist, nach der Rückzahlungsraten zunächst auf Kosten und Zinsen und dann erst auf das Darlehen angerechnet werden. War der Darlehensnehmer also mit einer Rate in Verzug, so muß er, will er trotz rechtzeitiger Zahlung der Raten im übrigen nicht ständig wieder in Verzug geraten, die anfallenden Verzugszinsen sofort und vollständig ausgleichen.

II. Die Übergangsregelung für Auszubildende, die vor dem 1. August 1983 Darlehen erhalten haben (§ 66 a Abs. 5 BAföG)

Nach der bis zum 31. Juli 1983 geltenden Fassung des Gesetzes war die erste Rückzahlungsrate drei Jahre nach Beendigung der Ausbildung zu leisten. Diese Fassung des Gesetzes gilt für die Übergangsfälle des § 66 a Abs. 5 BAföG, d.h. für Auszubildende, die vor dem 1. August 1983 Darlehen erhalten haben, noch immer.

Auf die Übergangsregelung brauchen Darlehensnehmer nur dann zurückzugreifen, wenn die erste Rate auch unter Berücksichtigung der alten Rechtslage erst nach dem 1. August 1983 fällig geworden ist. War vor dem Inkrafttreten der Neuregelung am 1. August 1983 hingegen bereits eine Rate fällig, so verbleibt es für die gesamte Darlehensrückzahlung bei der alten Gesetzeslage; der Übergangsregelung bedarf es in diesen Fällen nicht.

Die sich nach der alten Rechtslage stellende Frage, wann die Ausbildung beendet wurde, ergibt sich aus § 15 a Abs. 3 und 4 BAföG. Diese Vorschriften bestimmen nicht nur das Ende der eigentlichen Förderung; sie sind vielmehr auch im Rahmen der Rückzahlung der Darlehen immer dann anwendbar, wenn es um die Feststellung geht, wann die Ausbildung beendet wurde.[63])

Dieses ist z. B. für die Bestimmung des Rückzahlungsbeginns oder die Gewährung eines Teilerlasses wegen vorzeitiger Beendigung des Studiums bedeutsam.

Die Ausbildung endet nach § 15a Abs. 3 BAföG mit dem Bestehen der Abschlußprüfung des Ausbildungsabschnittes, oder, wenn eine solche nicht vorgesehen ist, mit der tatsächlichen planmäßigen Beendigung des Ausbildungsabschnittes. Abweichend von Satz 1 ist, sofern ein Prüfungs- oder Abgangszeugnis erteilt wird, das Datum dieses Zeugnisses maßgebend; für den Abschluß einer Hochschulausbildung ist stets der Zeitpunkt des letzten Prüfungsteils maßgebend. Für den Fall, daß eine Hochschulausbildung mit der Anfertigung einer Diplomarbeit endet, kommt es auf den Zeitpunkt der Abgabe der Arbeit an, nicht auf den Zeitpunkt, zu dem die Arbeit bewertet ist oder zu dem anschließend das Zeugnis ausgestellt wird. Wird die Ausbildung abgebrochen oder strebt der Auszubildende das Ziel der Ausbildung endgültig nicht mehr an, so beginnt die Rückzahlungsverpflichtung nach alter Rechtslage drei Jahre nach dem endgültigen Abbruch der Ausbildung.

Für Hochschulabsolventen bedeutet dies, daß das Ausbildungsende grundsätzlich mit der Beendigung des Studiums zusammenfällt; Ausbildungsabschnitte, die sich an das Studium anschließen, lassen das Ausbildungsende unberührt, gleichgültig, ob die ursprüngliche Ausbildung fortgeführt oder eine neue Ausbildung begonnen wird. Daraus folgt, daß eine sich an das Studium anschließende weitere Ausbildung – etwa der Vorbereitungsdienst bei Lehrern und Juristen – oder eine Dissertation für die Feststellung des Ausbildungsendes unerheblich ist.[64])

Gleichwohl bleibt die Referendarausbildung nicht ohne Auswirkungen auf den Rückzahlungsbeginn:

Nach § 13 a der derzeit geltenden Darlehensverordnung gilt in den Fällen des § 66 a Abs. 5 BAföG der § 3 DarlehensV in der bis zum 4. November 1983 geltenden Fassung weiter.[65])

Nach § 3 Abs. 1 dieser Vorschrift ist, wenn innerhalb eines Zeitraums von sechs Kalendermonaten eine nach § 15 a Abs. 3 und 4 BAföG beendete Ausbildung fortgesetzt oder eine weitere Ausbildung aufgenommen wird, für die Berechnung der Rückzahlungsfrist nach § 18 Abs. 3 Satz 2 BAföG die Beendigung dieser (weiteren) Ausbildung maßgebend; ob der letzte Teil der Ausbildung nach diesem Gesetz oder nach anderen Vorschriften gefördert werden kann, ist unerheblich.

In Absatz 2 dieser Vorschrift wird festgelegt, daß dann, wenn nach einem Zeitraum von mehr als sechs Kalendermonaten eine nach § 15 a Abs. 3 und 4 des Gesetzes beendete Ausbildung fortgesetzt oder eine weitere Ausbildung aufgenommen wird, der Ablauf der Frist nach § 18 Abs. 3 Satz 2 BAföG für die Dauer der fortgesetzten oder weiteren Ausbildung gehemmt wird.

Die Regelungen des § 3 der Darlehensverordnung in der bis zum 4. November 1983 geltenden Fassung stehen im Gegensatz zu der gesetzlichen Regelung und dürften deshalb unwirksam sein. Da diese Regelungen sich aber ausschließlich zugunsten der Darlehensnehmer auswirken und das Bundesverwaltungsamt diese Vorschriften allen Darlehensnehmern gegenüber stets gleichmäßig angewandt hat, ist diese Frage praktisch bisher noch nicht relevant geworden.

Aus dem Umstand, daß § 3 DarlehensV bei der Bestimmung des Endes der Ausbildung über die gesetzliche Regelung hinausgeht, sind jedoch folgende Konsequenzen zu ziehen:

Nach der Darlehensverordnung kann nur eine einzige weitere Ausbildung den Rückzahlungsbeginn hinausschieben. Das Aufnehmen mehrerer Ausbildungen hintereinander kann nicht dazu führen, daß die Fälligkeit des Darlehens bis auf einen unbestimmten Zeitpunkt hinausgeschoben wird.

Die Frist von sechs Monaten, die zu den unterschiedlichen Regelungen der Absätze 1 und 2 des § 3 DarlehensV führt, ist eine absolut wirkende Stichtagregelung. Hat der Darlehensnehmer bei der Aufnahme einer weiteren Ausbildung diese Frist überschritten, so errechnet sich der Zeitpunkt der Fälligkeit nach Absatz 2 der Vorschrift, wobei unerheblich ist, aus welchen Gründen die Ausbildung nicht innerhalb der Sechsmonatsfrist aufgenommen wurde. Verzögerungen aufgrund von Krankheit, Wehrdienst oder sonstigen Umständen müssen außer Betracht bleiben.

Die Übergangsregelung des § 66 Abs. 1 BAföG ist nur dann anwendbar, wenn der Darlehensnehmer innerhalb eines Monats nach Bekanntgabe des Bescheides nach § 18 Abs. 5a BAföG einen entsprechenden Antrag gestellt hat. Ein nicht fristgerecht gestellter Antrag ist ohne Belang; eine Wiedereinsetzung in den vorigen Stand scheidet gemäß § 27 Abs. 5 SGB−X aus, da es sich bei dieser Antragsfrist um eine Ausschlußfrist handelt, der auch in materiellrechtlicher Hinsicht Bedeutung zukommt.[66])

III. Unterscheidung zwischen Fälligkeits- und Zahlungstermin

Die Regelung des § 18 Abs. 3 Satz 2 BAföG, wonach die erste Rate fünf Jahren nach dem Ende der Förderungshöchstdauer zu leisten ist, bestimmt den Zeitpunkt, zu dem die erste Rate fällig wird. Da sich dieser Fälligkeitstermin unmittelbar aus der gesetzlichen Regelung entnehmen läßt, bedarf es keines weiteren Bescheides seitens des Bundesverwaltungsamtes, die Fälligkeit des Darlehens herbeizuführen. Insoweit sind vormals mögliche Zweifel durch die seit dem 1. Januar 1983 geltende Fassung von § 10 DarlehensV ausgeräumt, nach der der Rückzahlungsbescheid „unbeschadet der nach § 18 Abs. 3 des Gesetzes eintretenden Fälligkeit der Rückzahlungsraten" ergeht; auch der feststellende Bescheid nach § 18 Abs. 5a BAföG ergeht ausweislich seines Wortlautes „unbeschadet der Fälligkeit nach Abs. 3 Satz 2". Der Darlehensnehmer ist also grundsätzlich gehalten, den Fälligkeitstermin anhand der im Bewilligungsbescheid angegebenen Förderungshöchstdauer selbst zu ermitteln.

Von dem Fälligkeitstermin ist der sog. Zahlungstermin zu unterscheiden.[67]) Das Gesetz erwähnt ihn in § 18 Abs. 2 Satz 1 BAföG im Zusammenhang mit der Frage, von welchem Zeitpunkt an Verzugszinsen zu leisten sind. Der unterschiedliche Sprachgebrauch in § 18 Abs. 2 einerseits und § 18 Abs. 3 BAföG andererseits zwingt zu dem Schluß, daß es eine Identität von Fälligkeits- und Zahlungstermin nicht gibt.

Während der Fälligkeitstermin lediglich den Zeitpunkt bestimmt, von dem ab das Darlehen zurückzuzahlen ist, handelt es sich bei dem Zahlungstermin um den Zeitpunkt, von dem ab eine Nichtleistung des Darlehensnehmers sanktioniert werden kann.[68])

Anders als der Fälligkeitstermin tritt der Zahlungstermin erst dann ein, wenn das Bundesverwaltungsamt das fällige Darlehen vom Darlehensnehmer zurückfordert. Ohne den Erlaß eines die Rückzahlungsverpflichtung konkretisierenden Bescheides ist der Darlehensnehmer nicht in der Lage, seine Leistungspflicht tatsächlich zu erfüllen. Erst durch einen Rückzahlungsbescheid wird dem Darlehensnehmer mitgeteilt, auf welches Konto und auf welche Weise (Dauerauftrag, Einzugsermächtigung, Lastschriftverfahren oder Barzahlung) er seine Tilgungsraten zu erbringen hat. Solange der Darlehensnehmer über diese Informationen nicht verfügt, kann ihm seine Nichtleistung nicht vorgeworfen werden.

Die Konkretisierung erfolgt erst dann, wenn der Rückzahlungsbescheid dem Darlehensnehmer tatsächlich bekanntgegeben worden ist (§ 39 SGB−X). Die Zustellung des Bescheides an eine Adresse, unter der der Darlehensnehmer zwar noch gemeldet ist, unter der er aber nicht mehr wohnt, führt allein nicht zur wirksamen Bekanntgabe. Der Verstoß gegen melderechtliche Vorschriften vermag eine Bekanntgabe des Bescheides nicht zu fingieren.[68a])

Das Oberverwaltungsgericht in Münster nimmt eine Unterscheidung nach Fälligkeits- und Zahlungstermin nicht vor.[69]) Es verurteilte einen Darlehensnehmer zur Zahlung von 6 % Verzugszinsen von der gesamten Darlehensschuld mit der Begründung, der Rückzahlungszeitpunkt der ersten Rate sei durch einen im Juni 1983 (!) zugegangenen Bescheid auf den 31. Mai 1982 (!) festgesetzt worden. Hier wird zwar die erste Rückzahlungsrate am 31. Mai 1982 fällig gewesen sein; die Erhebung von Verzugszinsen ohne Vorliegen eines Rückzahlungsbescheides erscheint jedoch nicht sachgerecht.

Die Zustellung eines Rückzahlungsbescheides erst zu einem Zeitpunkt, in dem das Darlehen bereits ganz oder teilweise fällig geworden ist, hat auf die fällig gewordenen Raten keinen Einfluß. Mit dem Zugang des Rückzahlungsbescheides ist der Darlehensnehmer verpflichtet, die bis zu diesem Zeitpunkt aufgelaufenen Raten in einer Summe zu leisten. Im Ergebnis kann dem Darlehensnehmer auf diese Weise gegebenenfalls allein aufgrund verzögerter Behandlung durch das Bundesverwaltungsamt die Möglichkeit genommen werden, das Darlehen in Raten zurückzuzahlen. Diese Konsequenz führt gleichwohl nicht zu einer unzumutbaren Belastung des Darlehensnehmers. Dem Darlehensnehmer ist bereits bei Erhalt der Förderungsleistungen bekannt, daß er diese zurückzahlen muß. Es muß von ihm – wie im übrigen vom jedem Bürger, der staatliche Leistungen in Anspruch nimmt – erwartet werden, daß er sich auch über die Modalitäten der Rückzahlung frühzeitig informiert. Der Darlehensnehmer ist gehalten, den Beginn der Rückzahlungsverpflichtung selbst zu ermitteln. Will er die Vorteile nutzen, die mit einer ratenweisen Rückzahlung verbunden sind, muß er sich notfalls bereits vor Erhalt des Rückzahlungsbescheides an das Bundesverwaltungsamt wenden. Hat er das nicht getan und sind bereits Raten aufgelaufen, so verbleibt ihm immerhin noch der Zinsgewinn, den er dadurch ziehen kann, daß er bereits fällige Raten nicht rechtzeitig geleistet hat.

Die Unterscheidung zwischen Fälligkeits- und Zahlungstermin ist auch bedeutsam für die Frage, ob dem Darlehensnehmer durch eine späte Zustellung des Rückzahlungsbescheides seine Rechte aus § 18 a BAföG (Freistellung von der Rückzahlungsverpflichtung), insbesondere aber aus § 18 b Abs. 2 (Darlehensteilerlaß wegen Pflege und Betreuung eines Kindes bis zu 10 Jahren) oder § 18 Abs. 5 b BAföG (Darlehensteilerlaß wegen vorzeitiger Rückzahlung) verloren gehen können. Da der Gesetzgeber sowohl bei der Freistellung als auch bei den genannten Erlassen allein auf die Fälligkeit der Darlehen abgestellt hat, ist der Zeitpunkt der Zustellung des Rückzahlungsbescheides für die Gewährung dieser Vergünstigungen ohne Bedeutung.[70])

Auch insofern muß von einem Darlehensnehmer erwartet werden, daß er sich über die bestehenden Vergünstigungen selbst informiert und gegebenenfalls einen entsprechenden Antrag auch schon vor Erlaß eines Rückzahlungsbescheides stellt. Anders als in dem bereits erwähnten Fall der Erhebung von Verzugszinsen handelt es sich bei der Nichtgewährung von Vergünstigungen nicht um eine den Darlehensnehmer treffende „Sanktion", die nur von der konkreten Zahlungsverpflichtung abhängig gemacht werden kann; die Vergünstigungen werden vom Gesetzgeber allein mit der Fälligkeit der Raten verknüpft, sodaß sie auch nur solange in Anspruch genommen werden können, wie die Fälligkeit einzelner Raten noch nicht eingetreten ist.

IV. Fälligkeits- und Zahlungstermin bei Rechtsmitteln gegen den Rückzahlungsbescheid

Geht dem Darlehensnehmer – wie im Regelfall – vor der Fälligkeit der ersten Rate ein Rückzahlungsbescheid zu und legt er gegen diesen Bescheid ein Rechtsmittel ein, so hat dies auf den Fälligkeitstermin keinen Einfluß. Die mit den Rechtsbehelfen gemäß § 80 Abs. 1 VwGO (Widerspruch und Anfechtungsklage) in der Regel verbundene aufschiebende Wirkung (Suspensiveffekt) hat jedoch zur Folge, daß der Betroffene für die Dauer des Widerspruchs- bzw. Klageverfahrens von der Verfolgung des ihm auferlegten belastenden Zahlungsgebotes befreit wird[71]); der Rückzahlungsbescheid ist für die Zeit des Widerspruchs- bzw. Klageverfahrens nicht vollziehbar.

Entfällt dieser Suspensiveffekt später wieder, weil der Widerspruch oder die Klage letztlich erfolglos geblieben sind, fällt gleichzeitig die mit der Einlegung des Rechtsbehelfes verbundene Hemmung der Vollziehbarkeit des Verwaltungaktes rückwirkend fort. Die Sach- und Rechtslage ist nunmehr so zu betrachten, als ob der Rechtsbehelf nicht eingelegt worden wäre. Zwar bleiben dem Betroffenen die Wirkungen des Suspensiveffektes insofern erhalten, als ihm aus der Nichtbefolgung des Zahlungsgebotes während der Dauer des Rechtsbehelfsverfahrens keine Nachteile erwachsen dürfen. Daraus folgt zum Beispiel, daß der Darlehensnehmer nicht verpflichtet ist, wegen der nicht geleisteten Raten Mahnkosten oder Verzugszinsen zu zahlen. Im übrigen bleibt aber die in dem angefochtenen Bescheid festgesetzte Fälligkeit der Darlehensraten unberührt mit der Folge, daß die aufgelaufenen Raten nunmehr in einer Summe zu entrichten sind.[72])

Ein Antrag auf Freistellung von der Rückzahlungsverpflichtung oder ein Antrag auf Stundung bewirken noch keine Änderung des Fälligkeitstermins. Derartige Anträge sind lediglich Anlaß für das Bundesverwaltungsamt zu überprüfen, ob die begehrte Hinausschiebung der Zahlung gewährt werden kann oder muß. In jedem Fall bedarf es zur Verschiebung des Rückzahlungsbeginns einer förmlichen und positiven Entscheidung durch das Bundesverwaltungsamt.

V. Steuerrechtliche Berücksichtigung der Darlehensraten

Tilgungszahlungen auf Studiendarlehen, die nach Abschluß des Studiums geleistet werden, sind weder Sonderausgaben noch außergewöhnliche Belastungen. Das hat das Finanzgericht Köln[72a]) rechtskräftig entschieden. Gemäß § 10 Abs. Nr. 7 EStG sind Aufwendungen des Steuerpflichtigen für seine Berufsausbildung bis zu 900 DM im Kalenderjahr als Sonderausgaben abzugsfähig. Dazu zählen aber nicht die Tilgungsleistungen auf das BAföG-Darlehen. Denn diese Ausgaben müssen in dem Kalenderjahr, in dem sie als Sonderausgaben geltend gemacht werden, für Maßnahmen der Berufsausbildung getätigt worden sein. Das ist bei der Darlehensrückzahlung ersichtlich nicht der Fall.

Auch die Voraussetzungen für den Abzug als außergewöhnliche Belastungen sind nicht erfüllt. Ausgaben zur Tilgung aufgenommener Schulden kann ein Steuerpflichtiger als außergewöhnliche Belastungen nur geltend machen, wenn er durch die Schuldentilgung in seinem Einkommen wesentlich beeinträchtigt wird und die Aufnahme der Schulden selbst außergewöhnlich und zwangsläufig war[72b]). Bei der Aufnahme eines Darlehens zur Finanzierung eines akademischen Studiums liegt keine außergewöhnliche Belastung vor, da das Studium zu einer Hebung der sozialen Stellung und zu einer wirtschaftlichen Besserstellung führt. Unter diesem Gesichtspunkt sind Studienkosten kein verlorener Aufwand, sondern schaffen dem Steuerpflichtigen einen Gegenwert, so daß eine Belastung entfällt.

Fünfter Teil:

Einkommensabhängige Rückzahlung

I. Die Freistellung nach § 18 a BAföG

1. Allgemeines

Die in § 18 a BAföG geregelte einkommensabhängige Rückzahlung der Darlehen wurde anläßlich der Einführung des Grunddarlehens durch das 2. BAföG-Änderungsgesetz als § 18 Abs. 4 in das Gesetz eingefügt und durch das 6. BAföG-Änderungsgesetz verselbständigt. Ihr kommt erhebliche praktische Bedeutung zu.

Der Darlehensnehmer kann nach der gesetzlichen Regelung von der Rückzahlung der durch den Tilgungsplan vorgegebenen Raten freigestellt werden, wenn und solange sein Einkommen bestimmte (Frei-)Beträge nicht übersteigt. Diese Beträge decken sich im wesentlichen mit den in § 25 BAföG vorgesehenen Freibeträgen. Ein früherer Förderungsempfänger wird also zur Rückzahlung des Darlehens verpflichtet, wenn sein Einkommen die Grenzen übersteigt, oberhalb derer die Eltern zu seiner Ausbildung beitragen mußten.[73] Diese Regelung, die zu Gunsten des Darlehensnehmers nicht unerheblich von den Pfändungsfreigrenzen der ZPO abweicht, zielt darauf ab, die Rückzahlung des Darlehens in zumutbaren Grenzen zu halten; der Darlehensnehmer soll nicht Belastungen unterworfen sein, die sozial nicht vertretbar sind.

Die Freistellung von der Rückzahlungsverpflichtung erfolgt ausschließlich in Abhängigkeit vom Einkommen des Darlehensnehmers selbst. Ein Einkommen der Ehefrau oder der Eltern des Darlehensnehmers bleibt in Bezug auf die Rückzahlungsverpflichtung ohne Auswirkungen. Im Rahmen der Berechnung der

Freibeträge kann sich das Einkommen des Ehegatten oder des Kindes allerdings mittelbar auswirken.[74]) Die Entscheidung über die Freistellung von der Rückzahlungsverpflichtung ergeht nur aufgrund des Einkommens des Darlehensnehmers. Anders als bei der Leistung der Förderungsmittel wird im Rahmen des Darlehenseinzuges der Einsatz eigenen Vermögens des Geförderten nicht verlangt.

2. Die Voraussetzungen für eine Freistellung

a.) Die Berechnung des Einkommens

Nach § 18 a Abs. 1 BAföG ist der Darlehensnehmer auf Antrag von der Verpflichtung zur Rückzahlung freizustellen, soweit sein Einkommen monatlich bestimmte Beträge, auf die an anderer Stelle noch hingewiesen wird, nicht übersteigt.

Was unter Einkommen im Sinne dieser Vorschrift zu verstehen ist, ergibt sich, da die Vorschrift diesbezüglich keine eigene Definition enthält, aus § 21 BAföG. Diese Bestimmung enthält einen für das gesamte Bundesausbildungsförderungsgesetz geltende Umschreibung des Einkommensbegriffs.[75]) Da allerdings der Einkommensbegriff in § 21 BAföG mit Blick auf die Einkommensanrechnung für die Förderung definiert ist, ist im Rahmen des § 18 a BAföG bei einigen Berechnungsfaktoren Vorsicht geboten; insbesondere ist zu berücksichtigen, daß der Darlehensnehmer, der früher Auszubildender war, nunmehr bei der Bestimmung seines Einkommens im Rahmen des § 18 a BAföG nicht mehr als Auszubildender im Sinne von § 21 angesehen werden kann.

Die Berechnung des Einkommens, wie sie nach den Paragraphen 21 ff. BAföG vorzunehmen ist, kann und soll hier nicht im einzelnen nachgezeichnet werden. Insoweit wird auf den Wortlaut der Vorschriften sowie auf die einschlägigen und ausführlichen Kommentierungen verwiesen.[76]) Derjenige Darlehensnehmer, der eine Freistellung deshalb begehrt, weil er über ein geringes Einkommen verfügt, dürfte anhand der folgenden Übersicht im Regelfall in der Lage sein, die Erfolgsaussichten seines Begehrens verläßlich zu beurteilen:

Nach § 18 a Abs. 2 Satz 2 BAföG ist für die Freistellung zunächst das im Antragsmonat erzielte Einkommen entscheidend; vorbehaltlich der Regelung des Abs. 3 gilt dieses Einkommen für alle Monate des Freistellungszeitraumes.[77])

Bei der Ermittlung des Einkommens im Antragsmonat ist zunächst die Summe der positiven Einkünfte im Sinne von § 2 Abs. 1 und 2 Einkommensteuergesetz zugrundezulegen (§ 21 Abs. 1 Satz 1 BAföG). Im Regelfall handelt es sich dabei um Einkünfte aus nichtselbständiger Arbeit, vermindert um die Werbungskosten (Pauschale: 564,– DM pro Jahr = 47,– DM pro Monat) und den Arbeitnehmerfreibetrag in Höhe von 480,– DM pro Jahr oder 40,– DM pro Monat. Auf die Pauschale braucht der Darlehensnehmer dann nicht zurückzugreifen, wenn er höhere Werbungskosten nachweisen kann. Der Weihnachtsfreibetrag in Höhe von 600,– DM ist demgegenüber nur von dem in der Zeit vom 8. November bis 31. Dezember erzielten Arbeitslohn abzusetzen.[78])

Zusätzlich zu dem so bereits modifizierten Bruttolohn wären gemäß § 9 EStG noch sonstige Einnahmen, etwa Sparzulagen, die neben den bereits im Bruttolohn enthaltenen vermögenswirksamen Leistungen erzielt werden, zu den Einkünften aus nichtselbständiger Arbeit hinzuzurechnen. Soweit Einnahmen aus weiteren Einkunftsarten vorhanden sind, sind auch insoweit nach § 2 Abs. 1 und 2 EStG i.V. mit den jeweils einschlägigen Bestimmungen der Paragraphen 4 bis 23 EStG die positiven Einkünfte zu ermitteln. Dabei zählen negative Einkünfte als 0, da gemäß § 21 Abs. 1 Satz 2 BAföG ein Ausgleich mit Verlusten aus anderen Einkunftsarten und mit Verlusten des zusammenveranlagten Ehegatten nicht stattfindet.

Von den so errechneten positiven Einkünften gemäß § 21 Abs. 1 Satz 1 BAföG i.V.m. § 2 Abs. 1 und 2 EStG sind sodann die Abzüge nach § 21 Abs. 1 Satz 3 Nr. 1 und 2 BAföG vorzunehmen. Anschließend ist hiervon (vgl. § 21 Abs. 2 Satz 1 BAföG) zunächst die Pauschale für die soziale Sicherung nach § 21 Abs. 1 Satz 3 Nr. 4 i.V.m. § 21 Abs. 2 BAföG (11 bzw. 18 %) abzusetzen, erst danach die für den Berechnungszeitraum zu leistende Einkommensteuer und Kirchensteuer (§ 21 Abs. 1

Satz 3 Nr. 3 BAföG). Dieser Summe ist sonstiges Einkommen i.S.v. § 21 Abs. 3 BAföG, etwa das Kindergeld, hinzuzurechnen.

Gemäß § 21 Abs. 4 BAföG sind sodann Beträge, die nicht als Einkommen im Rahmen des Ausbildungsförderungsrechts gelten, wieder abzuziehen, soweit sie vorher nach § 21 Abs. 1 Satz 1 BAföG als Teil der positiven Einkünfte gemäß § 2 Abs. 1 und 2 EStG zu berücksichtigen waren. Das trifft etwa auf Sparzulagen zu, die nach § 8 EStG zu den positiven Einkünften gehören.

Nach § 21 Abs. 4 BAföG ist jedoch darüber hinaus der gesamte Betrag an vermögenswirksamen Leistungen, der in Höhe von 52,– DM (Arbeitgeber- und Arbeitnehmeranteil) als Teil der zustehenden Bezüge nicht zur Deckung des Unterhalts des Klägers und seiner Familie sondern zur Vermögensbildung dient, abzuziehen. Denn er steht gemäß § 21 Abs. 4 Nr. 4 BAföG seiner Zweckbestimmung nach einer Anrechnung auf den Bedarf entgegen.[79])

Beispiel:
2.481,11 DM Bruttolohn
— *40,00 DM Arbeitnehmerfreibetrag*
— *47,00 DM Werbungskosten (Minimum)*
+ *12,00 DM Sparzulage*
+ *0,00 DM sonstige Einkünfte*

2.406,11 DM = positive Einkünfte nach § 21 Abs. 1 Satz 1 BAföG
— *264,67 DM Sozialpauschale 11 %*
— *207,80 DM Einkommensteuer*
— *10,62 DM Kirchensteuer*
+ *150,00 DM Kindergeld*
— *52,00 DM vermögensbildende Leistungen*

2.021,02 DM Anrechenbares Einkommen

Die Streitfrage, ob und gegebenenfalls in welchem Umfang Abschreibungen nach dem früheren § 7 b Einkommenssteuergesetz für ein selbstgenutztes Einfamilienhaus bei der Berechnung des Einkommens nach § 18 a BAföG zu berücksichtigen sind, will der Gesetzgeber durch das 10. BAföG-Änderungsgesetz wohl in dem Sinne entschieden wissen, daß derartige Abschreibungen im Rahmen des § 18 a BAföG zukünftig unberücksichtigt bleiben.[80]) Ein Erziehungsgeld gilt nach § 21 Abs. 4 BAföG nicht als Einkommen und ist daher nicht anzurechnen.[81])

b.) Die Berechnung der Freibeträge

Der Darlehensnehmer ist von der Rückzahlung nur dann freizustellen, soweit sein Einkommen den Betrag von 1 075,– DM nicht übersteigt. Dieser Betrag erhöht sich für
1. den Ehegatten um 485,– DM
2. jedes Kind des Darlehensnehmers, das zu Beginn des Antragsmonats
   a) das 15. Lebensjahr noch nicht vollendet hat, um 370,– DM
   b) das 15. Lebensjahr vollendet hat, um 485,– DM.

Diese Zuschläge gelten in dieser Höhe nur dann, wenn Ehegatte und Kinder über kein eigenes Einkommen verfügen; sie werden andernfalls um dieses gemindert. Ehegatte ist auch der getrennt lebende Ehegatte. Als Kinder i.S.v. § 18 a Abs. 1 BAföG gelten neben den ehelichen Kindern die nicht ehelichen Kinder und die an Kindes statt angenommen, also die adoptierten Kinder. Nach § 18 Abs. 1 Satz 4 BAföG sind bei der Berechnung des Freibetrages außer den Kindern des Darlehensnehmers die ihnen durch § 2 Abs. 1 des Bundeskindergeldgesetzes Gleichgestellten zu berücksichtigen. Demnach sind in die Berechnung mit einzubeziehen Stiefkinder, die der Darlehensnehmer in seinem Haushalt aufgenommen hat, Pflegekinder und Enkel oder Geschwister, die der Darlehensnehmer in seinen Haushalt aufgenommen hat oder die er überwiegend unterhält.

Beispiel: Der Darlehensnehmer ist verheiratet und hat zwei Kinder im Alter von 13 und 16 Jahren. Der Darlehensnehmer hat ein – anrechenbares – Einkommen in Höhe von 1 600,– DM; die Ehefrau verdient als Lehrerin 4 000,– DM brutto.

> *Hier errechnet sich der Freibetrag wie folgt:*
> *Darlehensnehmer*   *1.075,00 DM*
> *Ehefrau*   *0,00 DM*
> *1. Kind*   *370,00 DM*
> *2. Kind*   *485,00 DM*
> *gesamt*   *1.930,00 DM*
> *Der Darlehensnehmer ist von der Rückzahlungsverpflichtung freizustellen. Das Einkommen der Ehefrau bleibt hier außer Betracht; es macht sich nur insofern bemerkbar, als es den im Gesetz vorgesehenen Freibetrag in Höhe von 485,– DM auf Null reduziert.*

Die Frage, ob der Darlehensnehmer freizustellen ist, bestimmt sich ausschließlich aufgrund einer Gegenüberstellung seines maßgeblichen Einkommens und der errechneten Freibeträge. Liegt das Einkommen über den Freibeträgen, so scheidet eine Freistellung in jedem Fall aus, unabhängig davon, ob der Darlehensnehmer aufgrund anderweitiger Verpflichtungen (hohe Miete, Ratenzahlungen für Auto, Möbel etc. oder Unterhaltsleistungen) zu einer Rückzahlung der Raten nicht in der Lage ist. In derartigen Fällen kann eine Zahlungserleichterung nur über eine Stundung nach § 59 BHO herbeigeführt werden, die allerdings mit der Zahlung von Stundungszinsen verbunden ist.[82]

c.) Das Glaubhaftmachen der Voraussetzungen

Nach § 18 a Abs. 2 Satz 3 BAföG hat der Darlehensnehmer das Vorliegen der Voraussetzungen glaubhaft zu machen. Dies erfolgt durch Abgabe einer schriftlichen Versicherung des Inhalts, daß die Angaben, die der Darlehensnehmer zu seiner familiären Situation und zu seinem Einkommen gemacht hat, richtig und vollständig sind. Die Versicherung ist gegenüber dem Bundesverwaltungsamt abzugeben. Die Angaben über das Einkommen sind durch Vorlage entsprechender Bescheinigungen (Abrechnungen, Lohnsteuerkarte, Steuerbescheide, sonstige finanzamtliche Bescheinigungen, Bescheid über den Bezug von Sozialhilfe, Erklärung des Unterhaltsverpflichteten etc.) zu belegen. Die pauschale Versicherung eines Antragstellers, er verfüge über kein Einkommen, reicht zur Glaubhaftmachung, wie sie das Gesetz verlangt, nicht aus, zumal es jeder Lebenserfahrung widerspricht, daß ein Darlehensnehmer, auch wenn er nicht berufstätig sein sollte, über keinerlei Einkommen verfügt.

Das Glaubhaftmachen des Vorliegens der Voraussetzungen des § 18 a Abs. 1 BAföG ist eine selbständige Voraussetzung für eine Freistellung. Ist ein Antrag auf Freistellung gestellt, so kann die Glaubhaftmachung allerdings noch nachträglich erfolgen und wirkt auf den Zeitpunkt der Antragstellung zurück.

d.) Freistellung nur auf Antrag

Durch das am 1. Juli 1986 in Kraft getretene 10. BAföG-Änderungsgesetz ist das Antragserfordernis gesetzlich festgeschrieben worden.[83])

Der Antrag ist gegenüber dem Bundesverwaltungsamt zu stellen, wobei es für die Antragstellung ausreicht, wenn der Darlehensnehmer schriftlich gegenüber dem Amt zu erkennen gibt, er sei derzeit zur Rückzahlung nicht in der Lage.

Allein in der Einlegung eines Widerspruchs gegen den Rückzahlungsbescheid ist allerdings nicht zugleich ein Antrag im geforderten Sinne zu sehen. Ein Freistellungsbegehren ist nicht, wovon die Darlehensnehmer gelegentlich ausgehen, ein rechtliches *minus* gegenüber dem Widerspruch, sondern ein *aluid*. Nur wenn in dem Widerspruch zum Ausdruck kommt, daß die Rückzahlungsverpflichtung im Hinblick auf ein niedriges Einkommen infrage gestellt wird, ist an eine Umdeutung und damit an einen Antrag im Sinne von § 18 a Abs. 1 BAföG zu denken.

3. Beginn und Ende der Freistellung

Ist eine Rückzahlungsrate nach dem Tilgungsplan fällig und sind die Voraussetzungen des § 18 a BAföG erfüllt, so ist der Darlehensnehmer vom Beginn des Antragsmonats an von der Rückzahlung freizustellen (§ 18 a Abs. 2 Satz 1 BAföG). Die Freistellung erfolgt für die Dauer eines Jahres und wird durch einen Verwaltungsakt des Bundesverwaltungsamtes ausgesprochen.

Für den Darlehensnehmer, der eine Freistellung beantragt hat, hat die Neuregelung des Gesetzes zur Folge, daß er von Rechts wegen verpflichtet ist, auch nach der Antragstellung zunächst die jeweils fälligen Raten solange zu tilgen, bis ihm der Freistellungsbescheid zugeht. Stellt der Darlehensnehmer seine Zahlung bereits nach der Antragstellung in Erwartung einer positiven Entscheidung ein, läuft er Gefahr, daß er bei einer späteren ablehnenden Entscheidung über die Freistellung Verzugszinsen und Mahngebühren zahlen muß. Ergeht ein Freistellungsbescheid, wirkt er allerdings auf den Zeitpunkt der Antragstellung zurück. Für den Freistellungszeitraum eventuell geleistete Zahlungen sind zu erstatten.

Nach Ablauf des Freistellungszeitraumes ist auch bei gleichbleibenden Verhältnissen ein neuer Antrag zwingend erforderlich.

Die Freistellung kann nur bezüglich solcher Darlehensraten beantragt werden, die noch nicht fällig sind. Dementsprechend ist eine rückwirkende Freistellung für solche Raten, die bereits fällig geworden sind, nicht mehr möglich, unabhängig davon, ob der Darlehensnehmer in der Vergangenheit die Voraussetzungen für eine Freistellung erfüllt hätte.

Ist der Darlehensnehmer für die Dauer eines Jahres freigestellt worden, so hat er die Mitteilungspflicht des § 12 Abs. 1 Nr. 4 DarlehensV zu beachten. Danach muß der Darlehensnehmer während der Dauer der Freistellung jede nach § 18 a BAföG maßgebende Änderung seiner Familien- und Einkommensverhältnisse dem Bundesverwaltungsamt schriftlich mitteilen. Bei einem Verstoß gegen die Mitteilungspflicht kann ein Bußgeld bis zu 5 000 DM erhoben werden.

Ändert sich ein für die Freistellung maßgeblicher Umstand, so wird der Freistellungsbescheid vom Beginn des Monats an geändert, in dem die Änderung eingetreten ist. Der Änderungsbescheid ergeht unter dem Vorbehalt der abschließenden Feststellung nach § 18 a Abs. 4 BAföG.

Die Änderung eines maßgeblichen Umstandes kann in einer

Einkommensabhängige Rückzahlung 71

Änderung der Einkommensverhältnisse beim Darlehensnehmer, bei seinem Ehegatten oder bei seinen Kindern, aber auch in einer Änderung der Familienverhältnisse bestehen (z.B. Eheschließung, Scheidung, Tod eines Familienangehörigen, Hinzukommen eines Kindes oder Wechsel eines Kindes aus der Altersgruppe vor Vollendung des 15. Lebensjahres in die Gruppe darüber).

Ist eine Änderung eingetreten, so wird über den gesamten Freistellungszeitraum abschließend entschieden, sobald sich das Einkommen in diesem Zeitraum endgültig feststellen läßt. Dabei gilt als monatliches Einkommen der Betrag, der sich ergibt, wenn die Summe der Monatseinkommen des Freistellungszeitraumes durch 12 geteilt wird; als Monatseinkommen gilt ein Zwölftel des Kalenderjahreseinkommens.

Die Freistellung kann längstens für einen Zeitraum von 10 Jahren erfolgen (§ 18 a Abs. 5 BAföG). Für die Dauer der Freistellung wird der Ablauf der Frist nach § 18 Abs. 3 BAföG (Tilgung des Darlehens in 20 Jahren) gehemmt. Durch diese Regelung wird verhindert, daß solche Darlehensnehmer, die wegen geringen Einkommens vorübergehend von der Rückzahlungsverpflichtung freigestellt werden, in der restlichen Zeit bis zum Ende der 20jährigen Tilgungsfrist besonders hohe Monatsraten oder am Ende dieses Zeitraumes sogar das ganze Darlehen in einer Summe leisten müssen. Konsequenterweise gilt diese Regelung allerdings nicht, soweit das Darlehen nach einer Freistellung zusätzlich nach § 18 b Abs. 2 BAföG erlassen wird, weil insoweit eine Erhöhung der Tilgungsraten für die Restzeit nicht zu befürchten ist.

Eine Freistellung über die Frist von 10 Jahren hinaus ist nach dem derzeit geltenden Recht nicht möglich. Ist der Darlehensnehmer zu keinem Zeitpunkt berufstätig, so hat er nach Ablauf der Zehnjahresfrist allenfalls die Möglichkeit, eine Stundung der Gesamtschuld nach § 59 BHO zu beantragen.[84] Das allerdings hat zur Folge, daß die Darlehensschuld mit 2 v.H. über dem Diskontsatz der Deutschen Bundesbank zu verzinsen ist und dadurch anwächst. Im Zweifelsfall müssen die Erben für die auf diese Weise ständig anwachsende Darlehensschuld einstehen.

II. Die Stundung nach § 59 Bundeshaushaltsordnung (BHO)

1. Die Voraussetzungen für eine Stundung

Nach § 59 Bundeshaushaltsordnung (BHO) darf das Bundesverwaltungsamt Ansprüche stunden und damit die Fälligkeit der jeweiligen Raten hinausschieben, wenn die sofortige Einziehung mit erheblichen Härten für den Schuldner verbunden wäre und der Anspruch durch die Stundung nicht gefährdet wird. Die Befugnis zur Stundung steht dem Bundesverwaltungsamt nach § 7 DarlehensV auch im Rahmen der Einziehung der nach dem BAföG geleisteten Darlehen zu.

Eine erhebliche Härte für den Darlehensnehmer ist dann anzunehmen, wenn er sich aufgrund ungünstiger wirtschaftlicher Verhältnisse vorübergehend in Zahlungsschwierigkeiten befindet oder im Falle der sofortigen Einziehung der Darlehen in diese geraten würde.[85]) Die Gewährung einer Stundung setzt voraus, daß die finanziellen Verhältnisse beim einzelnen Darlehensnehmer ungünstiger liegen als bei anderen. Eine die Existenz gefährdende Notlage ist nicht erforderlich, es genügen ernsthafte Zahlungsschwierigkeiten. Unerheblich ist auch, ob der Darlehensnehmer verschuldet oder unverschuldet seine schlechte finanzielle Situation herbeigeführt hat. Ob die Voraussetzungen des § 59 BHO vorliegen ist letztlich eine Frage, die in jedem Einzelfall unter Berücksichtigung der jeweiligen Besonderheiten zu entscheiden ist.

Die Stundung nach § 59 BHO ist eine sinnvolle und notwendige Ergänzung zu der Freistellung, die in § 18 a BAföG geregelt ist. Während eine Freistellung nur dann erfolgen kann, wenn das Einkommen des Darlehensnehmers bestimmte, sich aus dem Gesetz ergebende Freibeträge nicht übersteigt, bietet die Stundung weitergehende Möglichkeiten, der konkreten finanziellen Situation des einzelnen Darlehensnehmers Rechnung zu tragen. Reduziert sich das Einkommen eines Darlehensnehmers durch besondere Verbindlichkeiten, etwa eine hohe Miete, Ratenzahlung für Auto, Möbel etc. oder durch Unterhaltsleistungen und kann der Darlehensnehmer deshalb seiner Verpflichtung zur Rückzahlung nicht mehr nachkommen, so kann im Wege der Stundung eine Zahlungserleichterung herbeigeführt werden.

2. *Stundungszinsen und Sicherheitsleistung*

Die Stundung soll gegen angemessene Verzinsung und in der Regel nur gegen Sicherheitsleistung gewährt werden.

Als angemessene Verzinsung wird regelmäßig ein Zinssatz angesehen, der 2 % über dem Diskontsatz der Deutschen Bundesbank liegt.[86] Dieser Zinssatz ist jedoch nicht zwingend; er kann je nach Lage des Einzelfalles herabgesetzt werden, insbesondere dann, wenn seine Erhebung die Zahlungsschwierigkeiten verschärfen würde. Von der Erhebung von Zinsen kann ganz abgesehen werden, wenn der Darlehensnehmer in seiner wirtschaftlichen Lage schwer geschädigt würde oder der Zinsanspruch sich auf nicht mehr als 10,− DM belaufen würde.[87]

Da nach § 59 BHO eine Stundung ausgeschlossen wäre, wenn der Rückzahlungsanspruch durch eine Stundung gefährdet wäre, sieht das Gesetz vor, daß eine Sicherheitsleistung verlangt werden kann. Als Sicherheitsleistung kommen grundsätzlich die Hinterlegung von Wertpapieren (§ 234 BGB), die Verpfändung beweglicher Sachen (§ 237 BGB), die Bestellung von Grundpfandrechten an Grundstücken (§§ 232, 1113 ff, 1191 ff. BGB), die Verpfändung und Abtretung von Forderungen (§§ 238, 398 BGB) oder die Stellung eines tauglichen Bürgen unter Verzicht auf die Einrede der Vorausklage (§ 239 BGB) in Betracht.

Bei dem Verlangen nach einer Sicherheitsleistung handelt es sich um eine Ermessensentscheidung des Bundesverwaltungsamtes. Die Praxis zeigt, daß das Amt regelmäßig auf die Stellung einer Sicherheitsleistung verzichtet. Da es sich bei der Stundung der fälligen Rückzahlungsraten nur um geringe Beträge handelt und deshalb die Rückzahlung des Darlehens zu einem späteren Fälligkeitszeitpunkt regelmäßig nicht gefährdet sein wird, ist diese Praxis sachgerecht.

3. Stundung nur auf Antrag

Da die Stundung wegen der Zinsregelung nur mit Zustimmung des Darlehensnehmers verfügt werden darf, erfolgt eine Stundung regelmäßig nur auf entsprechenden Antrag des Darlehensnehmers. Ein förmlicher Antrag ist jedoch nicht erforderlich. Trägt der Darlehensnehmer Umstände vor, die darauf schließen lassen, daß er sich in Zahlungschwierigkeiten befindet, so hat das Bundesverwaltungsamt nach pflichtgemäßem Ermessen eine Entscheidung darüber zu treffen, ob dem Darlehensnehmer die fälligen Ratenbeträge gestundet werden.

Auf Verlangen des Bundesverwaltungsamtes hat der Darlehensnehmer allerdings sein Einkommen und die behaupteten Ausgaben durch Vorlage entsprechender Nachweise glaubhaft zu machen.

III. Die Niederschlagung nach § 59 Bundeshaushaltsordnung

Die Niederschlagung ist eine verwaltungsinterne Maßnahme[88]), mit der von der Weiterverfolgung eines fälligen Anspruches abgesehen wird. Ein klagbarer Anspruch des Darlehensnehmers auf Niederschlagung besteht also nicht. Das Bundesverwaltungsamt wird eine zeitlich befristete Niederschlagung des Rückzahlungsanspruches in Betracht ziehen, wenn die Einziehung der Darlehensraten wegen der schlechten wirtschaftlichen Verhältnisse des Darlehensnehmers oder aus anderen Gründen vorübergehend keinen Erfolg haben würde und eine Stundung nicht in Betracht kommt. Die Niederschlagung bedarf keines Antrages des Darlehensnehmers, kann von diesem jedoch angeregt werden.

Durch die Niederschlagung erlischt der Rückzahlungsanspruch nicht, die weitere Rechtsverfolgung durch das Bundesverwaltungsamt wird daher nicht ausgeschlossen. Sollte im Einzelfall eine Niederschlagung erfolgen, so wird das Bundesverwaltungsamt die wirtschaftlichen Verhältnisse des Darlehensnehmers in regelmäßigen Zeitabständen überprüfen. Wegen der Verjährungsfrist von 30 Jahren ist eine Verjährung des Rückzahlungsanspruches regelmäßig nicht zu befürchten. Ergeben sich Anhaltspunkte dafür, daß eine Einziehung der Darlehen wieder Erfolg haben könnte, hat das Bundesverwaltungsamt den Rückforderungsanspruch wieder geltend zu machen.

Sechster Teil:

Der – teilweise – Erlaß der Darlehensschuld

Das Bundesausbildungsförderungsgesetz sieht eine Vielzahl von Möglichkeiten vor, die – je nach Höhe der geleisteten Darlehen – zu einem vollständigen oder doch teilweisen Erlaß der Darlehensschuld führen können. Die Erlasse enthalten sozial- bzw. familienpolitische Komponenten (Erlaß wegen einer behinderungsbedingten Verlängerung des Studiums; Erlaß wegen Pflege und Erziehung eines Kindes), sie honorieren ein zügiges und mit gutem Erfolg abgeschlossenes Studium (§ 18 b Abs. 1 und Abs. 1a BAföG), oder sie verfolgen fiskalische Interessen des Bundes (Darlehensteilerlaß wegen vorzeitiger Rückzahlung des Darlehens, § 18 Abs. 5b BAföG).

Der Erlaß ist eine Maßnahme, mit dem auf die Geltendmachung eines bestimmten Anspruches endgültig verzichtet wird; durch den Erlaß erlischt ein bestehender Anspruch.

Ein Antrag auf Erlaß der Darlehensschuld muß also stets auf das (teilweise) Erlöschen eines Darlehensschuldverhältnisses gerichtet sein; ohne ein noch bestehendes Schuldverhältnis ist die Gewährung eines Erlasses bereits begrifflich ausgeschlossen. Daraus folgt, daß der Erlaß ungeachtet seiner sachlichen Berechtigung schon immer dann nicht gewährt werden kann, wenn die Forderung, deren Erlaß in Rede steht, im Zeitpunkt der Entscheidung über den beantragten Erlaß, aus welchen Gründen auch immer, nicht mehr besteht. Hat beispielsweise ein Darlehensnehmer den gesamten Darlehensbetrag unter Inanspruchnahme eines Erlasses wegen vorzeitiger Rückzahlung (§ 18 Abs. 5b BAföG) zurückgezahlt und stellt er danach fest, daß er aus anderen Gründen die Voraussetzungen für den Erlaß der gesamten Darlehensschuld erfüllen würde, so kann er mit einem diesbezüglichen Erlaßbegehren keinen Erfolg mehr haben.[89])

I. Der Erlaß wegen herausragender Studienleistungen

Dem Auszubildenden, der die Abschlußprüfung bestanden hat und nach ihrem Ergebnis zu den ersten 30 vom Hundert aller Prüfungsteilnehmer gehört, die diese Prüfung in demselben Kalenderjahr abgeschlossen haben, werden auf Antrag 25 vom Hundert des nach dem 31. Dezember 1983 für diesen Ausbildungsabschnitt geleisteten Darlehensbetrages erlassenDer Antrag ist innerhalb eines Monats nach Bekanntgabe des Bescheides nach § 18 Abs. 5a zu stellen. Abweichend von Satz 1 erhält der Auszubildende, der zu den ersten 30 vom Hundert der Geförderten gehört, unter den dort genannten Voraussetzungen den Erlaß

a) in Ausbildungs- und Studiengängen, in denen als Gesamtergebnis der Abschlußprüfung nur das Bestehen festgestellt wird, nach den in dieser Prüfung erbrachten Leistungen,

b) in Ausbildungs- und Studiengängen ohne Abschlußprüfung nach den am Ende der planmäßig abgeschlossenen Ausbildung ausgewiesenen Leistungen; dabei ist eine differenzierte Bewertung über die Zuordnung zu den ersten 30 vom Hundert der Geförderten hinaus nicht erforderlich,

c) in Fällen, in denen der Auszubildende nach § 5 Abs. 1 oder § 6 gefördert worden ist und die Abschlußprüfung an einer außerhalb des Geltungsbereichs dieses Gesetzes gelegenen Ausbildungsstätte bestanden hat, deren Besuch dem einer im Geltungsbereich dieses Gesetzes gelegenen Höheren Fachschule, Akademie oder Hochschule gleichwertig ist. Die Funktion der Prüfungsstelle nimmt in diesen Fällen das nach § 45 zuständige Amt für Ausbildungsförderung wahr.

Auszubildende, die ihre Abschlußprüfung an einer außerhalb des Geltungsbereichs dieses Gesetzes gelegenen Ausbildungsstätte bestanden haben und nach § 5 Abs. 2 gefördert worden sind, erhalten den Teilerlaß nicht.

Die Erlaßregelung gilt in dieser Form vom 1. 1. 1989 an, d. h. für alle Fälle, in denen die Ausbildung nach dem 31. 12. 1988

Der – teilweise – Erlaß der Darlehensschuld

erfolgreich beendet wird. Bis zum 31. 12. 1988, d. h. in allen Fällen, in denen die Ausbildung vor dem 1. 1. 1989 erfolgreich beendet wird, gilt noch folgende Regelung des Gesetzes:

Dem Auszubildenden, der nach dem Ergebnis der Abschlußprüfung zu den ersten 30 vom Hundert der Geförderten gehört, die diese Prüfung in demselben Kalenderjahr abgeschlossen haben, werden 25 vom Hundert des nach dem 31. Dezember 1983 für diesen Ausbildungsabschnitt geleisteten Darlehensbetrages erlassen. Die Bundesregierung bestimmt durch Rechtsverordnung mit Zustimmung des Bundesrates das Nähere über das Verfahren, insbesondere über die Ermittlung des ersten 30 vom Hundert der Geförderten durch die Prüfungsstellen. Sie kann die Prüfungsstellen zu Auskunft und Mitwirkung verpflichten, soweit die Durchführung dieses Gesetzes es erfordert.

Die nähere Ausgestaltung des Verfahrens ist dem Verordnungsgeber überantwortet worden, der von dieser Ermächtigung durchg den Erlaß der „Verordnung über den leistungsabhängigen Teilerlaß von Ausbildungsförderungsdarlehen" (BAFöG-Teilerlaß V) Gebrauch genacht hat.[90]) Die Geltungsdauer dieser Verordnung ist bis zum 31. 12. 1988 befristet, weil die Bundesregierung eine Änderung der Sach- und Verfahrensregelung angekündigt hatte, die durch das 11. BAFöG-Änderungsgesetz ja auch erfolgt ist. Die im Hinblick auf die Gesetzesänderung erforderliche Anpassung der BAFöG-Teilerlaß V lag bei Abschluß des Manuskriptes erst im Entwurf vor. Der Entwurf ist auf S. 175 ff. abgedruckt.

Mit den durch das 11. BaFöG-Änderungsgesetz beschlossenen Änderungen, die vom 1. 1. 1989 an gelten, d. h. genauer in den Fällen, in denen die Ausbildung nach dem 31. 12. 1988 erfolgreich beendet wird, hat der Gesetzgeber auf nicht unerhebliche Mängel reagiert, die sich beim Vollzug der bisherigen Fassung gezeigt haben: In den Fällen benoteter inländischer Abschlußprüfungen, d. h. bei einer weiten Mehrzahl aller Förderungsfälle, ist der Teilerlaß künftig dann zu gewähren, wenn der Auszubildende nach dem Ergebnis der Abschlußprüfung, m. a. W. nach der Endnote, zu den ersten 30 % aller prüfungsabsolventen, also der geförderten sowie der nicht geförderten Prüfungsteilnehmer, gehört, die die Prüfung in demselben Kalenderjahr abgeschlossen haben. Das BaFöG-Änderungsgesetz hat damit also die nicht geförderten Prüfungsteilnehmer in die Vergleichsbasis einbezogen. Dies soll und wird zu einer größeren Bewertungsgerechtigkeit führen, denn die in der bisherigen Fassung vorgesehene Beschränkung auf die Geförderten führte bei zahlreichen Studiengängen zu kleinen und kleinsten Vergleichsgruppen und damit vielfach zur ungerechtfertigten Begünstigung von Auszubildenden mit nur durchschnittlichen oder gar mäßigen Abschlüssen. Weil in den von Satz I erfaßten Studiengängen ohnehin für alle Prüfungsabsolventen Endnoten gebildet werden, ergibt sich aus der Neuregelung keine wesentliche weitere Steigerung des Verwaltungsaufwandes, zumal für die Prüfungsstelle die bisher erforderliche Befragung entfällt, ob die Prüfungskandidaten gefördert worden sind.

In den Fällen notenfreier inländischer Abschlußprüfungen, prüfungsfreier inländischer Abschlüsse sowie in den Fällen von Auslandsabschlüssen bei Grenzgängern und Auslandsdeutschen bleibt es bei der bisherigen Regelung: Das Gesetz sieht insoweit zur Vermeidung eines unverhältnismäßigen Aufwandes bzw. wegen der Unmöglichkeit, von ausländischen Prüfungsstellen die erforderlichen Ausküfte hinsichtlich der Gesamtprüfungsergebnisse zu erhalten, weiterhin einen nur auf die Geförderten bezogenen Leistungsvergleich vor. Dagegen sind Auslandsabschlüsse solcher Auszubildenden, die das Privileg der förderungsrechtlichen besonders günstigen Auslandsförderung nach § 5 II BaFöG hatten, durch das 11. BaFöG-Änderungsgesetz – auch wegen der besonderen Schwierigkeiten, die sich insoweit für eine gerechte Vergleichsermittlung ergeben würden – ausdrücklich von der Teilerlaßregelung nach § 18b I BaFöG ausgenommen worden.

Praktische Erfahrungen konnten mit dieser Bestimmung, die zum Teil wegen der besonderen Betonung des Leistungsgedankens und des deshalb befürchteten Konkurrenzkampfes der Studenten untereinander als rechtspolitisch nicht unbedenklich angesehen wird, bisher noch nicht gesammelt werden. Es steht allerdings zu befürchten, daß die Vorschriften nicht leicht umzusetzen sein werden. Neben den Schwierigkeiten, die Vergleichs-

Der – teilweise – Erlaß der Darlehensschuld 81

gruppen gerecht zu bilden und dann die Rangfolge nach den Ergebnissen der Abschlußnote festzulegen (vgl. dazu in der Vorauflage S. 78-80), kommt folgendes hinzu:

Über die Gewährung des Erlasses entscheidet das Bundesverwaltungsamt, obwohl dieses Amt selbst keinerlei Einfluß auf die Bildung der Vergleichsgruppen oder die Bestimmung der Rangfolge hat. Das Bundesverwaltungsamt ist hier auf die Mitteilungen der Prüfungsstellen angewiesen, die allein die Gesamtergebnisse der Abschlußprüfungen in den einzelnen, in sich selbständigen oder ergänzenden Ausbildungs- und Studiengängen feststellen und die auch die entsprechenden Vergleichsgruppen bilden, innerhalb derer die besten Studenten ermittelt werden. Es sind also eigentlich die Prüfungsstellen, die die Entscheidung darüber treffen, wer von den Geförderten in den Genuß des Erlasses kommt.

Gleichwohl entscheiden die Prüfungsstellen nicht über die Gewährung des Erlasses; sie teilen vielmehr lediglich dem Bundesverwaltungsamt „bis Ende April des auf die Feststellung des Gesamtergebnisses folgenden Kalenderjahres die für die weitere Durchführung des § 18 b Abs. 1 BAföG erforderlichen Daten auf für die elektronische Datenverarbeitung geeigneten, maschinell lesbaren Datenträgern mit" (§ 12 Abs. 2 TeilerlaßV) und überlassen es dem Bundesverwaltungsamt, die Entscheidung gegenüber den Darlehensnehmern zu treffen (§ 12 Abs. 4 TeilerlaßV).

Hier liegt eine weitere Schwierigkeit begründet. Der Darlehensnehmer, der in seiner Person die Voraussetzungen eines Erlasses nach § 18 b Abs. 1 BAföG erfüllt sieht, erhält von der Entscheidung der Prüfungsstelle zunächst keine Kenntnis. Er ist darauf angewiesen, die Entscheidung des Bundesverwaltungsamtes abzuwarten, ob ihm der erhoffte Nachlaß gewährt wird. Diese Entscheidung des Bundesverwaltungsamtes kann möglicherweise

Jahre auf sich warten lassen, weil die Rückzahlungsverpflichtung des Darlehens erst fünf Jahre nach Ablauf der Förderungshöchstdauer beginnt und der Feststellungs- und Rückzahlungsbescheid dem Darlehensnehmer entsprechend spät zugestellt wird. Erhält der Darlehensnehmer dann einen ablehnenden Bescheid, wird er sich – davon ist in Ermangelung einer anderweitigen Regelung auszugehen – mit der bloßen Mitteilung des Bundesverwaltungsamtes begnügen müssen, er gehöre nicht zu der Gruppe der ersten 30 % der Geförderten; eine weitere Begründung wird nicht zu erwarten sein. Gegen diesen Bescheid kann der Darlehensnehmer zwar Widerspruch und Klage erheben; er wird seine Interessen gegenüber der Behörde und vor Gericht aber nur dann wirksam durchsetzen können, wenn er den gesamten Entscheidungsprozeß der Prüfungsstelle nachvollziehen kann. Er müßte deshalb durch Einsicht in die entsprechenden Verwaltungsvorgänge in die Lage versetzt werden, zu überprüfen, ob – erstens – die Vergleichsgruppen richtig gebildet wurden und – zweitens – die Feststellung der Reihenfolge der Geförderten entsprechend den gesetzlichen Vorschriften erfolgt ist. Da die Position des Darlehensnehmers stets mit der anderer Geförderter verglichen werden muß, kann wirksamer Rechtsschutz im Prinzip nur gewährleistet werden, wenn die Prüfungsergebnisse von allen Geförderten einer den gesetzlichen Vorschriften entsprechend gebildeten Vergleichsgruppe offengelegt werden. Ob dies aus datenschutzrechtlichen Gründen überhaupt zulässig ist, erscheint zweifelhaft.

Sofern der Darlehensnehmer konkret nachweisen kann, daß ein Kommilitone mit einer schlechteren Abschlußnote den Erlaß erhalten hat, wird man wohl nicht umhin können, jedenfalls im verwaltungsgerichtlichen Verfahren die gesamten bei der Prüfungsstelle angefallenen Verwaltungsvorgänge in den Prozeß einzuführen und dem Darlehensnehmer auf entsprechenden Antrag zur Einsichtnahme (§ 100 VwGO) zu überlassen. Wie allerdings derjenige Darlehensnehmer Rechtsschutz erhalten soll, der in

Der – teilweise – Erlaß der Darlehensschuld

nur allgemeiner Form vorträgt, anderen Studenten sei der Erlaß auf seine Kosten zu Unrecht gewährt worden, läßt sich noch nicht absehen. In derartigen Fällen ist nicht auszuschließen, daß die Gerichte einen unzulässigen Ausforschungsbeweis unterstellen. Da nach § 10 TeilerlaßV sichergestellt ist, daß dem mit Erfolg klagenden Darlehensnehmer der Erlaß zusätzlich zu den bereits ermittelten 30 % zu gewähren ist, bestehen im Hinblick auf das Rechtsschutzinteresse einer Klage auch dann keine Bedenken, wenn das Erlaßverfahren im übrigen abgeschlossen ist.

3. Auskunftspflichten des Darlehensnehmers

Prüfungsteilnehmer, die nach dem 31. Dezember 1983 Ausbildungsförderung erhalten haben, sind verpflichtet, der zuständigen Prüfungsstelle bei der Anmeldung zur Abschlußprüfung hiervon Kenntnis zu geben. Als Nachweis ist in dieser Erklärung ein Bewilligungsbescheid oder eine entsprechende Bescheinigung desjenigen Amtes für Ausbildungsförderung beizufügen, das zuletzt mit einer Entscheidung über die Förderung befaßt war (§ 11 Abs. 1 TeilerlaßV). Kommt ein Prüfungsteilnehmer seiner Mitteilungspflicht nicht nach, so ist er auf Dauer von einer ihm günstigen Berücksichtigung als Geförderter ausgeschlossen (§ 11 Abs. 4).

4. Erlaß nur auf Antrag

Das Antragserfordernis, das durch das 9. BAFöG-Änderungsgesetz zunächst entfallen war (vgl. diesbezüglich die Vorauflage S. 82 f), ist nunmehr durch das 11. BAFöG-ÄnderungsG mit Wirkung vom 1. 1. 1989, d. h. für Studienabschlüsse, die nach diesem Zeitpunkt gemacht werden, wieder eingeführt worden. Der Antrag ist innerhalb eines Monats nach Bekanntgabe des Bescheides nach § 18 Abs. 5 a zu stellen.

II. Der Erlaß wegen vorzeitiger Beendigung des Studiums

Beendet der Auszubildende die Ausbildung (mindestens) vier Monate vor dem Ende der Förderungshöchstdauer, und zwar entweder mit dem Bestehen der Abschlußprüfung oder, wenn eine solche nicht vorgesehen ist, den Ausbildungsvorschriften entsprechend, so werden auf seinen Antrag 5000,– DM des Darlehens erlassen (§ 18 b Abs. 1a BAföG). Der Antrag ist innerhalb eines Monats nach Bekanntgabe des Bescheides nach § 18 Abs. 5a BAföG zu stellen.

Das 11. BAföG-Änderungsgesetz hat diesen Teilerlaß um einen weiteren Tatbestand ergänzt: Nun ist ein Erlaß i. H. v. 2000,– DM für diejenigen Auszubildenden vorgesehen, die die Ausbildung nach dem 31. 12. 1987 zwar nicht vier, wohl aber mindestens zwei Monate vor dem Ende der Förderungshöchstdauer beenden. Mit dieser Neuregelung, die die bereits mehrfach geänderte Vorschrift ein weiteres Mal inhaltlich abändert (vgl. dazu die in der Vorauflage aufgezeichnete Entstehungsgeschichte der Vorschrift) hat der Gesetzgeber auf Härten reagiert, die sich bei der Anwendung des bisherigen Rechts oft dadurch ergeben haben, daß der Auszubildende den entscheidenden Stichtag aus von ihm nicht zu vertretenden Gründen knapp verfehlt hat.

Es muß jedoch bezweifelt werden, ob die durch die Vorschrift notwendigerweise eintretenden Härten tatsächlich vermindert werden. Denn einmal steht zu befürchten, daß nunmehr neue Härten bei denjenigen Darlehensnehmern entstehen, die die Zwei-Monats-Frist knapp verpassen; zum anderen vermag auch die neue Regelung nicht den Härten zu begegnen, die sich aus der nach wie vor unausgewogenen Bemessung der Förderungshöchstdauer ergeben. Die Erfahrungen der Vergangenheit zeigen, daß die Förderungshöchstdauer in einigen Studiengängen großzügig, in anderen dagegen sehr knapp bemessen ist, so daß es bereits deshalb bei der Einräumung des Erlasses zu nicht zu rechtfertigenden Ungleichbehandlungen kommen kann (vgl. dazu auch den Zweiten Evaluierungsbericht der Bundesregierng – BR-Dr. 253/87, S. 35 ff.).

Der – teilweise – Erlaß der Darlehensschuld 85

1. Erlaß nur auf Antrag

Nach der seit dem 1. August 1983 geltenden Fassung des Gesetzes wird das Darlehen, auch wenn die Voraussetzungen für einen Erlaß in übrigen vorliegen, nur auf Antrag gewährt; die ursprünglich im Gesetz enthaltene Fiktion des Teilerlasses („gilt .... als erlassen") wurde durch ein Antragserfordernis ersetzt.

Schwierigkeiten können sich in Übergangsfällen ergeben, nämlich dann, wenn der Darlehensnehmer vor August 1983 Darlehen erhalten hat, der Feststellungsbescheid nach § 18 Abs. 5a BAföG ihm aber erst nach der Gesetzesänderung zugegangen ist. Hier stellt sich die Frage, ob der Darlehensnehmer, der die Voraussetzungen für die Gewährung eines Teilerlasses nach der alten Rechtslage erfüllt hatte und dessen Darlehen in Höhe eines Betrages von 2000,– DM als erlassen galt, überhaupt noch einen Antrag stellen muß. Diese Frage wird zu verneinen sein.[93] Im Hinblick darauf, daß sich nach dem eindeutigen Wortlaut der Gesetzesfassung die Darlehensschuld von Gesetzes wegen um einen Betrag von 2000,– DM verminderte, kann das spätere Einführen eines Antragserfordernisses wohl schwerlich zu einem „Aufleben" der bereits teilweise erloschenen Darlehensschuld führen.

Der Antrag ist, sofern ein Bescheid nach § 18 Abs. 5a BAföG ergangen ist, innerhalb eines Monats nach Bekanntgabe dieses Bescheides zu stellen. Ob bei einer Versäumung dieser Frist unter den Voraussetzungen des § 27 SGB–X eine Wiedereinsetzung in den vorigen Stand gewährt werden kann, ist streitig; zum Teil wird die Auffassung vertreten, bei der Antragsfrist handele es sich um eine auch materiell-rechtlich wirkende Ausschlußfrist, bei deren Überschreiten eine Wiedereinsetzung in den vorigen Stand nach § 27 Abs. 5 SGB–X ausgeschlossen ist.[94]

Bevor diese Frage endgültig geklärt ist, sollte der Darlehensnehmer die Möglichkeiten, die § 27 SGB–X bietet, nutzen und eine Wiedereinsetzung in den vorigen Stand beantragen. Soweit bekannt, gewährt das Bundesverwaltungsamt in Fällen, in denen der Darlehensnehmer die Frist unverschuldet nicht einhält, eine Wiedereinsetzung.

Der Antrag auf Gewährung eines Teilerlasses kann schon vor Zustellung des Feststellungs- und Rückzahlungsbescheides gestellt werden. Soweit nach dem Wortlaut des § 18 b Abs. 1a BAföG der Antrag „innerhalb eines Monats nach Bekanntgabe des Bescheides nach § 18 Abs. 5a" zu stellen ist, ist damit eine Frist angesprochen, die nur dann einzuhalten ist, wenn im Einzelfall tatsächlich ein Feststellungsbescheid nach § 18 Abs. 5a BAföG ergangen ist. Nach der Systematik des Gesetzes ist der Erlaß eines solchen Feststellungsbescheides jedoch keinesfalls zwingend. Die als Darlehen geleistete Ausbildungsförderung ist von Gesetzes wegen (§ 18 Abs. 3 BAföG) zurückzuzahlen, ohne daß es dazu eines Feststellungsbescheides bedürfte; auch auf die Fälligkeit der Rückzahlungsraten (§ 18 Abs. 3 Satz 2 BAföG) hat der Feststellungsbescheid ausweislich des Wortlautes des § 18 Abs. 5a BAföG keinen Einfluß. § 18 Abs. 5a BAföG gibt dem Bundesverwaltungsamt die Möglichkeit, die Förderungshöchstdauer sowie die für bestimmte Zeiträume geleisteten Darlehen unabänderlich festzustellen; ob das Bundesverwaltungsamt von dieser Möglichkeit Gebrauch machen will oder ob es die Darlehen (nur) mittels eines Rückzahlungsbescheides nach § 10 DarlehnsV zurückfordert, steht im Ermessen der Behörde. Ist aber der Erlaß eines Feststellungsbescheides verzichtbar, so kann der Antrag auf Gewährung eines Teilerlasses nach § 18 b Abs. 1a BAföG nicht von dem Erlaß eines Feststellungsbescheides abhängig gemacht werden. Sinnvoll ist eine derart frühe Antragstellung jedoch nicht, da der Darlehensnehmer zunächst abwarten sollte, auf welchen Zeitpunkt der Feststellungsbescheid nach § 18 Abs. 5a BAföG den Ablauf der Förderungshöchstdauer feststellt.[95])

2. Die Beendigung der Ausbildung vor Ablauf der Förderungshöchstdauer

Nach dem Wortlaut des § 18 b Abs. 1a BAföG kann der Darlehensteilerlaß nur gewährt werden, wenn „der Auszubildende die Ausbildung vier bzw. zwei Monate vor dem Ende der Förderungshöchstdauer mit dem Bestehen der Abschlußprüfung

Der – teilweise – Erlaß der Darlehensschuld

oder, wenn eine solche nicht vorgesehen ist, nach den Ausbildungsvorschriften planmäßig" beendet.[96]) Die tatsächliche Voraussetzung, daß die Ausbildung vier bzw. zwei Monate vor dem Ende der Förderungshöchstdauer beendet sein muß, gilt für beide Alternativen der Vorschrift. § 18 b Abs. 1a BAföG ist nicht etwa – wozu der Wortlaut der Vorschrift Anlaß geben könnte – in dem Sinne zu verstehen, daß auf die Viermonatsfrist nur in dem Fall abzustellen ist, in dem die Ausbildung durch eine Abschlußprüfung beendet wird.

Auch wenn eine Abschlußprüfung nach den Ausbildungs- und Prüfungsvorschriften im Einzelfall nicht vorgesehen sein sollte und bei der Entscheidung über die Gewährung des Teilerlasses deshalb auf die planmäßige Beendigung der Ausbildung abzustellen ist, ist die Viermonatsfrist zu beachten.[97])

Eine Auslegung des Gesetzes in diesem Sinne entspricht auch Sinn und Zweck der gesetzlichen Regelung. Mit der Teilerlaßregelung sollte ein Anreiz geschaffen werden, daß der Auszubildende seine Ausbildung vor Ablauf der Förderungshöchstdauer abschließt. Der Gesetzgeber strebte damit eine Einsparung von Förderungsmitteln an und wollte zugleich erreichen, daß Studienplätze vorzeitig freigemacht werden.[98]) Dem aber würde man bei Gewährung eines Darlehensteilerlasses bei bloß planmäßiger Beendigung der Ausbildung nicht gerecht werden können.

a.) Die Beendigung der Ausbildung

Die Ausbildung endet regelmäßig mit dem Bestehen der Abschlußprüfung des Ausbildungsabschnittes (§ 15 a Abs. 3 BAföG). Ob eine Prüfung auch Abschlußprüfung eines Ausbildungsabschnittes nach den maßgeblichen Bestimmungen eines Ausbildungsabschnittes ist, richtet sich danach, ob mit ihr das Ziel des Ausbildungsabschnittes nach den maßgeblichen Bestimmungen erreicht wird. Für den Zeitpunkt des Bestehens der Abschlußprüfung ist bei allen Ausbildungen, bei denen ein Prüfungs- oder Abschlußzeugnis erteilt wird, das Datum des Zeugnisses maßgebend. Ausnahmen gelten insofern allerdings für die Hochschulausbildung; hier ist nach § 15 a Abs. 3 Satz 2, 2.

Halbsatz BAföG stets der Zeitpunkt des letzten Prüfungsteils maßgebend. Besteht der letzte Prüfungsteil etwa in der Anfertigung einer Diplomarbeit, so kommt es auf den Zeitpunkt der Abgabe der Arbeit an, nicht auf den Zeitpunkt, zu dem die Arbeit bewertet ist oder zu dem anschließend das Zeugnis erstellt wird.

b.) Das Ende der Förderungshöchstdauer

An anderer Stelle[99]) wurde bereits darauf hingewiesen, daß die Förderungshöchstdauer regelmäßig der Förderungshöchstdauerverordnung[100]) zu entnehmen ist und daß im Einzelfall durchaus auch eine Korrektur der in dieser Verordnung enthaltenen Regelungen erforderlich werden kann, nämlich dann, wenn die Förderungshöchstdauer unter Verstoß gegen die vom Bundesverwaltungsgericht aufgestellten Grundsätze[101]) derart knapp bemessen ist, daß das Erreichen eines Teilerlasses nach § 18 b Abs. 1a BAföG bereits objektiv nicht möglich ist. Der Darlehensteilerlaß wird gewährt, wenn der Darlehensnehmer sein Studium mindestens vier Monate vor Ablauf der korrekt ermittelten Förderungshöchstdauer beendet hat.

Seit der Neufassung des § 18 Abs. 5a BAföG zum 1. August 1983 wird das Ende der Förderungshöchstdauer in einem Feststellungsbescheid nach dieser Vorschrift festgestellt. Liegt ein solcher Bescheid im Zeitpunkt der Antragstellung vor, muß der Darlehensnehmer das Ende der Förderungshöchstdauer diesem Bescheid entnehmen. Ist die Festsetzung der Förderungshöchstdauer bestandskräftig geworden, so ist die Förderungshöchstdauer mit Wirkung für und gegen alle Beteiligten unabänderlich festgestellt. Auf die Festsetzung der Förderungshöchstdauer in einem bestandskräftigen Feststellungsbescheid nach § 18 Abs. 5a BAföG ist deshalb auch dann bei der Gewährung eines Darlehensteilerlasses wegen vorzeitiger Beendigung abzustellen, wenn diese Festsetzung objektiv falsch ist.

Das bedeutet einerseits für den Darlehensnehmer, daß er im Rahmen eines Erlaßverfahrens nicht mehr geltend machen kann, die für seinen Studiengang in der Förderungshöchstdauerverordnung vorgesehene Semesterzahl sei zu niedrig bemessen oder der Feststellungsbescheid habe die Förderungshöchstdauer unter Verstoß gegen die Regelungen der Förderungshöchsdauerverordnung festgestellt. Dann muß dem Darlehensnehmer entgegengehalten werden, daß er diese Frage bereits bei der Festsetzung der Förderungshöchstdauer und vor deren Bestandskraft hätte klären müssen.[102])

Andererseits hat gerade die bestandskräftige Festsetzung der Förderungshöchstdauer in einem Feststellungsbescheid nach § 18 Abs. 5a BAföG in einer Vielzahl von gerichtlichen Entscheidungen dazu geführt, daß dem Darlehensnehmer unter Hinweis auf die falsche, aber doch bestandskräftige Festsetzung der Förderungshöchstdauer der Darlehensteilerlaß zugesprochen wurde, obwohl der Darlehensnehmer bei richtiger Festsetzung der Förderungshöchstdauer die Voraussetzungen für den Erlaß nicht erfüllt hätte.[103])

Der Darlehensnehmer ist gerade wegen der besonderen Bestandskraft der Feststellungen in einem Bescheid nach § 18 Abs. 5a BAföG gut beraten, vor der Stellung des Antrages auf Gewährung eines Darlehensteilerlasses zunächst die Frage der Rechtmäßigkeit der Festsetzung seiner Förderungshöchstdauer zu klären. Ist er der Auffassung, die Förderungshöchstdauer sei in seinem Fall zu niedrig bemessen, so muß er gegen die Festsetzung mit Rechtsmitteln (Widerspruch und Klage) vorgehen.

Dabei ist zu beachten, daß in einem Antrag auf Teilerlaß nicht notwendigerweise auch ein Widerspruch gegen die Festsetzung der Förderungshöchstdauer zu sehen ist. Obwohl beide Handlungen innerhalb der gleichen Frist (einen Monat nach Bekanntgabe des Feststellungsbescheides nach § 18 Abs. 5a BAföG) vorzunehmen sind, unterscheiden sie sich von ihrer Zielrichtung her grundsätzlich. Dabei ist zwar denkbar, daß ein Darlehensnehmer einen Teilerlaß beantragt und sich zugleich ausdrücklich auch gegen die Feststellung der Förderungshöchstdauer wendet mit dem Ziel, diese zu seinen Gunsten abzuändern, weil er nur so die materiellen Voraussetzungen für den begehrten Teilerlaß schaffen kann. Das ist aber keinesfalls immer so. Überwiegend wird der Darlehensnehmer den Teilerlaß gerade unter Berufung auf die Festsetzungen der Förderungshöchstdauer im Feststellungsbescheid beantragen. Der Darlehensnehmer muß also deutlich machen, was er im Einzelfall begehrt.

4. Erlaß auch bei weiterer Ausbildung

Der Erlaß kann für jede Ausbildung, die mit Darlehen nach dem Bundesausbildungsförderungsgesetz gefördert wird, gewährt werden; eine Beschränkung des Erlasses auf eine *erste* Ausbildung läßt sich weder aufgrund des Gesetzeswortlautes noch aus Sinn und Zweck des § 18 b Abs. 1a BAföG rechtfertigen.[104]) Im Gegenteil: Nach § 18 Abs. 3 Satz 2 BAföG ist die erste Darlehensrate 5 Jahre nach Ende der Förderungshöchstdauer des *zuerst* mit Darlehen geförderten Ausbildungsabschnittes zu leisten. In dieser Vorschrift hat der Gesetzgeber also eine Unterscheidung zwischen einer ersten und einer weiteren Ausbildung getroffen. Diese Feststellung ist im vorliegenden Zusammenhang insbesondere deshalb von Bedeutung, weil § 18 Abs. 3 Satz 2 durch das Haushaltsbegleitgesetz 1983 in das BAföG aufgenommen wurde und mit diesem Gesetz zugleich auch § 18 b Abs. 1a BAföG neu gefaßt wurde, ohne daß allerdings auch dort eine Differenzierung nach einer ersten bzw. weiteren Ausbildung vorgenommen worden wäre. Wenn der Gesetzgeber, was § 18 Abs. 3 Satz 2 BAföG belegt, anläßlich des Haushaltsbegleitgesetzes 1983 bezüglich des Beginns der Rückzahlungsverpflichtung eine Unterscheidung nach erster und weiterer Ausbildung einerseits für angezeigt hielt, zum gleichen Zeitpunkt andererseits aber von einer entsprechenden Differenzierung bei der Gewährung eines Darlehensteilerlasses wegen vorzeitiger Beendigung der Ausbildung absah, läßt es eine am Wortlaut des § 18 b Abs. 1a BAföG orientierte Auslegung der Vorschrift nicht zu, die Gewährung des Teilerlasses auf eine erste Ausbildung zu beschränken.

Es kann nicht davon ausgegangen werden, daß Auszubildende, die eine weitere Ausbildung absolvieren, von den Vergünstigungen des Gesetzes ausgeschlossen sein sollten. Der Gesetzgeber hat auch über § 7 Abs. 2 und Abs. 3 BAföG die Möglichkeit

Der – teilweise – Erlaß der Darlehensschuld 91

geschaffen, daß ein Auszubildender trotz einer bereits beendeten oder abgebrochenen ersten Ausbildung nach § 7 BAföG weitergefördert werden kann; damit wird er bezüglich der sich aus dem Gesetz ergebenden Rechten und Pflichten allen anderen Förderungsempfängern gleichgestellt. Befürchtungen, das diejenigen Auszubildenden, die eine weitere Ausbildung absolvieren, wegen ihrer Vorkenntnisse aus der ersten Ausbildung besonders schnell studieren und deshalb im Hinblick auf den Erlaß nach § 18 b Abs. 1a BAföG bevorteilt sein könnten, sind nicht begründet. Nach § 11 und 11a FörderungshöchstdauerV ist die Förderungshöchstdauer für eine weitere bzw. andere Ausbildung durch das Amt für Ausbildungsförderung oder eine andere Stelle neu festzusetzen, und zwar unter Berücksichtigung vorhergehender Ausbildungszeiten. Ist anzunehmen, daß sich die Ausbildungsinhalte teilweise decken, ist die neu festzusetzende Förderungshöchstdauer entsprechend zu kürzen.

5. Die Behandlung von Härtefällen

Schwierigkeiten besonderer Art im Zusammenhang mit der Gewährung des Darlehensteilerlasses ergeben sich dann, wenn die Darlehensnehmer zwar die gesetzlich normierten Voraussetzungen des § 18 b Abs. 1a BAföG nicht erfüllen, gleichwohl aber unter Berufung auf den Gleichheitsgrundsatz des Art. 3 Abs. 1 GG auf der Gewährung eines Erlasses bestehen. Das sei anhand der folgenden Beispiele verdeutlicht:

> *Beispiel 1:*
> *Das Ende der Förderungshöchstdauer war durch einen Feststellungsbescheid nach § 18 Abs. 5a BAföG bestandskräftig auf Ende September 1980 festgesetzt worden. Die Darlehensnehmerin hatte ihr Studium am 5. Juni 1980 beendet und damit einen Darlehensteilerlaß wegen vorzeitiger Beendigung der Ausbildung nicht erreicht, weil sie die Viermonatsfrist des § 18 b Abs. 1a BAföG um fünf Tage überschritten hatte. Die Überschreitung beruhte allein darauf, daß das Prüfungsamt*

> den letzten Prüfungsteil in den Juni verlegt hatte, obwohl
> ein früherer Abschluß der Prüfung bei einer strafferen
> Durchführung des (gestreckten) Prüfungsverfahrens
> möglich gewesen wäre.
>
> *Beispiel 2:*
> *Der Darlehensnehmer, der trotz der Überschreitung der
> Viermonatsfrist des § 18 b Abs. 1a BAföG einen Darlehensteilerlaß beansprucht, beruft sich darauf, sein Studium habe sich wegen eines besonderen Engagements in
> der studentischen Selbstverwaltung und eines Auslandsstudiums verzögert. Es komme hinzu, daß sich das Ende
> des Prüfungsverfahrens wegen einer Krankheit verzögert
> habe.*

Diesen Fällen ist gemeinsam, daß die Darlehensnehmer dem Bundesverwaltungsamt gegenüber den Standpunkt einnehmen, der Darlehensteilerlaß werde ihnen vorenthalten, obwohl sie an der Nichteinhaltung der vorgegebenen Voraussetzungen kein Verschulden treffe. Damit würden sie im Verhältnis zu anderen Darlehensnehmern, die rein zufällig ihr Studium zügiger beenden konnten, benachteiligt.

Die Darlehensnehmer in den oben aufgezeigten Beispielsfällen verkennen, daß das Bundesausbildungsförderungsgesetz nicht jedem Auszubildenden, der alles in seinen Kräften Stehende getan hat, um seine Ausbildung möglichst schnell zu beenden, einen (Teil-)Erlaß der als Darlehen erhaltenen Ausbildungsförderung gewährt bzw. gewähren will. Ziel des Darlehensteilerlasses wegen vorzeitiger Beendigung der Ausbildung ist es, die Darlehensnehmer zu einem zügigen Studium anzuhalten mit der Folge, daß Studienplätze vorzeitig freigemacht und Förderungsmittel eingespart werden.[105] Dieser gesetzgeberische Zweck schließt eine Rücksichtnahme auf Härten im Einzelfall geradezu aus.[106] Die angestrebte Einsparung von Förderungsmitteln läßt sich bei solchen Fallgestaltungen, in denen die genannte Frist nicht eingehalten wird, schon objektiv nicht mehr in nennenswerten Maße erreichen; im Falle einer Verkürzung der Viermonatsfrist bliebe nach Abzug des Teilerlaßbetrages von den im restli-

Der – teilweise – Erlaß der Darlehensschuld

chen Förderungszeitraum noch möglichen Einsparungen wenig oder nichts übrig. Im Falle einer Überschreitung der gesetzlich normierten Viermonatsfrist kommt es deshalb bei der Entscheidung über die Gewährung eines Darlehensteilerlasses nicht darauf an, ob den Darlehensnehmer an der Verzögerung ein Verschulden trifft. Aus diesem Grunde ist es letztlich unerheblich, ob etwa der zeitliche Ablauf des Prüfungsverfahrens dem Einfluß des Darlehensnehmers entzogen ist, noch ist ist entscheidend, ob sonstige, in der Person des Auszubildenden begründete Umstände (etwa Krankheit, Auslandsaufenthalt, Wehr- bzw. Ersatzdienst) die Verzögerung des Ausbildungsendes herbeigeführt haben.

Soweit der Teilerlaß deshalb verlorengeht, weil die Prüfungsämter das Prüfungsverfahren nicht im erforderlichen Umfang zeitlich straffen, ist dies eine Frage der Organisation der Prüfungsverfahren selbst; keinesfalls kann allein aus einer langen Examenszeit der Schluß gezogen werden, die Förderungshöchstdauer sei zu knapp bemessen. Hier könnte etwa von Seiten der studentischen Vertretungen verstärkt darauf hingearbeitet werden, daß jedenfalls die Darlehensnehmer, die für einen Erlaß nach § 18 b Abs. 1a BAföG in Frage kommen, ihr Examen zügiger ablegen können. Die Bundesregierung hat in einer Antwort auf mehrere parlamentarische Anfragen die Hochschulen und Prüfungsämter aufgefordert, die Prüfungsverfahren so zu straffen, daß die geförderten Studenten die Vergünstigungen des Gesetzes wahrnehmen können (vgl. dazu BT-Protokolle vom 4. 6. 1976, S. 17690 und vom 7. 6. 1978, S. 7425).

Eine Verlängerung der Förderungshöchstdauer im Hinblick auf besondere Umstände oder Erschwernisse, auf die der Auszubildende im Einzelfall verweisen kann, sehen weder das Bundesausbildungsförderungsgesetz noch die Förderungshöchstdauerverordnung vor.[107] Das ergibt sich nicht zuletzt aus dem Gegenschluß zu § 15 Abs. 3 BAföG. Nach dieser Vorschrift kann aus bestimmten, in den Ziffern 1–4 näher umschriebenen Fällen *über die Förderungshöchstdauer hinaus* für eine angemessene Zeit Ausbildungsförderung geleistet werden. § 15 Abs. 3 BAföG hält also grundsätzlich an der Förderungshöchstdauer fest und läßt im Einzelfall allein die *Leistung* von Ausbildungsförderung über die Förderungshöchstdauer hinaus zu. Da es für die *Rückforderung* der Darlehen eine entsprechende Regelung, nach der die Besonderheiten des Einzelfalles Berücksichtigung finden könnten, nicht gibt, gilt die jeweils festgesetzte Förderungshöchstdauer ohne jede Beschränkung fort.

Besonderheiten können sich allerdings dann ergeben, wenn der Darlehensnehmer während des Studiums, etwa wegen Krankheit, förmlich beurlaubt war. Da nach § 10 FörderungshöchstdauerV einerseits für die Förderungshöchstdauer nur die Zahl der Fachsemester maßgeblich ist, andererseits bei förmlicher Beurlaubung von einem Fachsemester gerade nicht ausgegangen werden kann[108], kommt dem Darlehensnehmer ein Urlaubssemester insofern zugute, als dies nicht auf die Förderungshöchstdauer angerechnet wird.

Ein Student, der sich wegen Krankheit beurlauben läßt, erreicht den Erlaß nach § 18 b Abs. 1a BAföG also eher als derjenige, der zwar auch wegen Krankheit den Stoff eines Semesters nicht absolvieren kann, von einer förmlichen Beurlaubung aber absieht, weil er auf die laufende Förderung angewiesen ist.

Ob ein Student an den Segnungen des § 18 b Abs. 1a BAföG auch dadurch teilhaben kann, daß er sich nach Ablauf der eigentlichen Studienzeit „zur Examensvorbereitung" beurlauben läßt, erscheint allerdings mehr als fraglich. Nach diesseitiger Auffassung widerspricht es Sinn und Zweck des § 18 b Abs. 1a BAföG, Beurlaubungen, die zu keinem Ausfall von Lehrveranstaltungen führen, bei der Bemessung der Förderungshöchstdauer zugunsten des Darlehensnehmers zu berücksichtigen.

Indem die Viermonatsfrist des § 18 b Abs. 1a BAföG allein auf den objektiven Zeitpunkt der Beendigung der Ausbildung abstellt, ist sie als eine absolut wirkende Stichtagsregelung ausgestaltet, die eine Berücksichtigung besonderer Härten des Einzelfalles nicht zuläßt. Bedenken, die so verstandene Regelung könne mit dem Gleichheitssatz (Artikel 3 GG) nicht vereinbar sein, bestehen nicht.[109] Nach der ständigen Rechtsprechung des Bundesverfassungsgerichts enthält der Gleichheitsgrundsatz für den Gesetzgeber nicht mehr und nichts anderes als die allgemeine

Weisung, Gleiches gleich und Ungleiches seiner Eigenart entsprechend verschieden zu behandeln. Der Gleichheitssatz ist demnach regelmäßig erst dann verletzt, wenn sich für eine bestimmte gesetzliche Regelung und eine damit im Zusammenhang stehende Differenzierung keine vernünftigen, sich aus der Natur der Sache ergebenden oder sonstwie sachlich einleuchtende Gründe finden lassen (sog. Willkürverbot). Der Gesetzgeber hat hiernach eine weitgehende Gestaltungsfreiheit, wenn es darum geht, die Bezugs- und Vergleichsgruppen zu definieren, die von der gesetzlichen Regelung getroffen werden sollen. Das gilt grundsätzlich für jede gesetzgeberische Tätigkeit. Die Freiheit der Gestaltung nimmt aber noch zu, wenn der Gesetzgeber Regelungen im Bereich der rechtsgewährenden Staatstätigkeit trifft. Das Bundesverfassungsgericht hat dem Gesetzgeber im Zusammenhang mit der gesetzlichen Regelung von Massenerscheinungen, wie sie auch das Ausbildungsförderungsrecht enthält, ausdrücklich das Recht zuerkannt, zur Ordnung und verwaltungsmäßigen Bewältigung der vielschichtigen Sachverhalte typisierende und generalisierende Regelungen zu schaffen. Der Gesetzgeber kann also den Kreis der Begünstigten anhand typischer Sachverhalte bestimmen und dabei in Kauf nehmen, daß in atypischen Einzelfällen der Gesetzeszweck nicht erreicht werden kann. Das ist unter dem bereits erörterten Gesichtspunkt der Gleichbehandlung aus verfassungsrechtlicher Sicht jedenfalls solange unbedenklich, solange die überwiegende Zahl der potentiell Begünstigten tatsächlich in den Genuß der Vergünstigung gelangen kann.

III. Der Erlaß wegen Pflege und Erziehung eines Kindes

Nach § 18 b Abs. 2 BAföG in der seit dem 1. Juli 1986 geltenden Fassung des Gesetzes (Zehntes BAföG-Änderungsgesetz) wird das Darlehen auf Antrag des Darlehensnehmers[110] für jeden Monat in Höhe der nach § 18 Abs. 3 BAföG festgesetzten Rückzahlungsrate erlassen, wenn
1. das Einkommen des Darlehensnehmers den Betrag nach § 18 a Abs. 1 Satz 1 und 2 BAföG nicht übersteigt,

2. er ein Kind bis zu 10 Jahren pflegt oder erzieht oder ein behindertes Kind betreut und
3. er nicht oder nur unwesentlich erwerbstätig ist.

1. Erlaß nur auf Antrag

Der Kinderteilerlaß erfolgt nur auf Antrag, der beim Bundesverwaltungsamt zu stellen ist. Gemäß § 4 Abs. 2 Satz 1 Darlehensverordnung erfolgt der Erlaß vom Beginn des Monats an, in dem die gesetzlichen Voraussetzungen vorliegen, frühestens jedoch vom Beginn des Antragsmonats an.

Daraus folgt, daß die Gewährung eines Kinderteilerlasses für einen Zeitraum *vor* der Antragstellung nicht möglich ist.[111]) Das würde selbst dann gelten, wenn man § 4 Abs. 2 Satz 1 DarlehensV – etwa wegen Fehlens einer entsprechenden Verwaltungsermächtigung – außer acht ließe. Anders als bei den in § 18 b Abs. 1 und Abs. 1a BAföG genannten Darlehensteilerlassen geht es beim sog. Kinderteilerlaß nicht um den Erlaß eines einmaligen Betrages in bestimmter Höhe, sondern um den Nachlaß einzelner Rückzahlungsraten. Die durch § 18 b Abs. 1 vorgesehene praktische Ausgestaltung des Erlaßverfahrens, insbesondere die tatbestandliche Verknüpfung mit der Freistellung nach § 18 a BAföG verlangen eine Antragstellung vor Fälligwerden der Rückzahlungsrate, deren Erlaß begehrt wird; ist die Rate erst einmal fällig geworden, scheidet eine Freistellung ebenso aus wie ein Erlaß nach § 18 b Abs. 2 BAföG. Zwischen Antragstellung einerseits und dem für den Erlaß in Betracht kommenden Zeitraum andererseits besteht ein im Wesen dieses Erlasses begründeter untrennbarer zeitlicher Zusammenhang, so daß eine rückwirkende Antragstellung das System des Kinderteilerlasses sprengen würde.

Das Bundesverwaltungsamt ist nicht verpflichtet, von Amts wegen zu prüfen oder auch nur in Erwägung zu ziehen, ob die Voraussetzungen für einen Kinderteilerlaß in der Vergangenheit erfüllt waren. Hinzu kommt, daß auch im übrigen Sozialrecht Leistungen, die auf Antrag zu gewähren sind, erst ab dem Zeitpunkt der Antragstellung gefordert werden können.

2. Das Einkommen des Darlehensnehmers

Ein Kinderteilerlaß kommt zunächst nur in Betracht, wenn das Einkommen des Darlehensnehmers während des Zeitraums, in dem er zur Rückzahlung verpflichtet ist, den für die Freistellung von der Rückzahlungsverpflichtung maßgeblichen Freibetrag nach § 18 a Abs. 1 Satz 1 und Satz 2 BAföG nicht übersteigt.[112]) Ein eventuelles Einkommen des Ehegatten des Darlehensnehmers wird dabei insoweit berücksichtigt, als es auf den für ihn gewährten Freibetrag angerechnet wird. Abzustellen ist nur auf das Einkommen des Darlehensnehmers; sein Vermögen bleibt außer Betracht.

Wesentlich ist, daß es nur auf das Einkommen des Darlehensnehmers in dem Zeitraum ankommt, in dem er tatsächlich zur Rückzahlung des Darlehens verpflichtet ist und in dem er auch tatsächlich ein Kind unter 10 Jahren pflegt und erzieht. Ein geringes Einkommen vor Beginn der Rückzahlungsverpflichtung führt ebensowenig zu einem teilweisen Erlaß der Darlehensschuld wie die bloße Feststellung, daß der Darlehensnehmer zu irgendeinem Zeitpunkt ein Kind unter 10 Jahren betreut hat. Soll ein Kinderteilerlaß gewährt werden, so müssen eine bereits bestehende Rückzahlungsverpflichtung, ein geringes Einkommen und die Kinderbetreuung in einem Zeitpunkt zusammenfallen.

3. Pflege und Erziehung eines Kindes unter 10 Jahren

Die Gewährung eines Kinderteilerlasses hängt von der Pflege und Erziehung eines Kindes unter 10 Jahren ab, wobei für die Definition des Begriffes "Kind" in Satz 3 der Vorschrift auf § 2 Abs. 1 des Bundeskindergeldgesetzes verwiesen wird.

Nach dem insoweit eindeutigen Wortlaut der Vorschrift sowie nach Sinn und Zweck der gesetzlichen Regelung ist bezüglich des Alters des Kindes allein auf den Monat abzustellen, für den der Kinderteilerlaß antragsgemäß gewährt werden soll. Ob der Darlehensnehmer während seiner Ausbildung und/oder vor der Rückzahlungsverpflichtung ein Kind unter 10 Jahren erzogen und gepflegt hat, ist insoweit unwesentlich.

Betreut der Darlehensnehmer oder die Darlehensnehmerin mehrere Kinder, so genügt es für die Gewährung des Kinderteilerlasses, daß jeweils ein Kind unter 10 Jahren ist. Im günstigsten Fall ist es möglich, daß während des gesamten 20jährigen Tilgungszeitraumes jeweils ein Kind unter 10 Jahren ist. Sind dann auch die übrigen Voraussetzungen des § 18 b Abs. 2 erfüllt, kann die Darlehensschuld auf diese Weise vollständig erlassen werden.

4. Unwesentliche Erwerbstätigkeit

Der Darlehensnehmer darf nicht oder nur unwesentlich erwerbstätig sein. Welche Erwerbstätigkeiten noch als unwesentlich anzusehen sind, läßt sich nicht eindeutig beantworten. Der Gesetzgeber hat im Rahmen des § 18 b Abs. 2 BAföG eine Definition dessen, was er als „wesentliche Erwerbstätigkeit" verstanden wissen will, nicht gegeben; er hat insbesondere keine bestimmte Anzahl von Arbeitsstunden als Abgrenzungsmerkmal genannt, obwohl er in anderen Gesetzen von einer solchen Möglichkeit Gebrauch gemacht hat (vgl. z.B. § 102 Arbeitsförderungsgesetz). Daraus, aber auch unter Berücksichtigung des angestrebten Zwecks der Vorschrift, eine intensive Pflege und Erziehung der Kinder durch einen Elternteil zu honorieren[113]), ist wohl der Schluß zu ziehen, daß weniger auf die tatsächlich abgeleisteten Arbeitsstunden als vielmehr darauf abzustellen ist, ob sich der Darlehensnehmer trotz einer Erwerbstätigkeit, die der Gesetzgeber in gewissem Umfang ja grundsätzlich zugesteht, überwiegend der Pflege und Erziehung seines Kindes widmet. Die Frage, welcher Darlehensnehmer nur „unwesentlich erwerbstätig" ist, ist also nicht allein nach der Dauer der Erwerbstätigkeit, sondern auch und gerade danach zu entscheiden, in welchem zeitlichen Umfang der Darlehensnehmer trotz seiner Erwerbstätigkeit die Pflege und Erziehung seines Kindes selbst übernimmt.[114]) Das kann trotz gleicher Zahl von Arbeitsstunden von Familie zu Familie durchaus unterschiedlich zu bewerten sein. So wird die Erwerbstätigkeit einer Darlehensnehmerin, die ihre Arbeit in die Abend- und Nachtstunden verlegt, um sich den gesamten Tag den Kindern widmen zu können, und die die Kinder am Abend in die Obhut des anderen Elternteils übergeben kann, anders zu bewerten sein, als die mit gleicher Stundenzahl ausgeübte Tätigkeit, die eine Abwesenheit der Darlehensnehmerin etwa an fünf Vor- oder Nachmittagen in der Woche erfordert mit der Folge, daß die Pflege und Erziehung des Kindes zu einem bedeutenden Teil von einer Kinderfrau übernommen werden muß.

Das Oberverwaltungsgericht für das Land Nordrhein-Westfalen geht, was für die Darlehensnehmer günstig ist, aufgrund einer pauschalierten Betrachtungsweise davon aus, daß eine unwesentliche Erwerbstätigkeit immer dann vorliegt, wenn die Arbeitszeit – auf den gesamten Monat umgerechnet – kürzer als die Hälfte der durchschnittlichen Arbeitszeit ist.[115]) Gleichwohl wird eine Lehrerin, die 12 Unterrichtsstunden pro Woche erteilt, den Kinderteilerlaß nicht beanspruchen können, weil 12 Unterrichtsstunden im Verhältnis zur 24 Wochenstunden umfassenden Lehrervollzeitbeschäftigung erheblich ins Gewicht fallen und die Lehrerin auch zu Hause noch einen erheblichen Zeitaufwand für die Vorbereitung des Unterrichts benötigt.

5. Kausalität zwischen Erwerbslosigkeit und Betreuung eines Kindes

Die Neufassung des Gesetzes kommt den Darlehensnehmern insofern entgegen, als nach der bis zum 30. Juni 1986 geltenden Rechtslage eine Kausalität zwischen der Pflege und Erziehung eines Kindes einerseits und fehlender oder unwesentlicher Erwerbstätigkeit andererseits erforderlich war. Dieses Erfordernis ist seit dem 1. Juli 1986 weggefallen. Die kausale Verknüpfung zwischen der Kinderbetreuung und der Erwerbslosigkeit hat in der Vergangenheit insbesondere in solchen Fällen zu erheblichen Unsicherheiten geführt, in denen ein arbeitsloser Darlehensnehmer, etwa ein Lehramtskandidat ohne Anstellung, seine

Kinder betreute. Hier stellte sich die ansich weder vom Bundesverwaltungsamt noch vom Gericht sicher zu beantwortende Frage, ob die fehlende Erwerbstätigkeit auf die Betreuung der Kinder oder darauf zurückzuführen war, daß der Darlehensnehmer auf dem Arbeitsmarkt nicht zu vermitteln war.

Diese Fragen sind nunmehr, was ausdrücklich zu begrüßen ist, obsolet geworden. Durch die Streichung des Erfordernisses der Kausalität hängt der Kinderteilerlaß künftig nur noch von objektiven Merkmalen ab.

IV. Der Erlaß wegen vorzeitiger Rückzahlung des Darlehens

Nach § 18 Abs. 5b BAföG kann das Darlehen auch in größeren Teilbeträgen oder im Ganzen vorzeitig zurückgezahlt werden. Wird ein Darlehen vorzeitig getilgt, so ist auf Antrag ein Nachlaß von der Darlehens(rest)schuld zu gewähren.

Die Vorschrift, die durch das Siebente BAföG-Änderungsgesetz in das Gesetz aufgenommen wurde, verfolgt in erster Linie fiskalische Interessen des Bundes. Sie dient der Beschleunigung des Darlehensrückflusses und soll zu einer Einsparung von Verwaltungsaufwand führen.

1. Die Höhe des Nachlasses

Die Ausgestaltung des Nachlasses nach § 18 Abs. 5b BAföG im einzelnen, insbesondere die Höhe des Nachlasses ist in § 6 Darlehensverordnung und dessen Anlage enthalten, die nachfolgend abgedruckt ist. Danach beträgt der Nachlaß je nach Höhe der Ablösung zwischen 9,0 % und 50,5 % der Ablösesumme.[117]

Der Darlehensnehmer kann die Darlehensschuld vor Beginn der Tilgungsphase ganz, d.h. in einer Zahlung, oder teilweise ablösen. Das Gesetz gibt ihm aber auch die Möglichkeit, noch während der Tilgungsphase die jeweilige Darlehensrestschuld oder ein Teil davon abzulösen. Löst der Darlehensnehmer die gesamte Darlehens(rest)schuld allerdings nicht in einer Summe ab, so wird der Nachlaß nur gewährt, wenn die Teilablösung mindestens 4 000,– DM beträgt.

Der – teilweise – Erlaß der Darlehensschuld

Anlage zu § 6 Absatz 1 Darlehensverordnung

Ablösung des Darlehens bis zu einschließlich	Nachlaß in v. H. und Zahlungsbetrag zur Ablösung des Darlehensbetrages in Spalte 1 bei einer monatlichen Mindestrückzahlungsrate von			
	50 oder 80 DM		120 DM	
DM 1	Nachlaß v. H. 2	Zahlungsbetrag DM 3	Nachlaß v. H. 4	Zahlungsbetrag DM 5
1 000	10,0	900	9,0	910
2 000	13,0	1 740	11,0	1 780
3 000	16,0	2 520	13,0	2 610
4 000	19,0	3 240	15,0	3 400
5 000	21,5	3 925	17,0	4 150
6 000	24,5	4 530	19,0	4 860
7 000	27,0	5 110	21,0	5 530
8 000	29,5	5 640	22,5	6 200
9 000	31,5	6 165	24,5	6 795
10 000	34,0	6 600	26,0	7 400
11 000	36,0	7 040	27,5	7 975
12 000	38,0	7 440	29,5	8 460
13 000	40,0	7 800	31,0	8 970
14 000	41,5	8 190	32,5	9 450
15 000	43,5	8 475	34,0	9 900
16 000	45,0	8 800	35,0	10 400
17 000	47,0	9 010	36,5	10 795
18 000	48,5	9 270	38,0	11 160
19 000	50,0	9 500	39,0	11 590
20 000	50,0	10 000	40,5	11 900
21 000	50,0	10 500	41,5	12 265
22 000	50,0	11 000	43,0	12 540
23 000	50,0	11 500	44,0	12 880
24 000	50,0	12 000	45,0	13 200
25 000	50,0	12 500	46,5	13 375
26 000	50,0	13 000	47,5	13 650
27 000	50,0	13 500	48,5	13 905
28 000	50,0	14 000	49,5	14 140
29 000 (u. mehr)	50,0	14 500	50,5	14 355

Die Höhe des Nachlasses ist in der Anlage zu § 6 Darlehensverordnung verbindlich festgelegt. Sie ist auch nicht dadurch im Interesse der Darlehensnehmer „manipulierbar", daß sich ein Darlehensnehmer „freiwillig" bereit erklärt, eine höhere Darlehensschuld zu akzeptieren, um dann anschließend einen umso höheren Nachlaß in Anspruch nehmen zu können.

> *Beispiel:*
> *Der Darlehensnehmer hat ein Darlehen in Höhe von 7 980,– DM erhalten. Bei einer vorzeitigen Tilgung dieses Betrages würde er einen Nachlaß in Höhe von 22,54 % = 1 795,50 DM erhalten. Bei einer Darlehensschuld, die sich auf 8 010,– DM belaufen würde, könnte der Darlehensnehmer bei vorzeitiger Tilgung einen Nachlaß von 24,5 % = 1 962,45 DM erlangen. Bei einer um 30,– DM höheren Darlehensschuld könnte der Darlehensnehmer bei vorzeitiger Tilgung letztlich 136,95 DM einsparen.[118])*

In diesem Fall kann eine Klage des Darlehensnehmers, die auf eine Erhöhung der Darlehensschuld von 7 980,– DM auf 8 010,– DM gerichtet ist mit dem Ziel, den höheren Nachlaß bei vorzeitiger Rückzahlung zu erlangen, keinen Erfolg haben. Das Bundesverwaltungsamt kann und darf Darlehen grundsätzlich nur in der Höhe zurückfordern, in der sie geleistet wurden. Einen Anspruch des Inhalts, daß ein Darlehensnehmer seine Darlehensschuld nominell erhöhen darf, um anschließend bei der Berechnung des Darlehensteilerlasses wegen vorzeitiger Rückzahlung in den Genuß eines prozentual höheren Nachlasses zu kommen, kennt das Gesetz nicht.

2. Vorzeitige Tilgung

Nach § 18 Abs. 5b BAföG kann ein Nachlaß nur dann gewährt werden, wenn das Darlehen vorzeitig zurückgezahlt wird. Das Gesetz macht die Gewährung des Nachlasses also von einer Zahlung abhängig, die vor dem Zeitpunkt erfolgt, zu dem der Darlehensnehmer ohnehin zu zahlen hätte. Insoweit ist entsprechend auf den sich unmittelbar aus dem Gesetz (§ 18 Abs. 3 BAföG) ergebenden Fälligkeitszeitpunkt und – soweit vorhanden – den Tilgungsplan abzustellen.[119]) Wird die Zahlung auf die Darlehensschuld zu einem Zeitpunkt geleistet, zu dem bereits einzelne Raten fällig geworden sind, so kann ein Nachlaß für die bereits fälligen Beträge nicht mehr gewährt werden; entsprechend dem Wortlaut des Gesetzes errechnet sich der Nachlaß dann nur noch von der jeweiligen Darlehensrestschuld.[120])

An anderer Stelle wurde bereits ausführlich darauf hingewiesen, daß sich der Fälligkeitszeitpunkt unmittelbar aus dem Gesetz errechnet und nicht von der Zustellung eines Rückzahlungsbescheides abhängig ist.[121]) Damit ist der Darlehensnehmer, will er den Erlaß wegen vorzeitiger Rückzahlung des Darlehens in Anspruch nehmen, gehalten, die Fälligkeitstermine selbst zu ermitteln und entsprechende Tilgungsleistungen bereits vor der Zustellung des Rückzahlungsbescheides zu leisten. Soweit dem Darlehensnehmer, der auf die Zustellung eines Rückzahlungsbescheides gewartet hat, durch die zwischenzeitlich eingetretene Fälligkeit einzelner Raten die Möglichkeit genommen wird, in den Genuß des gesamten Nachlasses wegen vorzeitiger Rückzahlung zu kommen, ist dies hinzunehmen; der Darlehensnehmer wird nicht unzumutbar benachteiligt. Denn auch in diesem Fall bleibt dem Darlehensnehmer stets der Zinsgewinn infolge einer möglichen Ansparung der bereits fälligen Raten; nach § 8 Abs. 4 DarlehensV entstehen auf Seiten des Darlehensnehmers trotz einer bereits eingetretenen Fälligkeit keine Verzugszinsen, wenn der Rückzahlungsbescheid dem Darlehensnehmer noch nicht zugegangen ist.[122])

3. Erlaß nur auf Antrag

Die vorzeitige Rückzahlung ist antragsgebunden. Der Antrag ist beim Bundesverwaltungsamt zu stellen; er ist auch während der Tilgung jederzeit möglich. In der Zahlung des gesamten Darlehensrestbetrages oder eines Betrages in Höhe von mindestens 4 000,– DM liegt konkludent ein Antrag auf Gewährung eines Nachlasses nach § 18 Abs. 5b BAföG, der vom Bundesverwaltungsamt zu bescheiden ist.

Würde man neben der vorzeitigen Tilgung noch zusätzlich einen förmlichen Antrag verlangen und ginge dieser Antrag nach der Zahlung ein, so wäre der Darlehensnehmer dem Einwand ausgesetzt, durch die vollständige Tilgung des Darlehens sei das Darlehensschuldverhältnis erloschen, so daß ein Darlehensnachlaß bereits begrifflich ausgeschlossen wäre.[123]) Hat ein Darlehensnehmer sein Restdarlehen vorzeitig getilgt, ohne den nach dem Gesetz vorgesehenen Erlaßbetrag abzusetzen, so hat er in Höhe des Erlaßbetrages einen Erstattungsanspruch gegen das Bundesverwaltungsamt.

V. Der Erlaß wegen einer behinderungsbedingten Verlängerung des Studiums

Das Darlehen wird dem Auszubildenden auf Antrag in Höhe der Ausbildungsförderung erlassen, die ihm nach dem 31. Dezember 1983 wegen einer Behinderung nach § 15 Abs. 3 Nr. 1 BAföG über die Förderungshöchstdauer hinaus geleistet worden ist. Das gilt allerdings nur, wenn die Ausbildung mit Bestehen der Abschlußprüfung oder, falls eine solche nicht vorgesehen ist, nach den Ausbildungsvorschriften planmäßig beendet worden ist. Der Antrag ist innerhalb eines Monats nach Bekanntgabe des Bescheides nach § 18 Abs. 5a BAföG zu stellen.

Die Regelung, die erstmals durch das Zehnte Gesetz zur Änderung des Bundesausbildungsförderungsgesetzes in das Gesetz aufgenommen wurde und die zum 1. Juli 1986 in Kraft getreten ist, sieht den Erlaß des Förderungsbetrages vor, der behinderten Studentinnen und Studenten während einer behinderungsbedingten Verlängerung ihres Studiums nach § 15 Abs. 3 Nr. 1 BAföG geleistet worden ist. Der Darlehensteilerlaß knüpft an die Beurteilung der Behinderung und ihrer Kausalität für die Studienverlängerung durch das Amt für Ausbildungsförderung an. Dadurch kommt dieser Beurteilung auch für das Rückforderungsverfahren Bedeutung zu; das Bundesverwaltungsamt, das über die Gewährung des Teilerlasses entscheidet, ist an diese Beurteilung des Amtes für Ausbildungsförderung gebunden.

Läßt der Bescheid des Amtes für Ausbildungsförderung offen, aus welchen Gründen die Verlängerung gewährt wurde, muß der Darlehensnehmer darlegen, daß die Verlängerung gerade auf seine Behinderung zurückzuführen ist.

VI. Der Erlaß wegen besonderer Härte

Nach § 59 Bundeshaushaltsordnung (BHO) darf das Bundesverwaltungsamt seine Rückforderungsansprüche (nur) erlassen, wenn die Einziehung des Darlehens nach Lage des einzelnen Falles für den Darlehensnehmer eine besondere Härte bedeuten würde. Diese Voraussetzungen können nur in einem aus der Regel fallenden, völlig atypischen Einzelfall in Betracht kommen. Der Regelfall wird immer der sein, daß die geleisteten Darlehen vollständig zu erstatten sind, es sei denn, die speziell im Bundesausbildungsförderungsgesetz geregelten Erlaßtatbestände seien erfüllt.

Eine besondere Härte, wie sie hier verlangt wird, kann sich aus der Natur der Sache (sachliche Härte) oder aus den persönlichen Verhältnissen des Darlehensnehmers (persönliche Härte) ergeben. Die Anwendbarkeit des § 59 BHO ergibt sich aus § 7 DarlehensV, der bezüglich der Befugnisse des Bundesverwaltungsamtes zum Erlaß von Ansprüchen außerhalb des Bundesausbildungsförderungsgesetzes auf § 59 BHO verweist.

1. Besondere sachliche Härte

Eine sachliche, d.h. eine von den persönlichen und wirtschaftlichen Verhältnissen des Darlehensnehmers unabhängige Härte liegt vor, wenn nach dem erklärten oder mutmaßlichen Willen des Gesetzgebers angenommen werden kann, daß er die zu entscheidende Frage – hätte er sie geregelt – abweichend vom Regelfall entschieden hätte. Härten, die der Gesetzgeber bei der Formulierung und Ausgestaltung der spezialgesetzlichen Regelungen bedacht und in Kauf genommen hat, können daher nicht zu einer Härte, geschweige denn zu einer besonderen Härte führen.

Die Rückforderung von Darlehen, die der Darlehensnehmer tatsächlich erhalten hat, kann grundsätzlich zu keiner besonderen Härte führen. Das gilt selbst dann, wenn das Darlehen dem Darlehensnehmer zu Unrecht gewährt wurde, er also Anspruch auf (jedenfalls teilweise) Förderung durch Zuschuß gehabt hätte. Der Gesetzgeber hat das Bundesverwaltungsamt verpflichtet, die geleisteten, d.h. die bestandskräftig bewilligten und ausgezahlten Darlehen wieder einzuziehen. Daß dabei letztlich Förderungsmittel zurückgefordert werden können, die im Einzelfall nicht als Darlehen, sondern als Zuschuß hätten bewilligt werden müssen, nimmt der Gesetzgeber bewußt in Kauf. Der Darlehensnehmer hat die Möglichkeit, gegebenenfalls nach § 44 SGB–X auch noch nach deren Bestandskraft, gegen die Bewilligungsbescheide vorzugehen. Tut er das nicht und realisiert sich im Einzelfall das Risiko, daß möglicherweise zu Unrecht bestandskräftig festgesetzte Darlehen zurückgefordert werden, so ist das hinzunehmen.[124]) Das gleiche gilt für den häufig zu hörenden Einwand von Darlehensnehmern, mit dem Abbruch der Ausbildung habe man aus der Ausbildungsförderung keinen Nutzen ziehen können.

Wird der einem Erlaßbegehren zugrundeliegende Sachverhalt bereits von einer Vorschrift des Bundesausbildungsförderungsgesetzes erfaßt und scheitert der Erlaß im Ergebnis nur daran, daß die tatsächlichen Voraussetzungen dieser Vorschrift nicht vorliegen, so ist ein Rückgriff auf § 59 BHO mit dem Ziel, nunmehr auf diesem Wege dem Erlaßbegehren zum Erfolg zu verhelfen, nicht möglich. Insoweit ist die jeweilige (Erlaß-)Regelung des Bundesausbildungsförderungsgesetzes als abschließende Regelung (*lex specialis* zu § 59 BHO) anzusehen.

2. Besondere persönliche Härte

Eine besondere persönliche Härte kann möglicherweise in den wirtschaftlichen Verhältnissen des Darlehensnehmers liegen. Insoweit ist in erster Linie die Bedürftigkeit des Darlehensnehmers im Zeitpunkt der Fälligkeit der Darlehensraten maßgebend. Bei Zahlungsschwierigkeiten oder Zahlungsunfähigkeit ist der Darlehensnehmer aber zunächst auf die Möglichkeit der Freistel-

Der – teilweise – Erlaß der Darlehensschuld

lung nach § 18 a BAföG oder einer Stundung nach § 59 BHO zu verweisen. Mit diesen Instituten wird den Zahlungsschwierigkeiten des Darlehensnehmers in aller Regel wirksam begegnet werden können. Sollten die Maßnahmen nach diesen Vorschriften, die nur die Einkommenssituation des Darlehensnehmers berücksichtigen, wider Erwarten nicht ausreichen, so ist, bevor ein Erlaß der Darlehensschuld als die weitestgehende Maßnahme in Betracht gezogen wird, zu prüfen, ob es dem Darlehensnehmer nicht zuzumuten ist, daß er in diesem Fall sein Vermögen angreift oder belastet.

Bestehen Aussichten, daß der Darlehensnehmer in Zukunft (wieder) leistungsfähig wird, so scheidet ein Erlaß der Darlehensschuld wegen derzeitiger Einkommens- und Vermögenslosigkeit aus.

Siebter Teil:

Die Verzinsung des Darlehens, Mahnkosten

I. Der Grundsatz der Unverzinslichkeit

Die nach dem Bundesausbildungsförderungsgesetz geleisteten Darlehen sind – von einzelnen Sonderregelungen abgesehen – unverzinslich. Dieser Grundsatz ist in § 18 Abs. 1 BAföG festgeschrieben.

In der Vergangenheit hat es allerdings einige Ausnahmen gegeben: Nach früheren Fassungen des § 18 Abs. 2 Nr. 1 BAföG in Verbindung mit § 17 Abs. 3 und Abs. 4 BAföG[125]) sah das Gesetz vor, daß in Fällen einer weiteren Ausbildung (§ 7 Abs. 2 BAföG) oder dann, wenn aufgrund eines Widerspruches des Darlehensnehmers von einer nach § 37 Abs. 2 BAföG in Aussicht genommenen Überleitung des Unterhaltsanspruches abgesehen wurde, die geleisteten Darlehen mit 6 v.H. für das Jahr zu verzinsen waren. Diese Regelungen gelten heute nicht mehr und bedürfen deshalb keiner weiteren Kommentierung.

Darlehensnehmer, die bis zum Jahre 1976 Darlehen erhalten haben, sind jedoch auf folgendes hinzuweisen:

Ist für die Vergangenheit durch einen bestandskräftigen Bewilligungsbescheid des Amtes für Ausbildungsförderung entschieden, daß die Ausbildungsförderung als verzinsliches Darlehen geleistet wird, so ist das Bundesverwaltungsamt an den Inhalt des Bewilligungsbescheides solange gebunden, wie der Bewilligungsbescheid Wirkung entfaltet. Das Bundesverwaltungsamt hat diese Darlehen verzinslich zu stellen, unabhängig davon, ob der Bewilligungsbescheid der vormals geltenden Rechtslage entsprach oder nicht.

II. Verzugszinsen

Das Darlehen ist nach § 18 Abs. 2 BAföG in der Fassung des 11. BAföG-Änderungsgesetzes, das ab dem 1. 7. 1988 gilt, mit 6 v. H. für das Jahr zu verzinsen, wenn der Darlehensnehmer den Zahlungstermin um mehr als 45 Tage überschreitet. Früher trat der Rückzahlungsverzug mit seinen einschneidenden Folgen bereits bei einer Überschreitung des Zahlungstermins von 30 Tagen ein.

1. Verzug des Darlehensnehmers

Der Darlehensnehmer gerät in Verzug, wenn Rückzahlungsraten nicht pünktlich bei der Bundeskasse in Düsseldorf, die die Darlehen für das Bundsverwaltungsamt einzieht (§ 39 Abs. 2 Satz 2 BAföG), eingehen. Auf ein Verschulden des Darlehensnehmers kommt es bezüglich der verspäteten Zahlung nicht an[126]); Verzögerungen, die einem vom Darlehensnehmer beauftragten Kreditinstitut zuzurechnen sind, gehen zu Lasten des Darlehensnehmers.

Wenngleich die einzelnen Darlehensraten kraft Gesetzes fällig werden und diese Fälligkeit unbeschadet der Zustellung eines Feststellungsbescheides nach § 18 Abs. 5a BAföG oder eines Rückzahlungsbescheides nach § 10 DarlehensV eintritt, können Verzugszinsen doch erst von dem Zeitpunkt an erhoben werden, zu dem dem Darlehensnehmer ein Rückzahlungsbescheid zugegangen ist. § 8 Abs. 4 DarlehensV, wonach die Verzugsfolgen unabhängig vom Zugang eines Rückzahlungsbescheides nach § 10 DarlehensV eintreten sollen, ist nach diesseitiger Auffassung unwirksam.[127]) An anderer Stelle[128]) wurde bereits darauf hingewiesen, daß eine Identität zwischen dem Zahlungstermin einerseits, wie er in § 18 Abs. 2 BAföG genannt ist, und dem Fälligkeitstermin andererseits, den die Darlehensverordnung offensichtlich im Auge hat, nicht besteht. Um den in § 18 Abs. 2 BAföG genannten Zahlungstermin eintreten zu lassen, muß zu der Fälligkeit der einzelnen Raten hinzukommen, daß dem Darlehensnehmer ein Rückzahlungsbescheid zugegangen ist, in welchem mindestens der Zahlungsempfänger, die Nummer des Darlehenskontos und der Tilgungsplan mit der Höhe der einzelnen Raten und deren Fälligkeit ausgewiesen wird. Ohne Kenntnis dieser Fakten darf eine späte Zahlung des Darlehensnehmers für diesen keine Sanktionen nach sich ziehen, so daß auch Verzugszinsen nicht erhoben werden dürfen.

Wenn § 8 Abs. 4 Satz 1 DarlehensV etwas anderes vorsieht, verstößt diese Vorschrift gegen § 18 Abs. 2 und Abs. 6 BAföG und ist damit unwirksam. Nach § 18 Abs. 6 BAföG wird der Bundesminister für Bildung und Wissenschaft ermächtigt, Beginn und Ende der Verzinsung durch Rechtsverordnung zu regeln. Da § 8 Abs. 4 Satz 1 DarlehensV aber nicht nur Beginn und Ende der Verzinsung regelt, sondern auch die Voraussetzungen, unter denen ein Verzug überhaupt eintritt, umschreibt und dabei von der Regelung des § 18 Abs. 2 BAföG abweicht, kann diese Vorschrift vor dem Hintergrund des Art. 80 GG keinen Bestand haben.

Das Oberverwaltungsgericht in Münster hat einen Darlehensschuldner zur Zahlung von 6 % Verzugszinsen ab dem 31. Mai 1982 verurteilt, weil der Fälligkeitstermin durch einen im Juni 1983 (!) zugegangenen Bescheid auf den 31. Mai 1982 (!) festgesetzt worden war.[129]) Das erscheint nicht unbedenklich. Der Fälligkeitstermin nach § 18 Abs. 3 BAföG ist eben nicht der Zahlungstermin nach § 18 Abs. 2 BAföG. Die rückwirkende Festsetzung eines Zahlungstermins ist von Gesetzes wegen nicht vorgesehen und ist auch nicht sachgerecht.

Wegen des Suspensiveffektes eines Widerspruchs oder der verwaltungsgerichtlichen Klage können nach dem oben Gesagten für die Dauer des Rechtsmittels Verzugszinsen nicht – auch nicht rückwirkend – erhoben werden.[130]) Sind allerdings Zinsen angefallen, so sind diese sofort fällig (§ 18 Abs. 5 BAföG).

Verzug tritt immer dann ein, wenn der Darlehensnehmer seiner Zahlungsverpflichtung nicht vollständig nachgekommen ist. Er gerät daher auch dann in Verzug, wenn er nur einen Teil der Rückzahlungsrate nicht rechtzeitig beglichen hat. Dabei ist zu beachten, daß auch nicht oder nicht pünktlich gezahlte Darlehens*neben*forderungen zum Eintritt oder zur Verlängerung des Verzuges führen können. Hat der Darlehensnehmer zwar rückständige Raten nachträglich getilgt, nicht aber die bereits angefallenen Verzugszinsen beglichen, so wird seine Einzahlung entsprechend der in § 1 Abs. 4 DarlehensV vorgesehenen Buchungsart zunächst auf Kosten und Zinsen und dann erst auf die Hauptschuld angerechnet. Der Darlehensnehmer gerät auf diese Weise in einen ständigen Verzug, wenn er nicht sofort neben der an sich fälligen Rate auch alle ausstehenden Nebenforderungen begleicht. Gegen die Wirksamkeit des § 1 Abs. 4 DarlehensV, der inhaltlich § 367 Abs. 1 BGB entspricht, bestehen keine Bedenken.[131])

2. Berechnung der Verzugszinsen

Nach § 8 Abs. 1 DarlehensV sind die Verzugszinsen in Höhe von 6 % nicht von dem Betrag zu berechnen, mit dem der Darlehensnehmer tatsächlich in Verzug ist, sondern von der jeweiligen Darlehens*rest*schuld.

> *Beispiel:*
> *Der Darlehensnehmer, der ein Darlehen von 40 000,– DM erhalten hat, überschreitet den Zahlungstermin für die erste monatliche Rate in Höhe von 166,– DM um zwei Monate. In diesem Fall werden nicht bloß die zu spät bei der Bundeskasse in Düsseldorf eingegangenen 166,– DM verzinst, sondern die gesamte Darlehensrestschuld, also 40 000,– DM. Dies ergibt eine Verzinsung von 400,– DM.*

Eine derartige Berechnungsweise, die der Bundesgerichtshof für das Zivilrecht ausdrücklich für sittenwidrig und damit für unwirksam erklärt hat,[132]) wird vom Oberverwaltungsgericht des Landes Nordrhein-Westfalen in Münster im Rahmen der Rückforderung der nach dem BAföG geleisteten Darlehen für zulässig erachtet.[133]) Zu diesem Ergebnis konnte das Gericht allerdings nur deshalb kommen, weil es in § 18 Abs. 2 BAföG i.V.m. § 8 Abs. 1 DarlehensV keine eigentliche Verzugszinsregelung, sondern eine Sanktionsnorm sieht, mit der die Darlehensnehmer für

„rechtswidriges" Verhalten „bestraft" werden sollen und die deshalb eine an der jeweiligen Darlehensrestschuld orientierte Pauschalierung der („Verzugs-")Zinsen erfordere.

Eine derartige Auslegung läßt sich nach diesseitiger Auffassung weder aus der Entstehungsgeschichte des § 18 Abs. 2 BAföG noch aus Sinn und Zweck der Regelung herleiten. Die Begründung der Bundesregierung vom 18. März 1971,[134]) die sich als einzige zu § 18 Abs. 2 BAföG äußert und gegen die zu keinem Zeitpunkt von irgendeiner Seite Widerspruch erhoben wurde, hat folgenden Wortlaut:

„An dem Grundsatz der Unverzinslichkeit der Darlehen kann nur dann nicht festgehalten werden, wenn der Darlehensnehmer mit der Rückzahlung in Verzug gerät. Wann ein Schuldner in Verzug gerät, bestimmt sich nach §§ 284, 285 BGB in Verbindung mit dem Rechtsgedanken des § 279 BGB. Das bedeutet, daß der Schuldner einer Geldschuld auch in Verzug gerät, wenn er die Verspätung der Leistung nicht verschuldet hat. Gleichwohl ist es angeraten, Verzugszinsen von dem Darlehensbetrag zu erheben, mit dem der Darlehensnehmer in Verzug ist, um jeden Anreiz zu einer zögerlichen Rückzahlung zu nehmen. Auf ein Verschulden am Verzug kann nicht abgestellt werden, da die Prüfung, ob im Einzelfall die Verspätung der Leistung auf Fahrlässigkeit oder Vorsatz beruht oder nicht, dem mit dem Darlehenseinzug beauftragten Bundesverwaltungsamt nicht zugemutet werden kann."

Entsprechend dieser Begründung, nach der § 18 Abs. 2 BAföG ausschließlich eine bloße Verzugsregelung enthält und nach der Verzugszinsen nur von dem Betrag zu erheben sind, mit dem der Darlehensnehmer tatsächlich in Verzug ist, war auch die Erste Darlehensverordnung vom 31. Mai 1974[135]) ausgestaltet. § 3 Abs. 1 dieser Verordnung hatte folgenden Wortlaut:

„Die Verzugszinsen nach § 18 Abs. 2 Nr. 2 BAföG sind von dem Darlehensbetrag zu erheben, mit dem der Darlehensnehmer in Verzug ist."

Die Begründung der Bundesregierung zu § 3 dieser Verordnung lautet:[136])

„Nach § 18 Abs. 2 Nr. 2 BAföG ist das „Darlehen" mit 6 v.H. zu verzinsen, wenn der Darlehensnehmer mit mehr als einer Rate in Verzug ist. Die Verordnung stellt in Abs. 1 klar, daß diese Verzugszinsen von dem Darlehensbetrag zu erheben sind, mit dem der Schuldner jeweils in Verzug ist."

Wie angesichts derart eindeutiger Hinweise in den Gesetzesmaterialien davon ausgegangen werden kann, § 18 Abs. 2 BAföG erfordere eine an der jeweiligen Darlehensrestschuld orientierte Pauschalisierung der Verzugszinsen, ist diesseits nicht nachvollziehbar.[137] Gerade die verschuldensunabhängige Ausgestaltung der gesetzlichen Regelung ist ein entscheidendes Indiz dafür, daß eine bloße Verzugszinsregelung, nicht aber eine Sanktionsnorm geschaffen werden sollte (keine Strafe ohne Verschulden). Nach den Grundsätzen, die bei der Verzinsung wegen Verzugs gelten, ist eine Verzinsung der noch nicht fälligen Darlehensrestschuld aber unzulässig.[138]

Hinzu kommt folgendes: Würde man in der Vorschrift des § 18 Abs. 2 BAföG trotz des Umstandes, daß es auf ein Verschulden des Darlehensnehmers unstreitig nicht ankommt, eine Sanktionsnorm sehen, wäre sie wohl mit dem Gleichheitsgrundsatz des Art. 3 GG nicht vereinbar. Bei verspäteter Zahlung einer monatlichen Rate von beispielsweise 120,– DM würde derjenige Darlehensnehmer, der eine Darlehensrestschuld von 5000,– DM zu tilgen hat, weitaus besser gestellt als derjenige Darlehensnehmer, der noch 30000,– DM zurückzuzahlen hat, obwohl die „Unrechtshandlung", das Nichtbezahlen von 120,– DM, in jedem Fall die gleiche wäre. Die dadurch zustandekommenden Ergebnisse können nur als willkürlich bezeichnet werden und lassen sich deshalb mit dem Gleichheitssatz des Art. 3 GG nicht vereinbaren.

Aber auch hinsichtlich des Übermaßverbotes bestehen verfassungsrechtliche Bedenken. Wegen der besonderen Art der Verrechnung der Tilgungsleistungen nach § 1 Abs. 4 DarlehensV kommt es in der Praxis dazu, daß bei verspätetem Eingang einer einzigen Rate, wovon der Darlehensnehmer zunächst nichts erfährt,[139] auch alle nachfolgenden Raten zwangsläufig die Verzugsfolgen des § 18 Abs. 2 BAföG auslösen. Würde hier jeweils die gesamte Darlehensrestschuld verzinst werden (müssen), so würde das einmalige „rechtswidrige" Verhalten zu einer Bestrafung führen, die im Hinblick auf das begangene Unrecht völlig außer Verhältnis stehen würde.[140])

III. Mahnkosten

Nach § 18 Abs. 6 Nr. 3 BAföG i.V.m. § 8 Abs. 3 Nr. 1 DarlehensV ist es dem Bundesverwaltungsamt möglich, nach dem Zahlungstermin – also bei Verzug des Darlehensnehmers – für die Anmahnung der Rückzahlungsraten Mahnkosten in Höhe von 4,– DM zu erheben. Diese Aufgabe nimmt nach § 39 Abs. 2 Satz 2 BAföG die Bundeskasse in Düsseldorf wahr.

a.) Erhebung durch Verwaltungsakt

Bereits der Wortlaut des § 8 Abs. 3 Nr. 1 DarlehensV, wonach die Mahnkosten „gesondert erhoben" werden, spricht dafür, daß diese Kosten nicht etwa kraft Gesetzes anfallen, sondern daß es noch der Umsetzung der im Gesetz (bzw. hier: in der Rechtsverordnung) geregelten Geldleistungspflicht durch einen Verwaltungsakt i.S.v. § 31 SGB−X bedarf. Hierfür spricht auch der systematische Zusammenhang des § 8 Abs. 3 Nr. 1 DarlehensV mit den in Nr. 2 genannten Verzugszinsen sowie den in § 12 Abs. 2 DarlehensV geregelten Anschriftermittlungskosten (dort Bezugnahme gerade auf § 8 Abs. 3 Nr. 1 DarlehensV), die jeweils durch Verwaltungsakt festgesetzt werden.[141])

Das Erfordernis eines förmlichen Verwaltungsaktes ist im Interesse einer eindeutigen Information des Darlehensnehmers erforderlich; der Darlehensnehmer muß feststellen können, ob er zu Mahnkosten herangezogen worden ist oder nicht. Dabei ist vor allem zu bedenken, daß es bei der Erhebung von 4,– DM selbst zwar nur um einen geringfügigen Betrag geht, daß diese Entscheidung aber aufgrund der in § 1 Abs. 4 DarlehensV geregelten Anrechnungsweise, wonach Rückzahlungsraten auf Kosten, Zinsen und Darlehen in dieser Reihenfolge angerechnet werden, für den Darlehensnehmer weitreichende Folgen mit sich bringen kann: Versäumt er nämlich, neben der Tilgungsrate auch diese Nebenforderungen sofort zu begleichen, werden möglicherweise allein wegen dieses geringfügigen Rückstandes Verzugszinsen in Höhe von 6 % von der gesamten Darlehensrestschuld erhoben.[142])

Gerade wegen dieser gravierenden Folgen, die an die Erhebung von Mahnkosten anknüpfen, bedarf es hierfür einer eindeutigen Verlautbarung mit Regelungscharakter und Außenwirkung, eben eines Verwaltungsaktes i.S.v. § 31 SGB−X.

Ein solcher Verwaltungsakt ist nicht schon in einer bloßen Mahnung zu sehen. Ein Mahnbescheid (Verwaltungsakt), wie er erforderlich ist, liegt nur dann vor, wenn in einem förmlichen Bescheid mit hinreichender Bestimmtheit zum Ausdruck gebracht wird, daß Mahngebühren erhoben werden sollen.

Ob der Verwaltungsakt nur vom Bundesverwaltungsamt selbst und/oder auch von der Bundeskasse in Düsseldorf erlassen werden darf, läßt sich aus den gesetzlichen Vorschriften nicht eindeutig entnehmen. Gemäß § 39 Abs. 2 Satz 2 BAföG nimmt die Bundeskasse die kassentechnischen Aufgaben beim Einzug der Darlehen und bei deren Anmahnung für das Bundesverwaltungsamt wahr. Es erscheint zweifelhaft, ob diese Vorschrift eine Aufgabenübertragung an die Bundeskasse nur für die rein kassentechnische Abwicklung des Darlehenseinzugs einschließlich der Anmahnung beinhaltet oder ob sie auch den Erlaß von Mahnbescheiden zuläßt.

Aus der Entstehungsgeschichte dieser durch das Neunte BAföG-Änderungsgesetz eingeführten Vorschrift ergibt sich, daß der Gesetzgeber mit der Anfügung dieses Satzes die bereits bestehende Verwaltungspraxis, wonach Darlehenseinziehungen und Mahnungen von der Bundeskasse in Düsseldorf vorgenommen wurden, auf eine gesetzliche Grundlage stellen wollte[143]). Anlaß hierfür war offenbar die Entscheidung des VG Köln vom 30. 5. 1983[144]), in der das Fehlen einer gesetzlichen Aufgabenübertragung an die Bundeskasse sowohl für den Vorgang der Abmahnung als auch für die Festsetzung einer „Mahngebühr" gerügt worden war. Vor diesem Hintergrund wird davon auszugehen sein, daß der Gesetzgeber mit der Anfügung des Satzes 2 zu § 39 Abs. 2 BAföG die Bundeskasse zur Erhebung von Mahngebühren ermächtigen wollte.

Erläßt die Bundeskasse einen förmlichen Bescheid über Mahngebühren, so wird sie lediglich als unselbständige Kassenstelle und ohne Behördeneigenschaft – quasi als Teil des Bundesverwaltungsamtes – tätig.[145] Eine eigene Zuständigkeit der Bundeskasse mit der Folge, daß für Klagen gegen die Mahnbescheide die örtliche Zuständigkeit des VG Düsseldorf begründet wäre, ist aus § 39 Abs. 2 Satz 2 BAföG nicht zu entnehmen.

b.) Die Höhe der Mahngebühren

Die Mahngebühren werden in Höhe von 4,– DM erhoben. Gegen die Höhe der Kostenpauschale bestehen aus gebührenrechtlicher Sicht keine Bedenken. Der Umstand, daß mit der pauschalen Mahngebühr Aufwendungen für die Geltendmachung der Darlehensforderung gesondert erhoben werden, wie es § 18 Abs. 2 Satz 2 BAföG zuläßt, spricht allerdings dafür, daß es sich bei der Zinsregelung des § 18 Abs. 2 Satz 1 BAföG ausschließlich um eine Verzugszinsregelung handelt, die eine an der Darlehensrestschuld orientierte Pauschalisierung der Verzugszinsen mit dem Ziel eines umfassenden Schadensausgleiches nicht zuläßt.

Achter Teil:

Die Kosten der Anschriftenermittlung

Kommt der Darlehensnehmer seiner Verpflichtung aus § 12 DarlehensV nicht nach, jeden Wohnungswechsel dem Bundesverwaltungsamt unverzüglich schriftlich mitzuteilen und muß seine Anschrift deshalb ermittelt werden, so hat er nach § 12 Abs. 2 DarlehensV für die Ermittlung, sofern nicht höhere Kosten nachgewiesen werden, pauschal 50,— DM zu zahlen. Die Anschriftenermittlungskosten werden durch einen gesonderten und anfechtbaren Bescheid vom Bundesverwaltungsamt erhoben.

I. Die Rechtmäßigkeit der Kostenpauschale in Höhe von 50,— DM

Die Erhebung von Kosten für eine erforderlich gewordene Anschriftenermittlung unterliegt grundsätzlich keinen rechtlichen Bedenken.[146] Es entspricht ständiger Rechtsprechung insbesondere auch des Bundesverfassungsgerichts, daß Verwaltungskosten (Gebühren und Auslagen) dann auf gesetzlicher Grundlage erhoben werden können, wenn öffentlich-rechtliche Geldleistungen in Rede stehen, die aus Anlaß individuell zurechenbarer, öffentlicher Leistungen auferlegt werden und die dazu bestimmt sind, in Anknüpfung an diese Leistungen deren Kosten ganz oder teilweise zu decken. Da sich die vom Bundesverwaltungsamt geltend gemachten Kosten, die infolge einer Anschriftenermittlung entstanden sind, nicht als Folge oder Teil der allgemeinen, aus Steuermitteln zu finanzierenden Verwaltungstätigkeit begreifen lassen, sondern auf ein individuell zurechenbares (Fehl-)Verhalten von Darlehensnehmern zurückzuführen sind, ist gegen eine Gebührenerhebung im Grundsatz aus rechtlicher Sicht nichts einzuwenden.

Auch durch die Festsetzung der Anschriftenermittlungskosten auf pauschal 50,– DM hat der Verordnungsgeber keine dem Gebührenrecht immanenten Rechtsprinzipien verletzt. Die Ermächtigung zum Erlaß einer Verordnung über die pauschale Erhebung von Kosten für die Ermittlung der Anschriften ist in § 18 Abs. 6 BAföG enthalten. Ausweislich der Gesetzesmaterialien sah der Gesetzgeber die Notwendigkeit, aus Gründen der Verwaltungspraktikabilität eine Ermächtigung zur Festsetzung von Kostenpauschalen zu normieren, weil nach der bisherigen Rechtslage der jeweils erforderliche Einzelnachweis nur mit erheblichem, teilweise unverhältnismäßigem Verwaltungsaufwand zu führen war und deshalb in der Regel unterblieb.

Wie sich aus der Formulierung des § 18 Abs. 6 Ziffer 3 BAföG ("Die pauschale Erhebung der Kosten für die Ermittlung der Anschrift ...") und aus der entsprechenden Begründung der Bundesregierung weiter entnehmen läßt, geht der Bundesgesetzgeber davon aus, daß durch die Pauschalgebühr nicht mehr als die durch die Anschriftenermittlung insgesamt entstehenden Verwaltungskosten abgedeckt werden sollen. Es gilt somit das sog. Prinzip der Kostendeckung bzw. der Kostennichtüberschreitung. Dieses Prinzip stellt bezüglich der Gebührenhöhe nicht auf individualisierende, d.h. einzelfallbezogene Kriterien ab, sondern legt einen generalisierenden, auf das gesamte Gebührenaufkommen bezogenen Maßstab an. Der einzelne Gebührenschuldner ist daher im Prinzip nicht davor geschützt, mehr an Gebühren zahlen zu müssen, als im konkreten Fall auf ihn an Kosten entfallen.

Wird, wie das im Fall der Anschriftenermittlungskosten geschehen ist, *vor* der Festsetzung einer pauschalen Gebühr eine Gebührenkalkulation, d.h. eine an Erfahrungswerten ausgerichtete Gegenüberstellung der zu erwartenden, im Wege der Schätzung zu ermittelnden Verwaltungskosten und des zu erwartenden Gesamtgebührenaufkommens aufgestellt, so liegt eine rechtswidrige Kostenüberdeckung nur dann vor, wenn die geschätzten Gebühreneinnahmen die kalkulierten Verwaltungskosten erheb-

Die Kosten der Anschriftenermittlung

lich überschreiten, wenn also der Gebührengläubiger bewußt Gewinne erzielen will. Dagegen ist es unschädlich, wenn sich später entgegen der Kalkulation aus nicht vorhersehbaren Gründen ein Gebührenüberschuß ergibt. Diese Vorgaben hat der Verordnungsgeber eingehalten.

Zum Verständnis der Kalkulation, die der Verordnungsgeber aufgestellt hat, sei der tatsächliche Ablauf der Ermittlungstätigkeit des Bundesverwaltungsamtes kurz skizziert:

Es erfolgt zunächst eine Anfrage beim Einwohnermeldeamt der letztbekannten Wohnungsanschrift; diese Anfrage muß bei mehrfachen, dem Bundesverwaltungsamt nicht mitgeteilten Wohnungswechseln wiederholt werden.

Im Falle der Ergebnislosigkeit erfolgt eine Anfrage bei den Eltern.

Bleibt auch diese Anfrage ohne Erfolg, fragt das Bundesverwaltungsamt bei dem zuletzt zuständigen Amt für Ausbildungsförderung nach.

Als letzter Ermittlungsschritt bleibt dann nur noch die Anfrage beim Kraftfahrtbundesamt oder sonstigen Institutionen.

Den Verwaltungsaufwand für die einzelnen Anfrage- bzw. Ermittlungstypen hat das Bundesverwaltungsamt in einem verwaltungsgerichtlichen Verfahren[147]) wie folgt spezifiziert:

Aufwand an Personal- und Sachmitteln 1984

Anfragetyp: Kosten	1) Einwohnermeldeamt Zeit 24 min.	2) Eltern Zeit 12 min.	3) Amt für Ausbildungsförderung Zeit 12 min.	4) Kraftfahrtbundesamt, sonstige Institutionen Zeit 13 min.
Personalkosten				
1. Sachbearbeitung	15,96 DM	7,98 DM	7,98 DM	8,65 DM
2. Zentrale Dienste (Post, Bote, nicht DV)	4,— DM	4,— DM	4,— DM	4,— DM
Kosten der Datenverarbeitungsanlage	53,65 DM	32,19 DM	32,19 DM	32,19 DM
Druckkosten	7,58 DM	–,—	–,—	–,—
Sachkosten:				
Portokosten	–,80 DM	–,80 DM	–,80 DM	–,80 DM
Büromaterial	1,— DM	1,— DM	1,— DM	1,— DM
Summen	82,99 DM	45,97 DM	45,97 DM	46,64 DM

Das Verwaltungsgericht Köln hat die vom Bundesverwaltungsamt vorgelegte Kostenaufstellung einer detaillierten Prüfung unterzogen mit dem Ergebnis, daß die Personal- und Sachkosten, insbesondere die sehr hohen Kosten der Nutzung der Datenverarbeitungsanlage dem Grunde nach nicht zu beanstanden sind, daß aber einzelne Arbeitsschritte nicht die eigentliche Ermittlungstätigkeit betreffen und deshalb die umlagefähigen Kosten der Höhe nach zu reduzieren sind. Es ist letztlich von folgenden Kosten auszugehen:

Kostenart	Ermittlungstyp 1)	zusätzlich für die Ermittlungstypen 2) – 4) jeweils
Personalkosten:		
Sachbearbeitung	ca. 20 Minuten = 13,30 DM	ca. 12 Minuten = 7,98 DM
Zentrale Dienste	4,— DM	4,— DM
Kosten der DVA	50 Sekunden = 17,88 DM	
Druckkosten	7,58 DM	fallen nicht an
Portokosten + Büromaterial	1,80 DM	1,80 DM
Gesamtkosten pro Ermittlungstyp	44,56 DM	je 13,78 DM

Damit ergeben sich im günstigsten Fall – Ermittlungserfolg bereits nach Anfrage beim Einwohnermeldeamt – Kosten von 44,56 DM, im ungünstigsten Fall Kosten von 85,90 DM. Bereits dieses Verhältnis zeigt, daß der Kostendurchschnitt der vier in Frage kommenden Ermittlungstypen über der festgesetzten Gebühr von 50,– DM liegt.

II. Die Voraussetzungen für eine Gebührenerhebung im einzelnen

1. Mitteilung des Wohnungswechsels

Wenn § 12 Darlehensverordnung dem Darlehensnehmer die Verpflichtung auferlegt, jeden Wohnungswechsel mitzuteilen, so liegt dem die Sorge des Verordnungsgebers zugrunde, der Darlehensnehmer könne zum Zeitpunkt, in dem die Rückforderung der Darlehen durch das Bundesverwaltungsamt in die Wege geleitet wird, für diese Behörde nicht mehr erreichbar sein. Der Verordnungsgeber verfolgt deshalb mit der normierten Mitteilungspflicht erkennbar das Ziel, daß der Darlehensnehmer für die Zeit, in der das Darlehensschuldverhältnis besteht, also von der Aufnahme der Förderung bis zur Rückzahlung der letzten Rate, jederzeit durch das Bundesverwaltungsamt postalisch erreichbar ist und bleibt.

Unter Berücksichtigung dieser Zielrichtung der Darlehensverordnung läßt sich relativ leicht bestimmen, was der Verordnungsgeber unter „Wohnung" bzw. „Wohnungswechsel" verstanden wissen will. Es geht insofern – anders als bei sonstigen melderechtlichen Vorschriften – weniger um die Feststellung, wo der Darlehensnehmer seinen tatsächlichen Lebensmittelpunkt hat oder ob es sich bei der angegebenen Adresse um einen Haupt- oder Nebenwohnsitz handelt; entscheidend ist in diesem Zusammenhang auch nicht, ob der Darlehensnehmer unter der Adresse, die er dem Amt für Ausbildungsförderung oder dem Bundesverwaltungsamt mitgeteilt hat, tatsächlich und regelmäßig einen oder mehrere Räume bewohnt, oder ob ihm dort eine Schlafstatt zur Verfügung steht. Es muß nur sichergestellt sein, daß Mitteilungen des Bundesverwaltungsamtes den Darlehensnehmer jederzeit erreichen können.

Es steht dem Darlehensnehmer frei, dem Bundesverwaltungsamt seine Semesteranschrift mitzuteilen; ebenso kann er aber auch, sofern er noch ständigen Kontakt zu den Eltern hat und/

Die Kosten der Anschriftenermittlung 125

oder diesen eine Postvollmacht erteilt hat, die Wohnung der Eltern als verbindliche Anschrift mitteilen. Im letzteren Fall zeigt die Erfahrung allerdings, daß nach Beendigung der Ausbildung der Kontakt zu den Eltern loser wird; in diesen Fällen sollten die Darlehensnehmer darauf bedacht sein, ihre eigene Anschrift alsbald mitzuteilen.

Der Darlehensnehmer muß jeden Wechsel der Wohnung bzw. jede Veränderung der Anschrift mitteilen. Das Stellen eines Postnachsendeantrages reicht nicht aus![148]) Die Verpflichtung gilt auch für solche Veränderungen, die bereits vor Beendigung der Ausbildung vorgenommen werden. Die ursprüngliche Fassung der Darlehensverordnung, die die Mitteilung eines Wohnungswechsels erst nach Beendigung der Ausbildung vorsah, ist mit Wirkung vom 13. Juni 1980 zum Nachteil der Darlehensnehmer durch die derzeit geltende Fassung der Vorschrift abgeändert worden. Die Verpflichtung zur Mitteilung beginnt deshalb mit der Aufnahme der Darlehensförderung und endet erst, wenn das Darlehensschuldverhältnis durch vollständige Erstattung der Darlehen erloschen ist.

2. *Mitteilung an das Bundesverwaltungsamt*

Der Wohnungswechsel ist dem Bundesverwaltungsamt (Habsburger Ring 9–13, 5000 Köln 1) mitzuteilen; eine Mitteilung an das zuständige Amt für Ausbildungsförderung, auch wenn sie während der Ausbildung erfolgt, reicht nach dem eindeutigen Wortlaut der Vorschrift nicht aus.[149])

Mit einer Meldung an das Bundesverwaltungsamt werden sich insbesondere diejenigen Darlehensnehmer schwer tun, die sich noch in der Ausbildung befinden und Förderungsleistungen vom Amt für Ausbildungsförderung beziehen. Die Studenten haben naturgemäß Kontakt nur zu den Ämtern für Ausbildungsförderung; das Bundesverwaltungsamt ist ihnen regelmäßig noch unbekannt. Es erscheint deshalb fraglich, ob die Regelung, daß die Meldepflicht auch schon während des Studiums dem Bundesverwaltungsamt gegenüber besteht, sinnvoll ist; eine Meldung an das Amt für Ausbildungsförderung, mit dem der Darlehensnehmer ohnehin in ständigem Kontakt steht, müßte ausreichen, da bis zum Abschluß der Förderung eine ständige Datenübermittlung vom Amt für Ausbildungsförderung an das Bundesverwaltungsamt erfolgt (§ 9 DarlehensV). Die Frage nach der Zweckmäßigkeit der Regelung führt jedoch in Anbetracht der derzeit geltenden und eindeutigen Rechtslage im Ergebnis nicht weiter und vermag den Darlehensnehmer von seiner Verpflichtung nicht zu befreien.

3. Nachweis für die Mitteilung

Der Umstand, daß der Darlehensnehmer während seiner Ausbildung regelmäßig noch keinen Kontakt mit dem Bundesverwaltungsamt hat, führt zu weiteren Überlegungen:

Wenn der Darlehensnehmer in Unkenntnis eines entsprechenden Aktenzeichens oder seiner Darlehenskontonummer dem Bundesverwaltungsamt – auf einer Postkarte etwa – einen Wohnungswechsel mitteilt, ist nach der bisherigen Erfahrung nicht ausgeschlossen, daß die einzelne Mitteilung bei der Vielzahl der anhängigen Verwaltungsverfahren innerhalb der Behörde „verlorengeht". Es stellt sich dann die Frage, ob und vor allem wie der Darlehensnehmer, der seiner Mitteilungspflicht nachgekommen ist, dies nachweisen kann.

Man wird von folgenden Überlegungen ausgehen müssen: Allein der Umstand, daß sich die neue Anschrift des Darlehensnehmers nicht im Verwaltungsvorgang des Bundesverwaltungsamtes befindet und daß deshalb eine Anschriftenermittlung notwendig wird, reicht für eine Gebührenerhebung noch nicht aus. Anders als etwa bei der Gewährung eines Darlehensteilerlasses, wo der Eingang eines entsprechenden Antrages tatbestandliche Voraussetzung für die Gewährung des Erlasses ist und wo ein Fehlen eines solchen Antrages im Verwaltungsvorgang zu Lasten des Darlehensnehmers gehen muß, muß aus dem Wortlaut des § 12 Abs. 2 DarlehensV („Kommt der Darlehensnehmer seiner Pflicht ... nicht nach") der Schluß gezogen werden, daß die Erhebung der Anschriftenermittlungskosten nur bei einem festgestellten (subjektiven) Pflichtverstoß des Darlehensnehmers zulässig ist. Von einem solchen Pflichtverstoß kann dann nicht ausgegangen werden, wenn festgestellt wird, daß der Darlehensnehmer von seiner Seite aus alles Erforderliche getan hat, um das Bundesverwaltungsamt von seinem Wohnsitzwechsel in Kenntnis zu setzen. Insofern reicht etwa die Feststellung aus, der Darlehensnehmer habe einen entsprechenden Brief ordnungsgemäß zur Post gegeben, weil der Darlehensnehmer mit einer ordnungsgemäßen Beförderung durch die Post und einem Zugang beim Bundesverwaltungsamt rechnen kann und darf.

Ein solches Verständnis des § 12 Abs. 2 DarlehensV erscheint auch deshalb erforderlich, weil der Darlehensnehmer praktisch keine Möglichkeit hat, den Zugang seines Schreibens beim Bundesverwaltungsamt sicherzustellen und jede fehlerhafte Beförderung durch die Post oder Fehlleitung der Mitteilung innerhalb des Bundesverwaltungsamtes ihm als eigener Pflichtverstoß zugerechnet würde.[150])

Um den Nachweis führen zu können, daß er seiner Mitteilungspflicht tatsächlich nachgekommen ist, bliebe dem Darlehensnehmer allein die Möglichkeit, jeden Wohnungswechsel per eingeschriebenem Brief mit Rückschein abzuschicken. Das aber verlangt selbst die Verordnung nicht; zudem wäre ein solches Verlangen im Hinblick auf die relativ hohen Kosten unverhältnismäßig.

Bezüglich des Nachweises, den der Darlehensnehmer führen muß, reicht es aus, wenn der Darlehensnehmer substantiiert und schlüssig Einzelheiten der Absendung der Schreibens darlegen kann (und notfalls im Rahmen einer Parteivernehmung bekräftigt) und sich auch aus seinem sonstigen Verhalten oder anderen Umständen keine Zweifel am Wahrheitsgehalt seines Vortrages ergeben. Hilfreich sind in jedem Fall Zeugen, die den Vortrag des Darlehensnehmers bestätigen können. Letztlich ist dies eine Frage, die in jedem Einzelfall neu entschieden werden muß.

4. Kenntnis des Darlehensnehmers von der Mitteilungspflicht

Die Mitteilungspflicht besteht unäbhängig davon, ob der Darlehensnehmer von dieser Verpflichtung Kenntnis erlangt hat. Es ist grundsätzlich Aufgabe des Darlehensnehmers als Empfänger öffentlicher Gelder, sich über die Modalitäten der Rückzahlung und insbesondere über die sich aus dem Darlehensschuldverhältnis ergebenden Nebenpflichten zu informieren.

Das gilt auch dann, wenn der Darlehensnehmer aufgrund entsprechender Hinweise in den Bewilligungsbescheiden seine neue Anschrift dem Amt für Ausbildungsförderung mitgeteilt hat. Die Ämter für Ausbildungsförderung sind nicht verpflichtet, in ihren Bewilligungsbescheiden auf weitergehende Verpflichtungen der Darlehensnehmer außerhalb der eigentlichen Förderung hinzuweisen.

Neunter Teil:

Darlehensrückzahlung beim Tod des Darlehensnehmers

Beim Tod des Darlehensnehmers geht die Darlehensverbindlichkeit als Nachlaßverbindlichkeit auf die Erben über (§ 1922 BGB) und wird sofort fällig. Da die im Gesetz umschriebenen Darlehensbedingungen, insbesondere die Erlaßtatbestände und die Regelungen über eine einkommensabhängige Rückzahlung auf den Darlehensnehmer zugeschnitten sind, können sie von den Erben nicht in Anspruch genommen werden.[151] Der Erbe kann aber die Erbschaft ausschlagen, die Einrede der Dürftigkeit des Nachlasses erheben oder Nachlaßkonkurs beantragen, so daß er im Ergebnis nur mit dem Nachlaß haftet.

Nach der derzeitigen Praxis des Bundesverwaltungamtes wird die Hälfte des Darlehens erlassen, wenn der Erbe das Darlehen sofort zurückzahlt.

Anmerkungen

[1]) Die derzeit geltende Regelung, nach der Ausbildungsförderung für den Besuch von Höheren Fachschulen, Akademien und Hochschulen nur noch als Darlehen (sog. Volldarlehen) gewährt wird (§ 17 Abs. 2 BAföG), ist erst durch das Haushaltsbegleitgesetz 1983 vom 20.12.82 (BGBl. I S. 1857) in das Gesetz eingeführt worden. Nach der alten Fassung des § 17 Abs. 2 BAföG wurde die Ausbildung überwiegend durch Zuschuß und durch ein monatliches Grunddarlehen gefördert, welches zuletzt 150,− DM bzw., wenn der Auszubildende bei seinen Eltern wohnte, 130,− DM betrug.

[2]) vgl. dazu ausführlich unten S. 77 ff.

[3]) VG Köln, Urt.v. 21.2.1986 − 18 K 1982/85;
Urt.v. 17.1.1985 − 5 K 389/84;
Urt.v. 5.6.1984 − 21 K 1910/83.

Ein Bewilligungsbescheid, der einen Förderungsbetrag sowohl als Zuschuß als auch als Darlehen ausweist, ist wegen seiner Unbestimmtheit nichtig; VG Köln, Urt.v. 14.5.1986 − 21 K 3720/85.

[4]) VG Köln, Urt.v. 13.9.1985 − 18 K 5682/84

[5]) VG Köln, Urt.v. 21.2.1986 − 18 K 1982/85

[6]) VG Köln, Urt.v. 16.5.1986 − 18 K 1695/85;
Urt.v. 28.6.1985 − 18 K 5235/84;
Urt.v. 4.8.1986 − 5 K 2074/85.

[7]) VG Köln, Urt.v. 17.1.1985 − 5 K 389/84

[8]) OVG NW, Urt.v. 17.4.1985 − 16 A 657/84

[9]) VG Köln, Urt.v. 16.8.1985 − 18 K 5736/84;
OVG NW, Urt.v. 17.4.1985 − 16 A 657/84.

[10]) VG Köln, Urt.v. 16.8.1985 − 18 K 5736/84

[11]) Nach BVerwG, Urt.v. 25.4.1984 − 5 C 123.83 − FEVS 36, 225 ist § 44 SGB−X auf das Recht der Ausbildungsförderung uneingeschränkt anwendbar.

[12]) VG Köln, Urt.v. 31.1.1986 − 18 K 6017/84

[13]) OVG NW, Urt. v. 21.1.1988 − 16 A 668/85 −, NVwZ-RR 1988, 32

[14]) VG Köln, Urt.v. 7.3.1985 − 5 K 359/84

[15]) vgl. Sozialgesetzbuch (SGB) − Verwaltungsverfahren − vom 18.8.1980 (BGBl. I S. 1469), abgedruckt im Anhang VI.

[16]) vgl. insofern oben 1)

[17]) OVG NW, Urt.v. 16.7.1986 − 16 A 1340/85

[18]) 4. Auflage, 2.Lfg., § 18 Rdnr. 21.4

[19]) OVG NW, Urt.v. 16.7.1986 − 16 A 1340/85

[20]) vgl. Beschlußempfehlung und Bericht des Ausschusses für Bildung und Wissenschaft vom 23.6.1981, BT-Drs. 9/603, S. 31.

[21]) Bundestagsdrucksache 9/603, S. 31 ff.

[22]) vgl. dazu auch die Ausführungen auf S. 18, die der Frage nachgehen, ob und ggf. in welchem Umfang trotz Vorliegens eines bestandskräftigen Feststellungsbescheides eine Nachforderung zulässig ist.

[23]) Die Frage, in welcher Höhe das Darlehen tatsächlich zurückzuzahlen ist, wird nicht im Feststellungsbescheid nach § 18 Abs. 5a BAföG, sondern im Rückzahlungsbescheid nach § 10 DarlehensV entschieden.

[24]) Insofern könnte an die Regelung der Paragraphen 45 und 45a BAföG angeknüpft werden.

[25]) Die Möglichkeiten, einen Darlehensteilerlaß zu erreichen, werden gesondert und ausführlich im Sechsten Teil erörtert.

[26]) VG Köln, Urt.v. 24.1.1986 – 18 K 240/85; Urt.v. 20.5.1985 – 18 K 5059/84; Urt.v. 13.09.1985 – 18 K 6005/84.

[27]) VG Köln, Urt.v. 21.2.1986 – 18 K 1860/85

[28]) VG Köln, Urt.v. 20.5.1985 – 18 K 5125/85; Urt.v. 24.01.1986 – 18 K 240/85

[29]) vgl. diesbezüglich zunächst die Ausführungen auf S. 3; die dort vorgenommene Auslegung des Begriffs der „Darlehensschuld" sollte im Folgenden berücksichtigt werden, da sie für das Verständnis des § 18 Abs. 5a BAföG insgesamt von Bedeutung ist.

[30]) VG Köln, Urt.v. 17.7.1986 – 5 K 1812/85

[31]) vgl. Stelkens/Bonk/Leonhard, Kommentar zum Verwaltungsverfahrensgesetz, § 36 Rdnr. 11.

[32]) VG Köln, Urt.v. 21.2.1986 – 18 K 5160/84; Urt.v. 5.5.1986 – 18 K 1006/85; im Ergebnis ebenso Ramsauer/Stallbaum, BAföG 1988, § 18, Rndnr. 14

[33]) VG Köln, Urt.v. 5.5.1986 – 18 K 1006/85

[34]) VG Köln, Urt.v. 5.5.1986 – 18 K 1006/85; mit dieser Tendenz auch VG Köln, Urt.v. 7.7.1986 – 5 K 1812/85, wenngleich es nach der Rechtsauffassung dieser Kammer, nach der es nur einen einzigen Feststellungsbescheid nach § 18 Abs. 5a BAföG gibt (Fußnote 30), auf die Zuordnung der Darlehen zu einzelnen Jahren nicht ankommt; a.A. VG Köln, Urt.v. 9.4.1986 – 21 K 1355/85, wobei diese Rechtsprechung durch Urteil vom 4.6.1986 – 21 K 5709/85 möglicherweise aufgegeben worden ist.

[35]) Urt.v. 18.5.1982 – 7 C 42.80 –, BVerwGE 65, 313 ff.

[36]) BVerwG, Urt.v. 29.8.1986 – 7 C 51.84 –, Dokumentarische Berichte, Ausgabe A, S. 350 ff

Anmerkungen 131

³⁷) VG Köln, Urt.v. 23.7.1986 – 21 K 5709/85

³⁸) Zum Nachrang der Ausbildungsförderung gegenüber dem zivilrechtlichen Unterhaltsanspruch vgl. grunds. BVerwG, Urt.v. 6.11.1975 – V C 28.75 – BVerwGE 49, 311, 314 ff.

³⁹) so auch Ramsauer/Stallbaum, BAföG 1988, Anm. 24 zu § 36; VG Köln, Urt.v. 31.1.1986 – 18 K 6017/84; Urt.v. 16.05.1986 – 18 K 2664/85

⁴⁰) OVG NW, Urt.v. 26.3.1987 – 16 A 913/86. Diese Entscheidung ist noch nicht rechtskräftig.

⁴¹) vgl. dazu Ossenbühl, Staatshaftungsrecht, §§ 41, 42

⁴²) Nach § 37 Abs. 1 i.d.F. des 2. BAföG-ÄnderungsG vom 31.7.1974 bestand ab dem 1.8.1974 eine Verpflichtung, den Unterhaltsanspruch überzuleiten. Diese Verpflichtung ist (erst) seit dem 7. BAföG-ÄnderungsG vom 13.7.1981 (BGBl. I S. 625) entfallen, da mit Wirkung vom 1.8.1981 der Unterhaltsanspruch im Fall der Gewährung einer Vorausleistung nunmehr von Gesetzes wegen auf das Land übergeht.

⁴³) VG Köln, Urt.v. 16.8.1985 – 18 K 5736/84; OVG NW, Urt.v. 17.4.1985 – 16 A 657/84; vgl. im übrigen bezüglich des Verhältnisses des Bundesverwaltungsamtes zum Amt für Ausbildungsförderung den Ersten Teil.

⁴⁴) BVerwG – 5 C 123.83 –, FEVS 36, 225

⁴⁵) VG Köln, Urt.v. 20.5.1985 – 18 K 5125/84;
ausführlich VG Köln, Urt.v. 9.4.1986 – 21 K 2155/85

⁴⁶) VG Köln, Urt.v. 30.8.1985 – 18 K 5025/84

⁴⁷) VG Köln, Urt.v. 31.1.1985 – 5 K 877/84;
ausführlich Urt.v. 9.4.1986 – 21 K 2155/85

⁴⁸) vgl. Fußnote 105 ff.

⁴⁹) VG Köln, Urt.v. 16.5.1986 – 18 K 3100/85

⁵⁰) VG Köln, Urt.v. 16.5.1986 – 18 K 3100/85

⁵¹) Die Verordnung ist im Anhang III abgedruckt.

⁵²) BVerwG, Urt.v. 23.6.1983 – 5 C 50.81 –, FamRZ 1984, 104

⁵³) vgl. dazu VG Köln, Urt.v. 7.3.1985 – 5 K 5034/83 –, in dem die Entstehungsgeschichte bezüglich der Festsetzung der Förderungshöchstdauer für die Fachhochschulen nachgezeichnet wird.

⁵⁴) BVerwG, Urt.v. 21.6.1979 – 5 C 15.78 – BVerwGE 58, 132;
BVerwG, Urt.v. 25.11.1982 – 5 C 102.80 – BVerwGE 66, 262

⁵⁵) OVG NW, Urt.v. 6.6.1984 – 16 A 811/83

⁵⁶) vgl. Fußnote 52

⁵⁷) VG Köln, Urt.v. 2.2.1984 – 5 K 6354/82;
Urt.v. 30.8.1985 – 18 K 5496/84

[58]) OVG NW, Urt.v. 16.7.1986 – 16 A 1340/85
[59]) So bereits die Auffassung in der Vorauflage. Die in der Rechtsprechung teilweise vertretene Gegenauffassung ist damit hinfällig geworden.
[60]) So auch Ramsauer/Stallbaum, NVwZ 1988, S. 805, 807
[61]) zur Freistellung vgl. S. 63 ff.
[62]) zur Stundung vgl. S. 72 ff.
[63]) VG Köln, Urt.v. 24.10.1985 – 5 K 4211/84
[64]) VG Köln, Urt.v. 12.9.1986 – 18 K 2369/85
[65]) Der Text des § 3 findet sich in der Fassung der DarlehensV vom 9. Juli 1980 (BGBl. I S. 895)
[66]) So auch VG Köln, Urt.v. 22.11.1985 – 18 K 5929/84 unter Hinweis auf den Wortlaut der Vorschrift („Der Antrag kann nur innerhalb eines Monats nach Bekanntgabe des Bescheides nach § 18 Abs. 5a BAföG gestellt werden"). Für dieses Ergebnis spricht auch die Ausgestaltung des gesamten Rückzahlungsverfahrens. Durch die – bestandskräftige – Festsetzung der Förderungshöchstdauer in dem Feststellungsbescheid soll der Tilgungsplan mit endgültiger Wirkung für die Zukunft festgelegt werden. Wenn der Gesetzgeber schon im Wege einer Ausnahmeregelung davon abweicht, so kann von dieser Vergünstigung nur unter den im Gesetz genannten Voraussetzungen Gebrauch gemacht werden. Alles andere würde dazu führen, daß der Tilgungsplan bis zu einem Wiedereinsetzungsantrag durch den Darlehensnehmer „in der Schwebe" bliebe;
a.A. VG Köln, Urt.v. 25.6.1986 – 21 K 4753/85; wohl auch Kreutz in Rothe/Blanke (Fußnote 60), § 66 Rdnr. 25.
[67]) so auch VG Köln, Urt.v. 17.4.1986 – 5 K 691/85;
Urt.v. 18.7.1986 – 18 K 2347/85
[68]) VG Köln, Urt.v. 21.3.1985 – 5 K 5503/83;
Urt.v. 17.4.1986 – 5 K 691/85
[68a]) anders OVG NW, Beschluß v. 20.8.1987 – 16 A 1599/85 –, NVwZ-RR 1988, 57; dem folgend Ramsauer/Stallbaum, BAföG 1988, § 18, Rdnr. 16
[69]) OVG NW, Urt.v. 18.2.1987 – 16 A 1383/85
[70]) Soweit VG Köln, Urt.v. 21.3.1985 – 5 K 5503/83 – aus dem Wortlaut des § 18 b Abs. 2 BAföG („ist auf Antrag das Darlehen in der Höhe der nach § 18 Abs. 3 festgesetzten Rückzahlungsrate zu erlassen") für den sog. Kinderteilerlaß schließt, daß es auf die Fälligkeit der Raten dann nicht ankomme, wenn ein Rückzahlungsbescheid noch nicht ergangen ist, wird dem wegen der ausdrücklichen Bezugnahme auf § 18 Abs. 3 BAföG (Fälligkeit der Rate) nicht gefolgt werden können.
Daß es auch im Fall des § 18 Abs. 5 b BAföG nur auf die Fälligkeit des Darlehen ankommt, belegt VG Köln, Urt.v. 13.6.1985 – 5 K 2127/84; Urt.v. 21.1.1986 – 18 K 2831/85.

Anmerkungen 133

⁷¹) VG Köln, Urt.v. 13.6.1985 – 5 K 2127/84

⁷²) VG Köln,Urt.v. 13.6.1985 – 5 K 2127/84

⁷²ª) Urt. v. 22. 4. 1988 – 3 K 4995/87 –, Entscheidungen der Finanzgerichte (EFG 1988), S. 561

⁷²ᵇ) Bundesfinanzhof, Urt. v. 6. 3. 1964 – VI 133/63 U –, Amtliche Sammlung (BFHE) Band 79, S. 269

⁷³) Bundestagsdrucksache 7/2098 vom 14.5.1974

⁷⁴) vgl. dazu das Beispiel auf S. 67/68.

⁷⁵) VG Köln, Urt.v. 28.2.1985 – 5 K 4975/83 –;
OVG NW, Urt.v. 14.54.1987 – 16 A 2404/84 –; Goebel in Rothe/Blanke, Bundesausbildungsförderungsgesetz, § 18 a Rdnr. 11; Ramsauer/Stallbaum, BAföG, § 18 a, 3.

⁷⁶) Müller – Scholl in Rothe/Blanke, Kommentar zum BAföG, § 21 ff.; Ramsauer/Stallbaum, BAföG, § 21 ff.; Stallbaum, Die Freistellung von der Darlehensrückzahlung nach § 18 a BAföG i.d.F. des 10. BAföG-Änderungsgesetzes, NJW 1987, 1728; instruktiv auch die Allgemeinen Verwaltungsvorschriften zum Bundesausbildungsförderungsgesetz vom 30.7.1986, GMBl. S. 397.

⁷⁷) Die Vorschrift des § 18 a hat insofern durch das 10. BAföG-ÄnderungsG eine entscheidende Änderung erfahren. Bis zu der Gesetzesänderung, die am 1.10.1986 in Kraft getreten ist, mußte das Einkommen für jeden Monat neu berechnet werden. Eine Hochrechnung eines Monatseinkommens auf ein Jahr, was nunmehr die Regel ist, war zuvor nicht möglich.

⁷⁸) VG Köln, Urt.v. 19.7.1984 – 5 K 6009/83; bestätigt durch OVG NW, Urt.v. 4.5.1987 – 16 A 2404/84.

⁷⁹) VG Köln, Urt.v. 19.7.1987 – 5 K 6009/83, Urteilsdruck S. 17 und S. 33; bestätigt durch OVG NW, Urt.v. 14.5.1987 – 16 A 2404/87.

⁸⁰) Nach Art. 1 Nr. 12 des 10. BAföG-ÄnderungsG vom 16.6.1986 (BGBl. I S. 897) ist § 21 Abs. 1 S. 4 BAföG dahingehend geändert worden, daß die Textstelle „des Auszubildenden und seines Ehegatten" durch die Textstelle „des Auszubildenden, des Darlehensnehmers sowie deren Ehegatten" ersetzt wird. Damit hat der Gesetzgeber wohl auf die Rechtsprechung des VG Köln, Urt.v. 28.2.1985 – 5 K 4975/83 – reagiert, nach der ein Darlehensnehmer nicht mit einem „Auszubildenden" gleichgestellt werden konnte. Das OVG NW hat durch Urt.v. 14.5.1987 – 16 A 2404/84 – entschieden, daß auch vor der Änderung des § 21 Abs. 1 Satz 4 BAföG durch das 10. Änderungsgesetz kein Abzug nach § 7 b EStG möglich war.

⁸¹) VG Köln, Urt.v. 28.4.1985 – 5 K 5492/83;
OVG NW, Urt.v. 14.5.1987 – 16 A 1190/85.

⁸²) zur Stundung vgl. ausführlich S. 72 ff.

[83]) Bis zu diesem Zeitpunkt war ein Antrag nicht vorgesehen. Es reichte aus, daß der Darlehensnehmer geltend und glaubhaft machte, daß er über ein geringes Einkommen verfügte. Lagen die Voraussetzungen des § 18 a vor, war der Darlehensnehmer von Gesetzes wegen von der Rückzahlungsverpflichtung freigestellt; dem Freistellungsbescheid des Bundesverwaltungsamtes kam deshalb nur deklaratorische Bedeutung zu.

[84]) Zur Stundung ausführlich S. 72 ff.

[85]) vgl. dazu die Vorläufigen Verwaltungsvorschriften zu § 59 Bundeshaushaltsordnung (Vorl. VV−BHO), Stand August 1986, Ziff. 1.1 ff.

[86]) Ziff. 1.4.1 Vorl. VV zu § 59 BHO

[87]) Ziff. 1.4.2 Vorl. VV zu § 59 BHO

[88]) Ziff. 2.1 Vorl. VV zu § 59 BHO

[89]) VG Köln, Urt.v. 5.9.1986 − 18 K 767/86

[90]) Die Verordnung ist im Anhang IV abgedruckt.

[91]) Ramsauer/Stallbaum, BAföG 1988, § 18 b Rdnr. 5

[92]) ausführlich zur Entwicklung der Vorschrift vgl. VG Köln, Urt.v. 31.1.1985 − 5 K 1028/84.

[93]) a.A. allerdings VG Köln, Urt.v. 3.4.1986 − 5 K 4393/84; nach dieser Entscheidung soll die vorliegende echte Rückwirkung gerechtfertigt sein, da durch das Einführen des Antragserfordernisses als solches nur ein ganz unerheblicher Schaden verursacht würde.
Zur rückwirkenden Änderung des § 18 a BAföG 1974, die zur Folge hatte, daß der Teilerlaß für alle bei Inkrafttreten des 6. BAföG-ÄnderungsG noch nicht bestandskräftig abgeschlossenen Fälle auf einen Betrag von 2 000,− DM beschränkt wurde vgl. im übrigen OVG NW, Urt.v. 17.12.1984 − 16 A 3074/83.

[94]) so VG Köln, Urt.v. 10.5.1985 − 18 K 5159/84;
a.A. VG Köln, Urt.v. 28.5.1985 − 21 K 2964/84;
Urt.v. 3.4.1986 − 5 K 4393/84

[95]) vgl. zu den Auswirkungen einer Festsetzung im Feststellungsbescheid S. 8 ff.

[96]) Es kommt auf die tatsächliche und erfolgreiche Beendigung der Ausbildung an; ein Abbruch der Ausbildung oder ein Ausscheiden aus dem Förderungsbezug reicht insofern nicht aus, vgl.VG Köln, Urt.v. 11.4.1986 − 18 K 5873/84.

[97]) VG Köln, Urt.v. 7.11.1986 − 18 K 3412/86; vgl. dazu auch den Bericht der Abgeordneten Daweke und Vogelsang, BT−Drucksache 8/2868, S. 23: Anläßlich der Beratungen über das 6. BAföG-ÄnderungsG brachte die Fraktion von CDU und CSU einen Antrag ein, mit dem die Möglichkeit

eines Darlehensteilerlasses bereits bei der planmäßigen Beendigung des Studiums geschaffen werden sollte. Dieser Antrag von CDU/CSU fand nicht die Zustimmung der Mehrheit.

[98]) Vgl. OVG NW, Urt.v. 6.6.1984 – 16 A 811/83; VG Köln, Urt.v. 14.3.1986 – 18 K 4346/85

[99]) S. 39 ff.

[100]) Abgedruckt im Anhang III

[101]) BVerwG, Urt.v. 23.6.1983 – 5 C 50.81 –, FamRZ 1984, 104; vgl. im übrigen auch die Ausführungen im Dritten Teil.

[102]) VG Köln, Urt.v. 12.9.1986 – 18 K 4684/85

[103]) VG Köln, Urt.v. 18.3.1985 – 5 K 2492/84; OVG NW, Urt.v. 16.7.1986 – 16 A 1340/85.

[104]) VG Köln, Urt.v. 5.6.1987 – 18 K 5872/86; Urt.v. 6.3.1987 – 18 K 5775/86; OVG NW, Urt. v. 1.10.1987 – 16 A 1368/87 –, NVwZ 1988, S. 960

[105]) vgl. dazu etwa die Begründung der Bundesregierung zum Regierungsentwurf des 2. BAföG-ÄnderungsG (BT–Drs. 7/2098) zu Nr.16, dem späteren § 18 a a.F.; im übrigen ständige Rechtsprechung, z.B. OVG NW, Urt.v. 6.6.1984 – 16 A 811/83.

[106]) Ständige Rechtsprechung, vgl. z.B. OVG NW, Beschluß.v. 5.9.1984 – 16 A 600/83 –, FamRZ 1987, 531. Das Bundesverwaltungsgericht hat diese Rechtsprechung bestätigt (Beschluß v. 10.1.1986 – 5 CB 63.84–); das Bundesverfassungsgericht hat die dagegen eingelegte Verfassungsbeschwerde mangels hinreichender Aussicht auf Erfolg nicht zur Entscheidung angenommen (Beschluß v. 23.6.1986 – 1 BvR 193/86 –, FamRZ 1987, 456).

[107]) VG Köln, Urt.v. 19.3.1986 – 21 K 2738/85. Auch eine Weiterförderung über die Förderungshöchstdauer hinaus (§ 15 Abs. 3 BAföG) bewirkt keine Verlängerung der Förderungshöchstdauer, VG Köln, Urt.v. 12.6.1985 – 5 K 3533/84.

[108]) BVerwG, Urt.v. 25.11.1982 – 5 C 102.80–, BVerwGE 66, 262.

[109]) ständige Rechtsprechung, zusammenfassend etwa OVG NW, Beschluß v. 15.8.1985 – 16 B 1607/85–; VG Köln, Urt.v. 14.3.1986 – 18 K 6591/85.

[110]) Der Erlaß kann jedem Darlehensnehmer (Männern und Frauen gleichermaßen) gewährt werden, wenn in seiner Person die Voraussetzungen des § 18 b Abs. 2 BAföG erfüllt sind.

[111]) VG Köln, Urt.v. 15.8.1985 – 5 K 3312/84; OVG NW, Urt.v. 13.8.1987 – 16 A 2565/85.

[112]) vgl. dazu Ausführungen auf S. 67 f.

[113]) vgl. BT–Drs. 8/2868, S. 23; VG Köln, Urt.v. 7.5.1986 – 21 K 103/85

[114]) VG Köln, Urt.v. 25.4.1986 – 18 K 4925/85
[115]) OVG NW, Urt. v. 10.12.1987 – 16 A 1429/86
[116]) VG Köln, Urt.v. 25.4.1986 – 18 K 4925/85
[117]) Bei der Benutzung der Tabelle ist die jeweilige Mindestrate zu beachten.
[118]) Das Beispiel ist dem Verfahren VG Köln – 18 K 3890/86 – entnommen.
[119]) Zum Tilgungsplan vgl. oben S. 51. Dort wird auch die Frage behandelt, unter welchen Voraussetzungen die Feststellungen des Tilgungsplanes mit Auswirkung auf die „vorzeitige" Tilgung abgeändert werden können.
[120]) VG Köln, Urt.v. 13.6.1985 – 5 K 2127/84
Urt.v. 24.1.1986 – 18 K 2831/85
Urt.v. 13.02.1986 – 5 K 2131/85
[121]) vgl. dazu oben S. 57 ff.
[122]) vgl. dazu oben S. 110 ff.
[123]) Mit dieser Argumentation VG Köln, Urt.v. 20.2.1987 – 18 K 5854/85.
[124]) VG Köln, Urt.v. 5.9.1986 – 18 K 767/86
Urt.v. 13.2.1987 – 18 K 2919/85
[125]) vgl. z.B. Fassung des 2. BAföG-ÄnderungsG vom 31.7.1974 (BGBl I, 1649)
[126]) vgl. dazu ausdrücklich auch die Begründung der Bundesregierung vom 18.3.1971, teilweise abgedruckt auf S. 113.
[127]) so auch VG Köln, Urt.v. 17.4.1986 – 5 K 691/85; a. A. OVG NW, Urt. v. 18.2.1987 – 16 A 1383/85 sowie Ramsauer/Stallbaum, BAföG 1988, § 18 Rdnr. 20
[128]) vgl. oben S. 57 ff.
[129]) OVG NW, Urt.v. 18.2.1987 – 16 A 1383/85
[130]) VG Köln, Urt.v. 13.6.1985 – 5 K 2127/84
Urt.v. 19.9.1986 – 18 K 2347/85
[131]) so auch OVG NW, Urt.v. 17.12.1986 – 16 A 1987/86
[132]) BGH, Urt.v. 28.5.1984 – III ZR 231/82 –, NJW 1984, 2941
[133]) OVG NW, Urt.v. 17.12.1986 – 16 A 1985/86;
so auch VG Köln, Urt.v. 19.11.1985 – 21 K 2336/85;
VG Köln, Urt.v. 5.7.1984 – 5 K 2023/83;
a.A. VG Köln, Urt.v. 20.12.1985 – 18 K 823/85 – NVwZ 1986, 416.
Die Entscheidung des OVG NW ist allerdings noch nicht rechtskräftig.
[134]) BT–Drs. VI/1975
[135]) Verordnung vom 31.5.1974, BGBl I S. 1260
[136]) Die Begründung der Bundesregierung vom 11.12.1973 ist enthalten in der BT–Drs. 780/73.

[137]) mit diesem Ergebnis und überzeugender Begründung vgl. auch VG Köln, Urt.v. 20.12.1985 – 18 K 823/85,– NVwZ 1986, 416.

[138]) BGH, Urt.v. 28.5.1984 – III ZR 231/82–, NJW 1984, 2941.

[139]) Weder im Gesetz noch in der DarlehensV ist sichergestellt, daß der Darlehensnehmer unverzüglich von seinem Verzug in Kenntnis gesetzt wird. Wieso das OVG NW in seiner Entscheidung vom 17.12.1986 davon ausgehen kann, daß ein Darlehensnehmer „üblicherweise mehrere Tage vor dem Ablauf der sog. Schonfrist von 30 Tagen eine Mahnung erhält", ist nicht ersichtlich. Die Praxis zeigt, das dies – bisher jedenfalls – nicht so ist.

[140]) Bescheide, die „Verzugs-" Zinsen von mehr als 3 000,– DM fordern, sind gerichtsbekannt.

[141]) so bereits VG Köln, Urt.v. 22.6.1987 – 21 K 5868/86.

[142]) vgl. dazu oben S. 112.

[143]) vgl. Bericht der Abgeordneten Daweke und Odendahl vom 26.4.1985, BT–Drs. 10/3280, S. 7

[144]) Die Entscheidung trägt das Aktenzeichen 5 K 3089/82.

[145]) vgl. in diesem Zusammenhang OVG NW, Beschluß vom 14.5.1985 – 3 A 135/85 – NVwZ 1986, 761 zur Rechtsstellung der Gemeindekasse.

[146]) Die folgenden Ausführungen sind dem Urteil des VG Köln vom 11.4.1986 – 11 K 3216/85 – entnommen. Ein im wesentlichen gleichlautender Prozeßkostenhilfebeschluß des VG Köln von 14.7.1986 – 11 K 2533/86 – wurde inzwischen vom OVG NW inhaltlich bestätigt (Beschluß vom 10.10.1986 – 12 B 1966/86.

[147]) vgl. die Nachweise in Fußnote 138.

[148]) VG Köln, Urt.v. 12.12.1986 – 11 K 6366/84.

[149]) VG Köln, Urt.v. 11.4.1986 – 11 K 926/84.

[150]) VG Köln, Urt.v. 14.11.1986 – 11 K 265/84.

[151]) Ramsauer/Stallbaum, BAföG 1988, § 18, Rdnr. 24; a. A. Rothe/Blanke, Kommentar zum BAföG, § 18 a, Rdnr. 9.2

Bundesgesetz über individuelle Förderung der Ausbildung
(Bundesausbildungsförderungsgesetz)

in der Fassung der Bekanntmachung vom 6. 6. 1983 (BGBl. I S. 645, 1680), zuletzt geändert durch das 11. ÄnderungsG. vom 21. 6. 1988 (BGBl. I S. 829).

Es wurde auf den Abdruck derjenigen Paragraphen verzichtet, die für die Darlehensrückzahlung nicht von Bedeutung sind !

§ 1
Grundsatz

Auf individuelle Ausbildungsförderung besteht für eine der Neigung, Eignung und Leistung entsprechende Ausbildung ein Rechtsanspruch nach Maßgabe dieses Gesetzes, wenn dem Auszubildenden die für seinen Lebensunterhalt und seine Ausbildung erforderlichen Mittel anderweitig nicht zur Verfügung stehen.

Abschnitt I
Förderungsfähige Ausbildung

§§ 2 – 6 nicht abgedruckt

§ 7
Erstausbildung, weitere Ausbildung

(1) Ausbildungsförderung wird für die weiterführende allgemeinbildende und zumindest für drei Schul- oder Studienjahre berufsbildender Ausbildung im Sinne der §§ 2 und 3 bis zu einem daran anschließenden berufsqualifizierenden Abschluß geleistet.

(2) Für eine einzige weitere Ausbildung wird Ausbildungsförderung bis zu deren berufsqualifizierendem Abschluß geleistet,

1. wenn sie eine Hochschulausbildung entweder in einem längstens zwei Jahre dauernden Ausbildungsgang in derselben Richtung fachlich, insbesondere wissenschaftlich vertieft, weiterführt oder insoweit ergänzt, als dies für die Aufnahme des angestrebten Berufs rechtlich erforderlich ist.
2. wenn im Zusammenhang mit der vorhergehenden Ausbildung der Zugang zu ihr eröffnet worden ist, sie in sich selbständig ist und in derselben Richtung fachlich weiterführt.
3. wenn der Auszubildende
   a) eine Fachoberschulklasse, deren Besuch eine abgeschlossene Berufsausbildung voraussetzt, eine Abendhauptschule, eine Berufsaufbauschule, eine Abendrealschule, ein Abendgymnasium oder ein Kolleg besucht oder
   b) die Zugangsvoraussetzungen für die zu fördernde weitere Ausbildung an einer der in Buchstabe a genannten Ausbildungsstätten erworben hat, auch durch eine Nichtschülerprüfung oder eine Zugangsprüfung zu einer Hochschule, oder

4. wenn der Auszubildende als erste berufsbildende eine zumindest dreijährige Ausbildung an einer Berufsfachschule oder in einer Fachschulklasse, deren Besuch eine abgeschlossene Berufsausbildung nicht voraussetzt, abgeschlossen hat.

Im übrigen wird Ausbildungsförderung für eine einzige weitere Ausbildung nur geleistet, wenn die besonderen Umstände des Einzelfalles, insbesondere das angestrebte Ausbildungsziel, dies erfordern.

(3) Hat der Auszubildende aus wichtigem Grund die Ausbildung abgebrochen oder die Fachrichtung gewechselt, so wird Ausbildungsförderung für eine andere Ausbildung geleistet. Ein Auszubildender bricht die Ausbildung ab, wenn er den Besuch von Ausbildungsstätten einer Ausbildungsstättenart einschließlich der im Zusammenhang hiermit geforderten Praktika endgültig aufgibt. Ein Auszubildender wechselt die Fachrichtung, wenn er einen anderen berufsqualifizierenden Abschluß oder ein anderes bestimmtes Ausbildungsziel eines rechtlich geregelten Ausbildungsganges an einer Ausbildungsstätte derselben Ausbildungsstättenart anstrebt.

Abschnitt II
Persönliche Voraussetzungen

§§ 8 – 10 nicht abgedruckt

Abschnitt III
Leistungen

§§ 11 – 14a nicht abgedruckt

§ 15
Förderungsdauer

(1) Ausbildungsförderung wird vom Beginn des Monats an geleistet, in dem die Ausbildung aufgenommen wird, frühestens jedoch vom Beginn des Antragsmonats an.

(2) Ausbildungsförderung wird für die Dauer der Ausbildung – einschließlich der unterrichts- und vorlesungsfreien Zeit – geleistet, bei dem Besuch der in § 2 Abs. 1 Nr. 4 und 5 bezeichneten oder diesen nach § 2 Abs. 3 als gleichwertig bestimmten Ausbildungsstätten jedoch nicht über die Förderungshöchstdauer hinaus. Für die Teilnahme an Einrichtungen des Fernunterrichts wird Ausbildungsförderung höchstens für 12 Kalendermonate geleistet.

(2a) Ausbildungsförderung wird auch geleistet, solange der Auszubildende infolge einer Erkrankung oder Schwangerschaft gehindert ist, die Ausbildung durchzuführen, nicht jedoch über das Ende des dritten Kalendermonats hinaus.

(3) Über die Förderungshöchstdauer hinaus wird für eine angemessene Zeit Ausbildungsförderung geleistet, wenn sie
1. aus schwerwiegenden Gründen,

2. infolge einer Ausbildung im Ausland (§ 5 Abs. 2),
3. infolge einer Mitwirkung in gesetzlich vorgesehenen Gremien und satzungsmäßigen Organen der Höheren Fachschulen, Akademien, Hochschulen und der Länder sowie in satzungsmäßigen Organen der Selbstverwaltung der Studierenden an diesen Ausbildungsstätten sowie der Studentenwerke,
4. infolge des erstmaligen Nichtbestehens der Abschlußprüfung
überschritten worden ist.

(4) Der Bundesminister für Bildung und Wissenschaft bestimmt durch Rechtsverordnung mit Zustimmung des Bundesrates unter besonderer Berücksichtigung der Ausbildungs- und Prüfungsordnungen für jede Ausbildung an den in § 2 Abs. 1 Nr. 4 und 5 bezeichneten oder diesen nach § 2 Abs. 3 als gleichwertig bestimmten Ausbildungsstätten die Förderungshöchstdauer.

§ 15 a
Aufnahme und Beendigung der Ausbildung

(1) Die Ausbildung gilt im Sinne dieses Gesetzes als mit dem Anfang des Monats aufgenommen, in dem Unterricht oder Vorlesungen tatsächlich begonnen werden.

(2) Liegt zwischen dem Ende eines Ausbildungsabschnitts und dem Beginn eines anderen nur ein Monat, so gilt die Ausbildung abweichend von Absatz 1 als bereits zu Beginn dieses Monats aufgenommen. Der Kalendermonat ist in den ersten Bewilligungszeitraum des späteren Ausbildungsabschnitts einzubeziehen.

(3) Die Ausbildung endet mit dem Bestehen der Abschlußprüfung des Ausbildungsabschnitts oder, wenn eine solche nicht vorgesehen ist, mit der tatsächlichen planmäßigen Beendigung des Ausbildungsabschnitts. Abweichend von Satz 1 ist, sofern ein Prüfungs- oder Abgangszeugnis erteilt wird, das Datum dieses Zeugnisses maßgebend; für den Abschluß einer Hochschulausbildung ist stets der Zeitpunkt des letzten Prüfungsteils maßgebend.

(4) Die Ausbildung ist ferner beendet, wenn der Auszubildende die Ausbildung abbricht (§ 7 Abs. 3 Satz 2) und sie nicht an einer Ausbildungsstätte einer anderen Ausbildungsstättenart weiterführt.

§ 16 nicht abgedruckt

§ 17
Förderungsarten

(1) Ausbildungsförderung wird vorbehaltlich des Absatzes 2 als Zuschuß geleistet.

(2) Bei dem Besuch von Höheren Fachschulen, Akademien und Hochschulen sowie bei der Teilnahme an einem Praktikum, das im Zusammenhang mit dem Besuch dieser Ausbildungsstätten steht, wird Ausbildungsförderung als Darlehen geleistet. Satz 1 gilt nicht für den Zuschlag zum Bedarf nach § 13 Abs. 4.

(3) (Weggefallen)

§ 18
Darlehensbedingungen

(1) Das Darlehen ist nicht zu verzinsen.
(2) Abweichend von Absatz 1 ist das Darlehen – vorbehaltlich des Gleichbleibens der Rechtslage – mit 6 vom Hundert für das Jahr zu verzinsen, wenn der Darlehensnehmer den Zahlungstermin um mehr als 45 Tage überschritten hat. Aufwendungen für die Geltendmachung der Darlehensforderung sind hierdurch nicht abgegolten.
(3) Das Darlehen und die Zinsen nach der bis zum 31. März 1976 geltenden Fassung des Absatzes 2 Nr. 1 sind – vorbehaltlich des Gleichbleibens der Rechtslage – in gleichbleibenden monatlichen Raten, mindestens solchen von 120 DM innerhalb von 20 Jahren zurückzuzahlen. Die erste Rate ist fünf Jahre nach dem Ende der Förderungshöchstdauer des zuerst mit Darlehen geförderten Ausbildungsabschnitts zu leisten. Von der Verpflichtung zur Rückzahlung ist der Darlehensnehmer auf Antrag freizustellen, solange er Leistungen nach diesem Gesetz erhält.
(4) Nach Aufforderung durch das Bundesverwaltungsamt sind die Raten für jeweils drei aufeinanderfolgende Monate in einer Summe zu entrichten.
(5) Die Zinsen nach Absatz 2 sind sofort fällig.
(5 a) Nach dem Ende der Förderungshöchstdauer erteilt das Bundesverwaltungsamt dem Darlehensnehmer – unbeschadet der Fälligkeit nach Absatz 3 Satz 2 – einen Bescheid, in dem die Höhe der Darlehensschuld und die Förderungshöchstdauer festgestellt werden. Eine Überprüfung dieser Feststellungen findet nach Eintritt der Unanfechtbarkeit des Bescheides nicht mehr statt; insbesondere gelten die Vorschriften des § 44 des Zehnten Buches Sozialgesetzbuch nicht.
(5 b) Das Darlehen kann – auch in größeren Teilbeträgen – vorzeitig zurückgezahlt werden. Wird ein Darlehen vorzeitig getilgt, so ist auf Antrag ein Nachlaß von der Darlehens(rest)schuld zu gewähren.
(6) Der Bundesminister für Bildung und Wissenschaft bestimmt durch Rechtsverordnung mit Zustimmung des Bundesrates das Nähere über
1. Beginn und Ende der Verzinsung,
2. die Verwaltung und Einziehung der Darlehen – einschließlich der Maßnahmen zur Sicherung der Rückzahlungsansprüche – sowie ihre Rückleitung an Bund und Länder und über
3. die pauschale Erhebung der Kosten für die Ermittlung der Anschrift des Darlehensnehmers und für das Mahnverfahren.

§ 18 a
Einkommensabhängige Rückzahlung

(1) Von der Verpflichtung zur Rückzahlung ist der Darlehensnehmer auf Antrag freizustellen, soweit sein Einkommen monatlich den Betrag von 1135 DM nicht übersteigt. Der in Satz 1 bezeichnete Betrag erhöht sich für

1. den Ehegatten um 515 DM,
2. jedes Kind des Darlehensnehmers, das zu Beginn des in Satz 1 bezeichneten Monats
   a) das 15. Lebensjahr noch nicht vollendet hat, um 390 DM,
   b) das 15. Lebensjahr vollendet hat, um 515 DM,

Die Beträge nach Satz 2 mindern sich um das Einkommen des Ehegatten und des Kindes. Als Kinder werden außer den Kindern des Darlehensnehmers die ihnen durch § 2 Abs. 1 des Bundeskindergeldgesetzes Gleichgestellten berücksichtigt. § 47 Abs. 4 und 5 gilt entsprechend.

(2) Die Freistellung erfolgt vom Beginn des Antragsmonats an für ein Jahr (Freistellungszeitraum). Das im Antragsmonat erzielte Einkommen gilt vorbehaltlich des Absatzes 3 als monatliches Einkommen für alle Monate des Freistellungszeitraums. Der Darlehensnehmer hat das Vorliegen der Voraussetzungen glaubhaft zu machen.

(3) Ändert sich ein für die Freistellung maßgeblicher Umstand im Laufe des Freistellungszeitraums, so wird der Bescheid vom Beginn des Monats an geändert, in dem die Änderung eingetreten ist. Der Änderungsbescheid ergeht unter dem Vorbehalt der abschließenden Feststellung nach Absatz 4.

(4) Ist eine Änderung im Sinne des Absatzes 3 eingetreten, so wird über den gesamten Freistellungszeitraum abschließend entschieden, sobald sich das Einkommen in diesem Zeitraum endgültig feststellen läßt. Dabei gilt als monatliches Einkommen im Sinne des Absatzes 1 der Betrag, der sich ergibt, wenn die Summe der Monatseinkommen des Freistellungszeitraums durch zwölf geteilt wird. Als Monatseinkommen gilt ein Zwölftel des jeweiligen Kalenderjahreseinkommens.

(5) Der Ablauf der Frist von 20 Jahren nach § 18 Abs. 3 wird, höchstens jedoch bis zu 10 Jahren, durch Zeiten gehemmt, in denen der Darlehensnehmer von der Rückzahlungspflicht freigestellt worden ist. Dies gilt nicht, soweit das Darlehen nach § 18 b Abs. 2 erlassen worden ist.

§ 18 b
Teilerlaß des Darlehens

(1) Dem Auszubildenden, der die Abschlußprüfung bestanden hat und nach ihrem Ergbnis zu den ersten 30 vom Hundert aller Prüfungsabsolventen gehört, die diese Prüfung in demselben Kalenderjahr abgeschlossen haben, werden auf Antrag 25 vom Hundert des nach dem 31. Dezember 1983 für diesen Ausbildungsabschnitt geleisteten Darlehensbetrages erlassen. Der Antrag ist innerhalb eines Monats nach Bekanntgabe des Bscheides nach § 18 Abs. 5 a zu stellen. Abweichend von Satz 1 erhält der Auszubildende, der zu den esten 30 vom Hundert der Geförderten gehört, unter den dort genannten Voraussetzungen den Erlaß

a) in Ausbildungs- und Studiengängen ohne Abschlußprüfung nach der am Ende der planmäßig abgeschlossenen Ausbildung ausgewiesenen Leistungen; dabei ist eine differenzierte Bewertung über die Zuordnung zu den ersten 30 vom Hundert der Geförderten hinaus nicht erforderlich,
b) in Ausbildungs- und Studiengängen ohne Abschlußprüfung nach den am Ende der planmäßig abgeschlossenen Ausbildung ausgewiesenen Leistungen; dabei ist eine differenzierte Bewertung übr die Zuordnung zu den ersten 30 vom Hundert der Geförderten hinaus nicht erforderlich,
c) in Fällen, in denen der Auszubildende nach § 5 Abs. 1 oder § 6 gefördert worden ist und die Abschlußprüfung an einer außerhalb des Geltungsbereichs dieses Gesetzes gelegenen Ausbildungsstätte bestanden hat, deren Besuch dem einer im Geltungsbereich dieses Gesetzes gelegenen Höheren Fachschule, Akademie oder Hochschule gleichwertig ist. Die Funktion der Prüfungsstelle nimmt in diesen Fällen das nach § 45 zuständige Amt für Ausbildungsförderung wahr.

Auszubildende, die ihre Abschlußprüfung an einer außerhalb des Geltungsbereichs dieses Gesetzes gelegenen Ausbildungsstätte bestanden haben und nach § 5 Abs. 2 gefördert worden sind, erhalten den Teilerlaß nicht. Der Bundesminister für Bildung und Wissenschaft bestimmt durch Rechtsverordnung mit Zustimmung des Bundesrates das Nähere über das Verfahren, insbesondere über die Mitwirkung der Prüfungsstellen. Diese sind zur Auskunft und Mitwirkung verpflichtet, soweit dies für die Durchführung dieses Gesetzes erforderlich ist.

(1 a) Beendet der Auszubildende die Ausbildung vier Monate vor dem Ende der Förderungshöchstdauer mit dem Bestehen der Abschlußprüfung oder, wenn eine solche nicht vorgesehen ist, nach den Ausbildungsvorschriften planmäßig, so werden auf seinen Antrag 5000 DM des Darlehens erlassen. Beträgt der in Satz 1 genannte Zeitraum nur zwei Monate, werden 2000 DM erlassen. Der Antrag ist innerhalb eines Monats nach Bekanntgabe des Bescheides nach § 18 Abs. 5 a zu stellen.

(1 b) Das Darlehen wird dem Auszubildenden auf Antrag in Höhe der Ausbildungsförderung erlassen, die ihm nach dem 31. Dezember 1983 wegen einer Behinderung nach § 15 Abs. 3 Nr. 1 über die Förderungshöchstdauer hinaus geleistet worden ist. Satz 1 gilt nur, wenn die Ausbildung mit dem Bestehen der Abschlußprüfung oder, falls eine solche nicht vorgesehen ist, nach den Ausbildungsvorschriften planmäßig beendet worden ist. Der Antrag ist innerhalb eines Monats nach Bekanntgabe des Bescheides nach § 18 Abs. 5 a zu stellen.

(2) Für jeden Monat, in dem
1. das Einkommen des Darlehensnehmers den Betrag nach § 18 a Abs. 1 nicht übersteigt.
2. er ein Kind bis zu 10 Jahren pflegt und erzieht oder ein behindertes Kind betreut und

3. er nicht oder nur unwesentlich erwerbstätig ist,

wird auf Antrag das Darlehen in Höhe der nach § 18 Abs. 3 festgesetzten Rückzahlungsrate erlassen. Das Vorliegen der Voraussetzungen nach Satz 1 ist glaubhaft zu machen. Als Kinder werden außer den Kindern des Darlehensnehmers die ihnen durch § 2 Abs. 1 des Bundeskindergeldgesetzes Gleichgestellten berücksichtigt.

§ 19
Aufrechnung

Mit einem Anspruch auf Erstattung von Ausbildungsförderung (§ 50 des Zehnten Buches Sozialgesetzbuch und § 20) kann gegen den Anspruch auf Ausbildungsförderung für abgelaufene Monate abweichend von § 51 des Ersten Buches Sozialgesetzbuch in voller Höhe aufgerechnet werden. Satz 1 gilt nicht, soweit der Anspruch auf Ausbildungsförderung von einem Träger der Sozialhilfe zum Ausgleich seiner Aufwendungen nach § 90 des Bundessozialhilfegesetzes auf sich übergeleitet oder vom Auszubildenden zu demselben Zweck an einen Träger der Sozialhilfe abgetreten und dies dem Amt für Ausbildungsförderung mitgeteilt war.

§ 20
Rückzahlungspflicht

(1) Haben die Voraussetzungen für die Leistung von Ausbildungsförderung an keinem Tage des Kalendermonats vorgelegen, für den sie gezahlt worden ist, so ist – außer in den Fällen der §§ 44 bis 50 des Zehnten Buches Sozialgesetzbuch – insoweit der Bewilligungsbescheid aufzuheben und der Förderungsbetrag zu erstatten, als
1. (Weggefallen)
2. (Weggefallen)
3. der Auszubildende Einkommen im Sinne des § 21 erzielt hat, das bei der Bewilligung der Ausbildungsförderung nicht berücksichtigt worden ist,
4. Ausbildungsförderung unter dem Vorbehalt der Rückforderung geleistet worden ist.

(2) Der Förderungsbetrag ist für den Kalendermonat oder den Teil eines Kalendermonats zurückzuzahlen, in dem der Auszubildende die Ausbildung aus einem von ihm zu vertretenden Grund unterbrochen hat.

Abschnitt IV
Einkommensanrechnung
§ 21
Einkommensbegriff

(1) Als Einkommen gilt – vorbehaltlich der Sätze 3 und 4, der Absätze 3 und 4 sowie einer Regelung auf Grund des Absatzes 1 a – die Summe der positiven

Einkünfte im Sinne des § 2 Abs. 1 und 2 des Einkommensteuergesetzes. Ein Ausgleich mit Verlusten aus anderen Einkunftsarten und mit Verlusten des zusammenveranlagten Ehegatten ist nicht zulässig. Abgezogen werden können:

1. der Altersentlastungsbetrag (§ 24 a des Einkommensteuergesetzes) und der Freibetrag für Einkünfte aus Land- und Forstwirtschaft (§ 13 Abs. 3 des Einkommensteuergesetzes),

2a. die Absetzung für Abnutzung nach § 7 b des Einkommensteuergesetzes für ein selbstgenutztes Einfamilienhaus oder eine selbstgenutzte Eigentumswohnung, soweit sie nicht bereits bei der Ermittlung der positiven Einkünfte berücksichtigt worden ist; diese Absetzung kann auch von den positiven Einkünften des nicht dauernd getrennt lebenden Ehegatten abgezogen werden oder

2b. die Beträge, die für ein selbstgenutztes Einfamilienhaus oder eine selbstgenutzte Eigentumswohnung als Sonderausgaben nach § 10 e oder § 7 b in Verbindung mit § 52 Abs. 21 Satz 4 des Einkommensteuergesetzes berücksichtigt werden; diese Beträge können auch von der Summe der positiven Einkünfte des nicht dauernd getrennt lebenden Ehegatten abgezogen werden.

3. die für den Berechnungszeitraum zu leitende Einkommensteuer, Kirchensteuer und

4. die für den Berechnungszeitraum zu leistenden Pflichtbeiträge zur Sozialversicherung und zur Bundesanstalt für Arbeit sowie die geleisteten freiwilligen Aufwendungen zur Sozialversicherung und für eine private Kranken-, Unfall- oder Lebensversicherung in angemessenem Umfang.

Der Abzug nach Satz 3 Nr. 2 ist bei Eltern, die nicht geschieden sind oder dauernd getrennt leben, nur für ein Objekt zulässig; bei der Ermittlung des Einkommens des Auszubildenden, des Darlehensnehmers sowie deren Ehegatten ist er nicht zulässig. Leibrenten mit dem Betrag, der nicht steuerlich als Ertragsanteil erfaßt ist, und Versorgungsrenten gelten als Einnahmen aus nichtselbständiger Arbeit.

(1 a) Die Bundesregierung kann durch – frühestens am 1. Januar 1983 in Kraft tretende – Rechtsverordnung mit Zustimmung des Bundesrates für Land- und Forstwirte, deren Gewinne nach § 13 a des Einkommensteuergesetzes ermittelt werden, eine davon abweichende, nach Pauschsätzen vorzunehmende Ermittlung der Einkünfte aus Land- und Forstwirtschaft bestimmen, um sicherzustellen, daß auch insoweit Einkünfte in wirklichkeitsnaher Weise auf den Bedarf angerechnet werden.

(2) Zur Abgeltung der Abzüge nach Absatz 1 Nr. 4 wird von der – um die Beträge nach Absatz 1 Nr. 1 und 2 und Absatz 4 Nr. 4 geminderten – Summe der positiven Einkünfte ein Betrag in Höhe folgender Vomhundertsätze dieses Gesamtbetrages abgesetzt:

1. für rentenversicherungspflichtige Arbeitnehmer und für Auszubildende 19 vom Hundert, höchstens jedoch ein Betrag von jährlich 12 500 DM,
2. für nichtrentenversicherungspflichtige Arbeitnehmer und für Personen im Ruhestandsalter, die einen Anspruch auf Alterssicherung aus einer renten- oder nichtrentenversicherungspflichtigen Beschäftigung oder Tätigkeit haben, 11 v. H., höchstens jedoch ein Betrag von jährlich 6000 DM,
3. für Nichtarbeitnehmer und auf Antrag von der Versicherungspflicht befreite oder wegen geringfügiger Beschäftigung versicherungsfreie Arbeitnehmer 31 vom Hundert, höchstens jedoch ein Betrag von jährlich 20 000 DM,
4. für Personen im Ruhestandsalter, soweit sie nicht erwerbstätig sind, und für sonstige Nichterwerbstätige 11 vom Hundert, höchstens jedoch ein Betrag von jährlich 6000 DM.

Jeder Einkommensbezieher ist nur einer der in den Nummern 1 bis 4 bezeichneten Gruppen zuzuordnen; dies gilt auch, wenn er die Voraussetzungen nur für einen Teil des Berechnungszeitraums erfüllt. Einer Gruppe kann nur zugeordnet werden, wer nicht unter eine in den jeweils vorhergehenden Nummern bezeichneten Gruppe fällt.

(3) Als Einkommen gelten ferner in Höhe der tatsächlich geleisteten Beträge
1. Waisenrenten und Waisengelder, die der Antragsteller bezieht,
2. Ausbildungsbeihilfen und gleichartige Leistungen mit Ausnahme der Leistungen nach diesem Gesetz,
3. Leistungen nach dem Bundeskindergeldgesetz mit Ausnahme der Leistungen, die der Auszubildende für seine Kinder erhält,
   a) Leistungen nach § 1 des Diätengesetzes 1968 vom 3. Mai 1968 (BGBl. I S. 334), zuletzt geändert durch Artikel VIII des Gesetzes vom 18. Februar 1977 (BGBl. I S. 297), sowie nach entsprechenden Vorschriften der Länder, soweit in diesen bereits Regelungen entsprechend § 11 des Abgeordnetengesetzes vom 18. Februar 1977 (BGBl. I S. 297), zuletzt geändert durch Artikel I des Gesetzes vom 22. September 1980 (BGBl. I S. 1752), in Kraft getreten sind,
4. sonstige Einnahmen, die zur Deckung des Lebensbedarfs bestimmt sind, mit Ausnahme der Unterhaltsleistungen der Eltern des Auszubildenden und seines Ehegatten, soweit sie der Bundesminister für Bildung und Wissenschaft in einer Rechtsverordnung mit Zustimmung des Bundesrates bezeichnet hat.

Die Erziehungsbeihilfe, die ein Beschädigter für ein Kind erhält (§ 27 Abs. 3 des Bundesversorgungsgesetzes), gilt als Einkommen des Kindes. In den Fällen des § 11 Abs. 3 gelten die auf den Antragsteller entfallenden Leistungen nach dem Bundeskindergeldgesetz. Kinderzulagen aus der gesetzlichen Unfallversicherung sowie Kinderzuschüsse aus den gesetzlichen Rentenversicherungen als sein Einkommen.

(4) Nicht als Einkommen gelten

1. Grundrenten und Schwerstbeschädigtenzulage nach dem Bundesversorgungsgesetz und nach den Gesetzen, die das Bundesversorgungsgesetz für anwendbar erklären,
2. ein der Grundrente und der Schwerstbeschädigtenzulage nach dem Bundesversorgungsgesetz entsprechender Betrag, wenn diese Leistungen nach § 65 des Bundesversorgungsgesetzes ruhen,
3. Renten, die den Opfern nationalsozialistischer Verfolgung wegen einer durch die Verfolgung erlittenen Gesundheitsschädigung geleistet werden, bis zur Höhe des Betrages, der in der Kriegsopferversorgung bei gleicher Minderung der Erwerbsfähigkeit als Grundrente und Schwerstbeschädigtenzulage geleistet würde,
4. Einnahmen, deren Zweckbestimmung einer Anrechnung auf den Bedarf entgegensteht; dies gilt insbesondere für Einnahmen, die für einen anderen Zweck als für die Deckung des Bedarfs im Sinne dieses Gesetzes bestimmt sind.

§ 22
Berechnungszeitraum für das Einkommen des Auszubildenden
(1) Für die Anrechnung des Einkommens des Auszubildenden sind die Einkommen maßgebend, die er für den Bewilligungszeitraum erzielt.
(2) Auf den Bedarf jedes Kalendermonats des Bewilligungszeitraums wird der Betrag angerechnet, der sich ergibt, wenn das Gesamteinkommen durch die Zahl der Kalendermonate des Bewilligungszeitraums geteilt wird.
(3) Die Absätze 1 und 2 gelten entsprechend für die Berücksichtigung des Einkommens
1. der Kinder nach § 23 Abs. 2,
2. der Kinder, der ihnen durch § 2 Abs. 1 des Bundeskindergeldgesetzes Gleichgestellten und der sonstigen Unterhaltsberechtigten nach § 25 Abs. 3.

§ 23
Freibeträge vom Einkommen des Auszubildenden
(1) Vom Einkommen des Auszubildenden bleiben monatlich anrechnungsfrei
1. für den Auszubildenden selbst bei dem Besuch von
a) weiterführenden allgemeinbildenden Schulen und Berufsfachschulen sowie Fach- und Fachoberschulklassen, deren Besuch eine abgeschlossene Berufsausbildung nicht voraussetzt, 140 DM,
b) Abendhauptschulen, Berufsaufbauschulen und Abendrealschulen sowie von Fachoberschulklassen, deren Besuch eine abgeschlossene Berufsausbildung voraussetzt, 205 DM,
c) Fachschulklassen, deren Besuch eine abgeschlossene Berufsausbildung voraussetzt, Abendgymnasien, Kollegs, Höheren Fachschulen, Akademien und Hochschulen 280 DM

2. für den Ehegatten des Auszubildenden, es sei denn, er befindet sich in einer nach diesem Gesetz oder § 40 des Arbeitsförderungsgesetzes förderungsfähigen Ausbildung 485 DM
3. für jedes Kind des Auszubildenden 435 DM

Bei verheirateten Auszubildenden mit mindestens einem Kind unter 10 Jahren, das sich im Haushalt des Auszubildenden befindet, erhöht sich der Freibetrag nach Satz 1 Nr. 2 auf 710 DM

Leben die Ehegatten dauernd getrennt, so ist ein Freibetrag nach Satz 1 Nr. 2 und Satz 2 nicht zu gewähren, wenn über den Unterhaltsanspruch gerichtlich entschieden oder ein vollstreckbarer Schuldtitel errichtet worden ist; in diesen Fällen ist Einkommen in Höhe des darin zu Lasten des Auszubildenden bestimmten Betrages anrechnungsfrei zu stellen.

(2) Die Freibeträge nach Absatz 1 Nr. 2 und Satz 2 – ausgenommen die Fälle des Absatzes 1 Satz 3 – sowie nach Absatz 1 Nr. 3 mindern sich um Einnahmen des Auszubildenden sowie Einkommen des Ehegatten und des Kindes, die dazu bestimmt sind oder üblicher- oder zumutbarerweise dazu verwendet werden, den Unterhaltsbedarf des Ehegatten und der Kinder des Auszubildenden zu decken.

(3) Die Vergütung aus einem Ausbildungsverhältnis wird abweichend von den Absätzen 1 und 2 voll angerechnet.

(4) Abweichend von Absatz 1 werden
1. von der Waisenrente und dem Waisengeld der Auszubildenden, deren Bedarf sich nach § 12a bemißt, monatlich 200 DM, anderer Auszubildender 140 DM monatlich nicht angerechnet,
2. Ausbildungshilfen und gleichartige Leistungen aus öffentlichen Mitteln oder von Förderungseinrichtungen, die hierfür öffentliche Mittel erhalten, sowie Förderungsleistungen ausländischer Staaten voll auf den Bedarf angerechnet. Das gilt auch für Einkommen, das aus öffentlichen Mitteln zum Zwecke der Ausbildung bezogen wird,
3. Leistungen nach dem Bundeskindergeldgesetz, Kinderzulagen aus der gesetzlichen Unfallversicherung sowie Kinderzuschüsse aus den gesetzlichen Rentenversicherungen, die an den Auszubildenden ausgezahlt werden oder die nach § 21 Abs. 3 Satz 3 als sein Einkommen gelten, voll auf den Bedarf angerechnet.

§ 24
**Berechnungszeitraum für das
Einkommen der Eltern und des Ehegatten**

(1) Für die Anrechnung des Einkommens der Eltern und des Ehegatten des Auszubildenden sind die Einkommensverhältnisse im vorletzten Kalenderjahr vor Beginn des Bewilligungszeitraums maßgebend.

(2) Ist der Einkommensbezieher für diesen Zeitraum zur Einkommensteuer zu veranlagen, liegt jedoch der Steuerbescheid dem Amt für Ausbildungsförderung noch nicht vor, so wird unter Berücksichtigung der glaubhaft gemach

ten Einkommensverhältnisse über den Antrag entschieden. Ausbildungsförderung wird insoweit unter dem Vorbehalt der Rückforderung geleistet. Sobald der Steuerbescheid dem Amt für Ausbildungsförderung vorliegt, wird über den Antrag abschließend entschieden.

(3) Ist das Einkommen im Bewilligungszeitraum voraussichtlich wesentlich niedriger als in dem nach Absatz 1 maßgeblichen Zeitraum, so ist auf besonderen Antrag des Auszubildenden, der vor dem Ende des Bewilligungszeitraums zu stellen ist, bei der Anrechnung von den Einkommensverhältnissen im Bewilligungszeitraum auszugehen. Der Auszubildende hat das Vorliegen der Voraussetzungen des Satzes 1 glaubhaft zu machen. Ausbildungsförderung wird insoweit unter dem Vorbehalt der Rückforderung geleistet. Sobald sich das Einkommen in dem Bewilligungszeitraum endgültig feststellen läßt, wird über den Antrag abschließend entschieden.

(4) Auf den Bedarf für jeden Kalendermonat des Bewilligungszeitraums ist ein Zwölftel des im Berechnungszeitraum erzielten Jahreseinkommens anzurechnen. Abweichend von Satz 1 ist in den Fällen des Absatzes 3 der Betrag anzurechnen, der sich ergibt, wenn die Summe der Monatseinkommen des Bewilligungszeitraums durch die Zahl der Kalendermonate des Bewilligungszeitraums geteilt wird; als Monatseinkommen gilt ein Zwölftel des jeweiligen Kalenderjahreseinkommens.

§ 25
Freibeträge vom Einkommen der Eltern und des Ehegatten

(1) Es bleiben monatlich anrechnungsfrei
1. vom Einkommen der Eltern, sofern sie nicht geschieden sind oder dauernd getrennt leben, 1650 DM,
2. vom Einkommen eines alleinstehenden oder dauernd getrennt lebenden Elternteils oder des Ehegatten 1135 DM.

Der Freibetrag von 1135 Deutsche Mark gilt auch für den Elternteil, dessen Ehegatte nicht in Eltern-Kind-Beziehung zum Auszubildenden steht.

(2) (Weggefallen)

(3) Die Freibeträge des Absatzes 1 erhöhen sich für
1. jedes Kind des Einkommensbeziehers um 135 DM und
2. den Ehegatten des Einkommensbeziehers um 90 DM wenn sie in einer Ausbildung stehen, die nach diesem Gesetz oder nach § 40 des Arbeitsförderungsgesetzes gefördert werden kann,
3. für andere Kinder des Einkommensbeziehers, die bei Beginn des Bewilligungszeitraums
   a) das 15. Lebensjahr noch nicht vollendet haben, um je 435 DM,
   b) das 15. Lebensjahr vollendet haben, um je 560 DM,
4. für weitere dem Einkommensbezieher gegenüber nach dem bürgerlichen Recht Unterhaltsberechtigte um je 515 DM.

Der Freibetrag nach Satz 1 Nr. 1 wird bei nicht miteinander verheirateten oder dauernd getrennt lebenden Eltern bei jedem Elternteil voll berücksichtigt. Die Beträge nach Satz 1 Nr. 3 und 4 mindern sich um das Einkommen des Kindes oder des sonstigen Unterhaltsberechtigten.

(4) Das die Freibeträge nach den Absätzen 1, 3 und 6 übersteigende Einkommen der Eltern und des Ehegatten bleibt anrechnungsfrei

1. zu 25 vom Hundert und
2. zu 10 vom Hundert für jedes Kind, für das ein Freibetrag nach Absatz 3 gewährt wird, höchstens jedoch bis zu 70 DM für das erste Kind, 160 DM für das zweite, 260 DM für das dritte und jedes weitere Kind.

(5) Als Kinder werden außer den Kinder des Einkommensbeziehers die ihnen durch § 2 Abs. 1 des Bundeskindergeldgesetzes Gleichgestellten berücksichtigt.

(6) Zur Vermeidung unbilliger Härten kann auf besonderen Antrag, der vor dem Ende des Bewilligungszeitraums zu stellen ist, abweichend von den vorstehenden Vorschriften ein weiterer Teil des Einkommens anrechnungsfrei bleiben. Hierunter fallen insbesondere außergewöhnliche Belastungen nach den §§ 33 bis 33c des Einkommensteuergesetzes sowie Aufwendungen für behinderte Personen, denen der Einkommensbezieher nach dem bürgerlichen Recht unterhaltspflichtig ist.

§ 25 a
Freibeträge vom Einkommen der Eltern in besonderen Fällen

(1) Die Freibeträge vom Einkommen der Eltern nach § 25 Abs. 1 erhöhen sich um 50 vom Hundert, wenn der Auszubildende

1. bei Beginn des Ausbildungsabschnitts das 27. Lebensjahr vollendet hat,
2. eine weitere in sich selbständige Ausbildung beginnt und seine Eltern ihm gegenüber ihre Unterhaltspflicht noch nicht erfüllt haben.

(2) In den vorbezeichneten Fällen findet § 25 Abs. 4 und 6 Anwendung.

§ 25 b
**Freibeträge vom Einkommen der
Eltern und des Ehegatten für Schüler in Härtefällen**

(1) Für Auszubildende, deren Bedarf sich nach § 12a bemißt, bleiben abweichend von § 25 monatlich anrechnungsfrei

1. vom Einkommen der Eltern, sofern sie nicht geschieden sind oder dauernd getrennt leben, 1100 DM,
2. vom Einkommen eines alleinstehenden oder dauernd getrennt lebenden Elternteils oder des Ehegatten 750 DM.

Der Freibetrag von 750 Deutsche Mark gilt auch für den Elternteil, dessen Ehegatte nicht in Eltern-Kind-Beziehung zum Auszubildenden steht.

(2) Die Freibeträge des Absatzes 1 erhöhen sich
1. für jedes Kind und den Ehegatten des Einkommensbeziehers, wenn sie in einer Ausbildung stehen, die nach diesem Gesetz oder nach § 40 des Arbeitsförderungsgesetzes gefördert werden kann, um 60 DM,
2. für andere Kinder des Einkommensbeziehers und für weitere diesem gegenüber nach dem bürgerlichen Recht Unterhaltsberechtigte, die bei Beginn des Bewilligungszeitraums
   a) das 15. Lebensjahr noch nicht vollendet haben, um je 260 DM,
   b) das 15. Lebensjahr vollendet haben, um je 350 DM.

Die Beträge nach Satz 1 Nr. 2 mindern sich um das Einkommen des Kindes oder der sonstigen Unterhaltsberechtigten.

(3) § 25 Abs. 5 und 6 ist anzuwenden.

Abschnitt V
Vermögensanrechnung

§ 26
Umfang der Vermögensanrechnung

(1) Vermögen des Auszubildenden wird nach Maßgabe der §§ 27 und 30 angerechnet.

(2) Vermögen des Ehegatten und der Eltern des Auszubildenden wird mit der Maßgabe angerechnet, daß der Bedarf des Auszubildenden als gedeckt gilt, wenn der Ehegatte oder zumindest ein Elternteil für das vorletzte Kalenderjahr vor Beginn des Bewilligungszeitraums im Geltungsbereich dieses Gesetzes Vermögenssteuer zu entrichten hatten. Abweichend von Satz 1 gilt der Bedarf durch die Anrechnung des Vermögens einer der vorgenannten Personen nicht als gedeckt, wenn
1. diese einer Veranlagungsgemeinschaft angehört und ihr eigenes Vermögen eine Vermögenssteuerzahlungspflicht nicht begründen würde,
2. ihr Vermögen nach Abzug des Teils, dessen Einsatz oder Verwertung zu einer unbilligen Härte führen würde, eine Vermögenssteuerzahlungspflicht nicht begründen würde, oder
3. zu Beginn des Bewilligungszeitraums eine Vermögenssteuerzahlungspflicht nicht mehr besteht.

§ 27
Vermögensbegriff

(1) Als Vermögen gelten alle
1. beweglichen und unbeweglichen Sachen,
2. Forderungen und sonstige Rechte.

Ausgenommen sind Gegenstände, soweit der Auszubildende sie aus rechtlichen Gründen nicht verwerten kann.

(2) Nicht als Vermögen gelten
1. Rechte auf Versorgungsbezüge, auf Renten und andere wiederkehrende Leistungen,
2. Übergangsbeihilfen nach den §§ 12 und 13 des Soldatenversorgungsgesetzes in der Fassung der Bekanntmachung vom 21. April 1983 (BGBl. I S. 457) sowie nach § 13 Abs. 1 Satz 1 des Bundespolizeibeamtengesetzes in der Fassung
des Artikels 1 des Gesetzes über die Personalstruktur des Bundesgrenzschutzes vom 3. Juni 1976 (BGBl. I S. 1357), geändert durch § 94 des Gesetzes vom 24. August 1976 (BGBl. I S. 2485), in Verbindung mit § 18 dieses Gesetzes in der bis zum 30. Juni 1976 geltenden Fassung,
3. Nießbrauchsrechte,
4. Haushaltsgegenstände.

§ 28
Wertbestimmung des Vermögens
(1) Der Wert eines Gegenstandes ist zu bestimmen
1. bei Grundstücken, die nach dem Bewertungsgesetz als zum Betrieb der Land- und Forstwirtschaft gehörig bewertet sind, auf die Höhe des Einheitswerts auf der Grundlage der Wertverhältnisse vom 1. Januar 1964,
2. bei nicht unter Nummer 1 fallenden Grundstücken auf 140 vom Hundert des Einheitswertes auf der Grundlage der Wertverhältnisse vom 1. Januar 1964,
3. bei Betriebsvermögen, mit Ausnahme der Grundstücke, auf die Höhe des Einheitswertes,
4. bei Wertpapieren auf die Höhe des Kurswertes,
5. bei sonstigen Gegenständen auf die Höhe des Zeitwertes.
(2) Maßgebend ist der Wert im Zeitpunkt der Antragstellung, bei Wertpapieren der Kurswert am 31. Dezember des Jahres vor der Antragstellung.
(3) Von dem nach den Absätzen 1 und 2 ermittelten Betrag sind die im Zeitpunkt der Antragstellung bestehenden Schulden und Lasten abzuziehen.
(4) Veränderungen zwischen Antragstellung und Ende des Bewilligungszeitraums bleiben unberücksichtigt.

§ 29
Freibeträge vom Vermögen
(1) Von dem Vermögen bleiben anrechnungsfrei
1. für den Auszubildenden selbst 6000 DM,
2. für den Ehegatten des Auszubildenden 2000 DM,
3. für jedes Kind des Auszubildenden 2000 DM.
Maßgebend sind die Verhältnisse im Zeitpunkt der Antragstellung.
(2) (Weggefallen)
(3) Zur Vermeidung unbilliger Härten kann ein weiterer Teil des Vermögens anrechnungsfrei bleiben.

§ 30
Monatlicher Abrechnungsbetrag

Auf den monatlichen Bedarf des Auszubildenden ist der Betrag anzurechnen, der sich ergibt, wenn der Betrag des anzurechnenden Vermögens durch die Zahl der Kalendermonate des Bewilligungszeitraums geteilt wird.

§§ 31 bis 34 (Weggefallen)

Abschnitt VI
§ 35 nicht abgedruckt

Abschnitt VII
Vorausleistung und Übergang
§ 36
Vorausleistung von Ausbildungsförderung

(1) Macht der Auszubildende glaubhaft, daß seine Eltern den nach den Vorschriften dieses Gesetzes angerechneten Unterhaltsbetrag nicht leisten, und ist die Ausbildung – auch unter Berücksichtigung des Einkommens und Vermögens des Ehegatten im Bewilligungszeitraum – gefährdet, so wird nach Anhörung der Eltern Ausbildungsförderung ohne Anrechnung dieses Betrages geleistet.

(2) Absatz 1 ist entsprechend anzuwenden, wenn

1. der Auszubildende glaubhaft macht, daß seine Eltern den Bedarf nach den §§ 12 bis 14 a nicht leisten, und die Eltern entgegen § 47 Abs. 4 die für die Anrechnung ihres Einkommens und Vermögens erforderlichen Auskünfte nicht erteilen oder Urkunden nicht vorlegen und darum ihr Einkommen und Vermögen nicht angerechnet werden können, und wenn
2. Bußgeldfestsetzung oder Einleitung des Verwaltungszwangsverfahrens nicht innerhalb zweier Monate zur Erteilung der erforderlichen Auskünfte geführt haben oder rechtlich unzulässig sind, insbesondere weil die Eltern ihren ständigen Wohnsitz außerhalb des Geltungsbereichs des Gesetzes haben.

Haben die Eltern ihren ständigen Wohnsitz außerhalb des Geltungsbereichs des Gesetzes, so ist weitere Voraussetzung, daß der Auszubildende seinen Unterhaltsanspruch an das Land abgetreten hat.

(3) Ausbildungsförderung wird nicht vorausgeleistet,

1. soweit die Eltern bereit sind, Unterhalt entsprechend einer gemäß § 1612 Abs. 2 des Bürgerlichen Gesetzbuchs getroffenen Bestimmung zu leisten, oder

2. soweit die Unterhaltsleistung der Eltern hinter den auf den Antragsteller entfallenden Leistungen nach dem Bundeskindergeldgesetz, Kinderzulagen aus der gesetzlichen Unfallversicherung oder Kinderzuschüssen aus den gesetzlichen Rentenversicherungen, die sie für den Antragsteller erhalten, zurückbleibt.

(4) Von der Anhörung der Eltern kann aus wichtigem Grund oder, wenn der Auszubildende in demselben Ausbildungsabschnitt für den vorhergehenden Bewilligungszeitraum Leistungen nach Absatz 1 oder 2 erhalten hat, abgesehen werden.

§ 37
Übergang von Unterhaltsansprüchen

(1) Hat der Auszubildende für die Zeit, für die ihm Ausbildungsförderung gezahlt wird, nach bürgerlichem Recht einen Unterhaltsanspruch gegen seine Eltern, so geht dieser mit der Zahlung bis zur Höhe der geleisteten Aufwendungen auf das Land über, jedoch nur soweit auf den Bedarf des Auszubildenden das Einkommen und Vermögen der Eltern nach diesem Gesetz anzurechnen ist. Die Zahlungen, welche die Eltern auf Grund der Mitteilung über den Anspruchsübergang erbringen, werden entsprechend § 11 Abs. 2 angerechnet.
(2) (Weggefallen)
(3) (Weggefallen)
(4) Für die Vergangenheit können die Eltern des Auszubildenden nur von dem Zeitpunkt in Anspruch genommen werden, in dem
1. die Voraussetzungen des bürgerlichen Rechts vorgelegen haben oder
2. sie bei dem Antrag auf Ausbildungsförderung mitgewirkt haben oder von ihm Kenntnis erhalten haben und darüber belehrt worden sind, unter welchen Voraussetzungen dieses Gesetz eine Inanspruchnahme von Eltern ermöglicht.
(5) (Weggefallen)
(6) Der Anspruch ist von der Fälligkeit an mit 6 vom Hundert zu verzinsen. Zinsen werden jedoch erst vom Beginn des Monats an erhoben, der auf die Mitteilung des Amtes für Ausbildungsförderung über den erfolgten Anspruchsübergang folgt.

§ 38
Übergang von anderen Ansprüchen

Hat der Auszubildende für die Zeit, für die ihm Ausbildungsförderung gezahlt wird, gegen eine öffentlich-rechtliche Stelle, die nicht Leistungsträger ist, Anspruch auf Leistung, die auf den Bedarf anzurechnen ist oder eine Leistung nach diesem Gesetz ausschließt, geht dieser mit der Zahlung in Höhe der geleisteten Aufwendungen auf das Land über. Die §§ 104 und 115 des Zehnten Buches Sozialgesetzbuch bleiben unberührt.

Abschnitt VIII
Organisation

§ 39
Auftragverwaltung

(1) Dieses Gesetz wird vorbehaltlich des Absatzes 2 im Auftrag des Bundes von den Ländern ausgeführt.
(2) Die nach diesem Gesetz geleisteten Darlehen werden durch das Bundesverwaltungsamt verwaltet und eingezogen. Die Bundeskasse Düsseldorf nimmt die Aufgaben der Kasse beim Einzug der Darlehen und deren Anmahnung für das Bundesverwaltungsamt wahr.
(3) Jedes Land bestimmt die Behörden, die für die Entscheidungen nach § 2 Abs. 2, § 3 Abs. 4 sowie § 42 Abs. 2 und 3 hinsichtlich der Ausbildungsstätten und Fernlehrinstitute, die ihren Sitz in diesem Land haben, zuständig sind.
(4) Der Bundesminister für Bildung und Wissenschaft kann durch Allgemeine Verwaltungsvorschrift mit Zustimmung des Bundesrates eine einheitliche maschinelle Berechnung, Rückrechnung und Abrechnung der Leistungen nach diesem Gesetz in Form einer algorithmischen Darstellung materiellrechtlicher Regelungen (Programmablaufplan) regeln.

§ 40
Ämter für Ausbildungsförderung

(1) Die Länder errichten für jeden Kreis und jede kreisfreie Stadt ein Amt für Ausbildungsförderung. Die Länder können für mehrere Kreise und/oder kreisfreie Städte ein gemeinsames Amt für Ausbildungsförderung errichten. Im Land Berlin können mehrere Ämter für Ausbildungsförderung errichtet werden. In den Ländern Berlin, Bremen und Hamburg kann davon abgesehen werden, Ämter für Ausbildungsförderung zu errichten.
(2) Für Auszubildende, die eine im Geltungsbereich des Gesetzes gelegene Hochschule besuchen, richten die Länder abweichend von Absatz 1 Ämter für Ausbildungsförderung bei staatlichen Hochschulen oder bei Studentenwerken ein. Die Länder können bestimmen, daß ein bei einer staatlichen Hochschule errichtetes Amt für Ausbildungsförderung ein Studentenwerk zur Durchführung seiner Aufgaben heranzieht. Ein Studentenwerk kann Amt für Ausbildungsförderung nur sein, wenn es eine Anstalt des öffentlichen Rechts ist und ein Bediensteter die Befähigung zu einem Richteramt nach dem Deutschen Richtergesetz oder für den höheren allgemeinen Verwaltungsdienst hat.

§ 40a
Landesämter für Ausbildungsförderung

Die Länder errichten Landesämter für Ausbildungsförderung. Mehrere Länder können ein gemeinsames Landesamt für Ausbildungsförderung errichten.

§ 41
Aufgaben der Ämter für Ausbildungsförderung
(1) Das Amt für Ausbildungsförderung nimmt die zur Durchführung dieses Gesetzes erforderlichen Aufgaben wahr, soweit sie nicht anderen Stellen übertragen sind. Bei der Bearbeitung der Anträge können zentrale Verwaltungsstellen herangezogen werden.
(2) Es trifft die zur Entscheidung über den Antrag erforderlichen Feststellungen, entscheidet über den Antrag und erläßt den Bescheid hierüber.
(3) Das Amt für Ausbildungsförderung hat die Auszubildenden und ihre Eltern über die individuelle Förderung der Ausbildung nach bundes- und landesrechtlichen Vorschriften zu beraten.

§§ 42 – 44 nicht abgedruckt

Abschnitt IX
Verfahren
§ 45
Örtliche Zuständigkeit
(1) Für die Entscheidung über die Ausbildungsförderung ist das Amt für Ausbildungsförderung zuständig, in dessen Bezirk die Eltern des Auszubildenden oder, wenn nur noch ein Elternteil lebt, dieser den ständigen Wohnsitz haben. Das Amt für Ausbildungsförderung, in dessen Bezirk der Auszubildende seinen ständigen Wohnsitz hat, ist zuständig, wenn
1. der Auszubildende verheiratet ist oder war,
2. seine Eltern nicht mehr leben,
3. dem überlebenden Elternteil die elterliche Sorge nicht zusteht oder bei Erreichen der Volljährigkeit des Auszubildenden nicht zustand,
4. nicht beide Elternteile ihren ständigen Wohnsitz in dem Bezirk desselben Amtes für Ausbildungsförderung haben,
5. kein Elternteil einen Wohnsitz im Geltungsbereich dieses Gesetzes hat,
6. der Auszubildende von seinem ständigen Wohnsitz im Geltungsbereich dieses Gesetzes aus eine außerhalb dieses Geltungsbereichs gelegene Ausbildungsstätte besucht (§ 5 Abs. 1),
7. der Auszubildende Ausbildungsförderung für die Teilnahme an Fernunterrichtslehrgängen erhält (§ 3).

Hat in den Fällen des Satzes 2 der Auszubildende im Geltungsbereich dieses Gesetzes keinen ständigen Wohnsitz, so ist das Amt für Ausbildungsförderung zuständig, in dessen Bezirk die Ausbildungsstätte liegt.
(2) Abweichend von Absatz 1 ist für die Auszubildenden an
1. Abendgymnasien und Kollegs,
2. Höheren Fachschulen und Akademien

das Amt für Ausbildungsförderung zuständig, in dessen Bezirk die Ausbildungsstätte gelegen ist, die der Auszubildende besucht.

(3) Abweichend von den Absätzen 1 und 2 ist das bei einer staatlichen Hochschule errichtete Amt für Ausbildungsförderung für die an dieser Hochschule immatrikulierten Auszubildenden zuständig. Die Länder können bestimmen, daß das an einer staatlichen Hochschule errichtete Amt für Ausbildungsförderung auch für Auszubildende zuständig ist, die an anderen Hochschulen immatrikuliert sind. Ist das Amt für Ausbildungsförderung bei einem Studentenwerk errichtet, so wird dessen örtliche Zuständigkeit durch das Land bestimmt.

(4) Für die Entscheidung über Ausbildungsförderung für eine Ausbildung außerhalb des Geltungsbereichs dieses Gesetzes nach § 5 Abs. 2 und 5 sowie § 6 ist ausschließlich das durch das zuständige Land bestimmte Amt für Ausbildungsförderung örtlich zuständig. Der Bundesminister für Bildung und Wissenschaft bestimmt durch Rechtsverordnung mit Zustimmung des Bundesrates, welches Land das für alle Auszubildenden, die die in einem anderen Staat gelegenen Ausbildungsstätten besuchen, örtlich zuständige Amt bestimmt.

§ 45 a
Wechsel in der Zuständigkeit

(1) Wird ein anderes Amt für Ausbildungsförderung zuständig, so tritt dieses Amt für sämtliche Verwaltungshandlungen einschließlich des Vorverfahrens an die Stelle des bisher zuständigen Amtes.

(2) Hat die örtliche Zuständigkeit gewechselt, muß das bisher zuständige Amt die Leistungen noch solange erbringen, bis sie von dem nunmehr zuständigen Amt fortgesetzt werden.

(3) Sobald ein Amt zuständig ist, das in einem anderen Land liegt, gehen die Ansprüche nach § 50 Abs. 1 des Zehnten Buches Sozialgesetzbuch und § 20 auf dieses Land über.

§§ 46 – 49 nicht abgedruckt

§ 50
Bescheid

(1) Die Entscheidung ist dem Antragsteller schriftlich mitzuteilen (Bescheid). Unter dem Vorbehalt der Rückforderung kann ein Bescheid nur ergehen, soweit dies in diesem Gesetz vorgesehen ist. Ist in einem Bescheid dem Grunde nach über
1. eine weitere Ausbildung nach § 7 Abs. 2,
2. eine andere Ausbildung nach § 7 Abs. 3 oder
3. eine Ausbildung nach Überschreiten der Altersgrenze nach § 10 Abs. 3

entschieden worden, so gilt diese Entscheidung für den ganzen Ausbildungsabschnitt.
(2) In dem Bescheid sind anzugeben
1. die Höhe und Zusammensetzung des Bedarfs,
2. die Höhe des Einkommens des Auszubildenden, seines Ehegatten und seiner Eltern sowie des Vermögens des Auszubildenden,
3. die Höhe der bei der Ermittlung des Einkommens berücksichtigten Steuern und Abzüge zur Abgeltung der Aufwendungen für die soziale Sicherung
4. die Höhe der gewährten Freibeträge und des nach § 11 Abs. 4 auf den Bedarf anderer Auszubildender angerechneten Einkommens des Ehegatten und der Eltern,
5. die Höhe der auf den Bedarf angerechneten Beträge von Einkommen und Vermögen des Auszubildenden sowie vom Einkommen seines Ehegatten und seiner Eltern.
Satz 1 gilt nicht, wenn der Antrag auf Ausbildungsförderung dem Grunde nach oder nach § 26 Abs. 2 Satz 1 abgelehnt wird. Auf Verlangen eines Elternteils oder des Ehegatten, für das Gründe anzugeben sind, entfallen die Angaben über das Einkommen dieser Personen mit Ausnahme des Betrages des angerechneten Einkommens; dies gilt nicht, soweit der Auszubildende im Zusammenhang mit der Geltendmachung seines Anspruchs auf Leistungen nach diesem Gesetz ein besonderes berechtigtes Interesse an der Kenntnis hat. Besucht der Auszubildende eine Höhere Fachschule, Akademie oder Hochschule, so ist in jedem Bescheid das Ende der Förderungshöchstdauer anzugeben.
(3) Über die Ausbildungsförderung wird in der Regel für ein Jahr (Bewilligungszeitraum) entschieden.
(4) Endet ein Bewilligungszeitraum und ist ein neuer Bescheid nicht ergangen, so wird innerhalb desselben Ausbildungsabschnitts Ausbildungsförderung nach Maßgabe des früheren Bewilligungsbescheids unter dem Vorbehalt der Rückforderung geleistet. Dies gilt nur, wenn der neue Antrag im wesentlichen vollständig zwei Kalendermonate vor Ablauf des Bewilligungszeitraums gestellt war und ihm die erforderlichen Nachweise beigefügt wurden.

§§ 51 – 52 nicht abgedruckt

§ 53
Änderung des Bescheides
Ändert sich ein für die Leistung der Ausbildungsförderung maßgeblicher Umstand, so wird der Bescheid geändert
1. zugunsten des Auszubildenden vom Beginn des Monats, in dem die Änderung eingetreten ist, rückwirkend jedoch höchstens für die drei Monate vor dem Monat, in dem sie dem Amt mitgeteilt wurde,
2. zuungunsten des Auszubildenden vom Beginn des Monats an, der auf den Eintritt der Änderung folgt.

§ 48 des Zehnten Buches Sozialgesetzbuch findet keine Anwendung; Erstattungen richten sich nach § 50 des Zehnten Buches Sozialgesetzbuch. Abweichend von Satz 1 wird der Bescheid vom Beginn des Bewilligungszeitraums an geändert, wenn in den Fällen des § 22 und des § 24 Abs. 3 eine Änderung des Einkommens oder in den Fällen des § 25 Abs. 6 eine Änderung des Freibetrages eingetreten ist.

Restliche §§ 54– 66 nicht abgedruckt

§ 66 a
Übergangsvorschrift

(1) Für Auszubildende, die vor dem 1. Januar 1980 das 28. Lebensjahr vollenden, verbleibt es in § 10 Abs. 3 bei der Vollendung des 35. Lebensjahres als maßgeblicher Altersgrenze.

(2) Auf Auszubildende, die wegen der Ableistung
1. des Grundwehr- oder Zivildienstes,
2. des Dienstes als Entwicklungshelfer nach dem Entwicklungshelfergesetz,
3. eines freiwilligen sozialen Jahres nach dem Gesetz zur Förderung eines freiwilligen sozialen Jahres

die weitere Ausbildung im Sinne des § 7 Abs. 2 in unmittelbarem Anschluß an diese Dienste oder an die erste Ausbildung nicht vor dem 1. August 1981 aufnehmen konnten, ist auf besonderen Antrag § 7 Abs. 2 Satz 1 in der am 31. Juli 1981 geltenden Fassung anzuwenden.

(3) (Weggefallen)

(4) Auf Auszubildende, die
1. den Grundwehr- oder Zivildienst,
2. den Dienst als Soldat auf Zeit mit einer Dienstzeit bis zu zwei Jahren,
3. den Dienst als Entwicklungshelfer nach dem Entwicklungshelfergesetz,
4. das freiwillige soziale Jahr nach dem Gesetz zur Förderung eines freiwilligen sozialen Jahres

geleistet, in unmittelbarem Anschluß hieran eine Ausbildung durchgeführt und vor dem 1. August 1983 die festgesetzte Förderungshöchstdauer nicht erreicht haben, finden auf besonderen Antrag die §§ 17 und 66 a Abs. 3 in der am 31. Juli 1983 geltenden Fassung Anwendung. Satz 1 gilt nur für die Zeit bis zum Ende der Förderungshöchstdauer, längstens jedoch für einen Zeitraum, der der Verzögerung der Ausbildung, bedingt durch die Dienstleistung, entspricht.

(5) Auf Auszubildende, die vor dem 1. August 1983 Darlehen erhalten haben, ist auf besonderen Antrag § 18 Abs. 3 Satz 2 in der am 31. Juli 1983 geltenden Fassung anzuwenden. Der Antrag kann nur innerhalb eines Monats nach Bekanntgabe des Bescheides nach § 18 Abs. 5 a gestellt werden.

§§ 67 und 68 nicht abgedruckt

Verordnung über die Einziehung der nach dem Bundesausbildungsförderungsgesetz geleisteten Darlehen (DarlehensV)

in der Fassung der Bekanntmachung vom 28. Oktober 1983 (BGBl. I S. 1341), geändert durch die Verordnung v. 30. 7. 1986 (BGBl. I S. 1267).

§ 1
Reihenfolge der Tilgung

(1) Darlehen nach dem Ausbildungsförderungsgesetz vom 19. September 1969 (BGBl. I S. 1719) werden vor solchen nach dem Bundesausbildungsförderungsgesetz eingezogen.

(2) Hat ein Auszubildender sowohl Darlehen nach dem Bundesausbildungsförderungsgesetz als auch nach

1. den Besonderen Bewilligungsbedingungen für die Vergabe von Bundesmitteln zur Förderung von Studenten an wissenschaftlichen Hochschulen in der Bundesrepublik Deutschland einschließlich des Landes Berlin des Bundesministers für Bildung und Wissenschaft vom 19. November 1970 oder
2. den in der Verordnung zur Bezeichnung der landesrechtlichen Vorschriften nach § 59 Abs. 3 Bundesausbildungsförderungsgesetz vom 18. November 1971 (BGBl. I S. 1822), geändert durch die Verordnung vom 29. März 1974 (BGBl. I S. 828), bezeichneten landesrechtlichen Vorschriften für den Besuch einer der in § 2 Abs. 1 und 2 des Gesetzes bezeichneten Ausbildungsstätten

erhalten, so werden auf seinen Antrag die Darlehen nach dem Bundesausbildungsförderungsgesetz erst nach den Darlehen getilgt, die nach den in den Nummern 1 und 2 bezeichneten Vorschriften geleistet worden sind. Abweichend von Satz 1 können Darlehen nach dem Bundesausbildungsförderungsgesetz eingezogen werden, solange die Einziehung der Darlehen, die nach den in den Nummern 1 und 2 bezeichneten Vorschriften geleistet worden sind, nicht erfolgt.

(3) Verzinsliche Darlehen nach § 17 Abs. 4 des Gesetzes in der bis 31. März 1976 geltenden Fassung werden vor unverzinslichen Darlehen nach diesem Gesetz eingezogen.

(4) Die Rückzahlungsraten werden auf Kosten, Zinsen und Darlehen in dieser Reihenfolge angerechnet.

(5) Bei mehreren gleichartigen Darlehen ist das ältere vor dem jüngeren zu tilgen.

(6) (Aufgehoben)

§ 2
Dauer der Verzinsung

Das Darlehen nach § 17 Abs. 4 des Gesetzes in der bis 31. März 1976 geltenden Fassung ist von Beginn des Jahres an zu verzinsen, das auf die Auszahlung des Betrages folgt.

§ 3
(Aufgehoben)

§ 4
Teilerlaß

(1) Anträge auf Teilerlaß des Darlehens nach § 18b Abs. 1a und 1b des Gesetzes sind innerhalb eines Monats nach Bekanntgabe des Feststellungs- und Rückzahlungsbescheides (§ 18 Abs. 5a des Gesetzes, § 10) unter Angabe der Förderungsnummer des Amtes, das zuletzt mit einer Entscheidung in der Förderungsangelegenheit befaßt war, beim Bundesverwaltungsamt zu stellen. Die Zeitpunkte von Beginn und Beendigung des Ausbildungsabschnitts nach § 15a Abs. 3 des Gesetzes sind nachzuweisen. Das Bundesverwaltungsamt teilt seine Entscheidung dem Antragsteller schriftlich mit.

(2) In den Fällen des § 18 Abs. 2 des Gesetzes erläßt das Bundesverwaltungsamt das Darlehen vom Beginn des Monats an, in dem die gesetzlichen Voraussetzungen vorliegen, frühestens jedoch vom Beginn des Antragsmonats an. Über den Erlaß wird nachträglich, in der Regel für einen Zeitraum von jeweils zwei Jahren, entschieden.

§ 5
(Aufgehoben)

§ 6
Vorzeitige Rückzahlung

(1) Über den Antrag auf Gewährung eines Nachlasses wegen vorzeitiger Rückzahlung der Darlehens(rest)schuld nach § 18 Abs. 5b des Gesetzes entscheidet das Bundesverwaltungsamt nach Maßgabe des Absatzes 2 und der Anlage (*abgedruckt auf Seite 101*) zu dieser Verordnung.

(2) Löst der Darlehensnehmer die gesamte Darlehens(rest)schuld nicht in einer Summe ab, so wird der Nachlaß nur für die Ablösung von vollen tausend Deutschen Mark, mindestens jedoch viertausend Deutschen Mark gewährt. In diesen Fällen wird der Nachlaß jedoch nur dann gewährt, wenn sich der Darlehensnehmer damit einverstanden erklärt, daß der Ablösungsbetrag auf die zuletzt fällig werdenden Rückzahlungsraten angerechnet wird.

§ 7
Vergleiche, Veränderungen von Ansprüchen

Der Abschluß von Vergleichen sowie die Stundung, Niederschlagung und der Erlaß von Ansprüchen richten sich nach den §§ 58 und 59 der Bundeshaushaltsordnung.

§ 8
Verzug

(1) Die Verzugszinsen nach § 18 Abs. 2 des Gesetzes sind von der jeweiligen Darlehens(rest)schuld zu erheben.

(2) Die Verzinsung beginnt mit dem auf den Zahlungstermin folgenden Kalendermonat. Einem Kalendermonat sind 30 Tage zugrunde zu legen.

(3) Nach dem Zahlungstermin werden gesondert erhoben:
1. 4 DM Mahnkosten,
2. Verzugszinsen.

(4) Die Verzugsfolgen nach den Absätzen 1 bis 3 treten unabhängig davon ein, ob dem Darlehensnehmer ein Bescheid nach § 10 zugegangen ist. Abweichend von Satz 1 treten die Verzugsfolgen nicht ein, solange der Bescheid dem Darlehensnehmer aus von ihm nicht zu vertretenden Gründen nicht zugegangen ist. Ist der Bescheid dem Darlehensnehmer zugegangen, werden Verzugszinsen nur hinsichtlich der darin genannten Darlehensschuld berechnet.

§ 9
Datenermittlung

(1) Die Ämter für Ausbildungsförderung stellen nach Ablauf eines jeden Kalenderjahres bis zum 31. März dem Bundesverwaltungsamt die für die Zinsberechnung und den Darlehenseinzug erforderlichen Daten über
1. die in dem Kalenderjahr geleisteten Darlehen,
2. die in dem Kalenderjahr getroffenen Änderungen über in zurückliegenden Kalenderjahren geleistete Darlehen

auf für die elektronische Datenverarbeitung geeigneten, maschinell lesbaren Datenträgern zur Verfügung.

(2) Abweichend von Absatz 1 können die Ämter für Ausbildungsförderung in Einzelfällen, in denen die maschinelle Datenmitteilung wegen eines unverhältnismäßigen Verwaltungsaufwandes nicht vertretbar ist, die Datenmitteilung an das Bundesverwaltungsamt auf den Darlehenserfassungsbögen übermitteln.

(3) (Aufgehoben)

(4) Werden an einen Auszubildenden innerhalb eines Kalenderjahres von mehreren Ämtern für Ausbildungsförderung Darlehen geleistet, so hat jedes Amt die Höhe des von ihm gezahlten Darlehens dem Bundesverwaltungsamt mitzuteilen.

(5) Die Akten verbleiben bei dem Amt für Ausbildungsförderung, das zuletzt mit einer Entscheidung in der Förderungsangelegenheit befaßt war. Sie sind dem Bundesverwaltungsamt auf Anforderung zu überlassen.

(6) (Aufgehoben)

§ 10
Rückzahlungsbescheid

Unbeschadet der nach § 18 Abs. 3 des Gesetzes eintretenden Fälligkeit der Rückzahlungsraten erteilt das Bundesverwaltungsamt dem Darlehensnehmer einen Bescheid, in dem der Zeitpunkt des Beginns der Rückzahlung des Darlehens, die Höhe der monatlichen oder vierteljährlichen Raten sowie gegebenenfalls die Gesamthöhe des Zinsbetrages festgestellt werden.

§ 11
Rückzahlungsbedingungen

(1) Die Rückzahlungsraten sind bei monatlicher Zahlungsweise (§ 18 Abs. 3 Satz 1 des Gesetzes) jeweils am Ende des Monats, bei vierteljährlicher Zahlungsweise (§ 18 Abs. 4 des Gesetzes) jeweils am Ende des dritten Monats in einer Summe zu leisten.

(2) Der Rückzahlungsbetrag wird im Auftrag des Bundesverwaltungsamtes von der Bundeskasse Düsseldorf im Lastschrifteinzugsverfahren von einem laufenden Konto des Darlehensnehmers eingezogen. Kann diesem die Einrichtung eines solchen Kontos nicht zugemutet werden, ist die unbare Zahlung auf ein vom Bundesverwaltungsamt bestimmtes Konto der Bundeskasse zuzulassen.

§ 12
Mitteilungspflichten

(1) Der Darlehensnehmer ist verpflichtet,
1. jeden Wohnungswechsel und jede Änderung des Familiennamens,
2. (aufgehoben)
3. (aufgehoben)
4. während der Dauer der Freistellung von der Rückzahlungsverpflichtung jede nach der Geltendmachung eintretende Änderung seiner nach § 18a des Gesetzes maßgeblichen Familien- und Einkommensverhältnisse

dem Bundesverwaltungsamt unverzüglich schriftlich mitzuteilen. Darlehensnehmer, die vor dem 1. August 1983 Darlehen erhalten haben, sind darüber hinaus verpflichtet, dem Bundesverwaltungsamt die Beendigung des Ausbildungsabschnitts, für den ihnen Darlehen nach dem Gesetz geleistet worden sind, sowie in den Fällen des § 13a Beginn und Ende einer nach § 3 Abs. 1 und 2 fortgesetzten und weiteren Ausbildung unverzüglich unter Beifügung von Unterlagen schriftlich mitzuteilen.

(2) Kommt der Darlehensnehmer seinen Mitteilungspflichten nach Absatz 1 Nr. 1 nicht nach und muß seine Anschrift deshalb ermittelt werden, so hat er für die Ermittlung, sofern nicht höhere Kosten nachgewiesen werden, pauschal fünfzig Deutsche Mark zu zahlen. § 8 Abs. 3 Nr. 1 gilt entsprechend.

§ 13
Aufteilung der eingezogenen Beträge
(1) Das Bundesverwaltungsamt übermittelt den Ländern nach Ablauf eines Kalenderjahres eine Aufstellung über die Höhe der eingezogenen Beträge und Zinsen (Darlehens- und Verzugszinsen) sowie über die Aufteilung nach Maßgabe des § 56 Abs. 2 des Gesetzes. Es leistet zum Ende des jeweiligen Kalenderjahres jedem Land eine Abschlagszahlung in Höhe des ihm voraussichtlich zustehenden Betrages und führt bis zum 30. Juni des laufenden Jahres den Restbetrag ab, der ihm nach der Aufstellung gemäß Satz 1 zusteht.
(2) Kostenerstattungen nach § 8 Abs. 3 Nr. 1 und § 12 Abs. 2 sowie Bußgelder nach § 14 verbleiben in voller Höhe dem Bund.

§ 13a
Übergangsregelung
Für die Ermittlung des Rückzahlungsbeginns in den Fällen des § 66a Abs. 5 des Gesetzes ist § 3 in der bis zum Ablauf des 4. November 1983 geltenden Fassung weiterhin anzuwenden.
§ 3 Rückzahlungsbeginn lautete damals:
(1) Wird innerhalb eines Zeitraumes von sechs Kalendermonaten eine nach § 15a Abs. 3 und 4 des Gesetzes beendete Ausbildung fortgesetzt oder eine weitere Ausbildung aufgenommen, so ist für die Berechnung der Frist nach § 18 Abs. 3 Satz 2 des Gesetzes die Beendigung dieser Ausbildung maßgebend. Ob der letzte Teil der Ausbildung nach diesem Gesetz oder anderen Vorschriften gefördert werden kann, ist unerheblich.
(2) Wird nach einem Zeitraum von mehr als sechs Kalendermonaten eine nach § 15a Abs. 3 und 4 des Gesetzes beendete Ausbildung fortgesetzt oder eine weitere Ausbildung aufgenommen, so wird der Ablauf der Frist nach § 18 Abs. 3 Satz 2 des Gesetzes für die Dauer der fortgesetzten oder weiteren Ausbildung gehemmt.
(3) Praktische Ausbildungszeiten sowie die Zeit, während der die Anfertigung einer Dissertation die Arbeitskraft des Auszubildenden voll in Anspruch nimmt, gehören zur Ausbildung im Sinne dieser Vorschrift.

§ 14
Ordnungswidrigkeit
Ordnungswidrig im Sinne des § 58 Abs. 1 Nr. 3 des Gesetzes handelt, wer vorsätzlich oder fahrlässig entgegen § 12 Abs. 1 Nr. 4 eine Änderung nicht unverzüglich schriftlich mitteilt.

§ 15
Berlin-Klausel
Diese Verordnung gilt nach § 14 des Dritten Überleitungsgesetzes in Verbindung mit § 67 des Bundesausbildungsförderungsgesetzes auch im Land Berlin.

Verordnung über die Förderungshöchstdauer für den Besuch von Höheren Fachschulen, Akademien und Hochschulen (FörderungshöchstdauerV)

in der Fassung der Bekanntmachung vom 29. Juni 1981 (BGBl. I S. 577); zuletzt geändert durch die Verordnung v. 11. 7. 1988 (BGBl. I S. 1029)

§ 1
Förderungshöchstdauer an Höheren Fachschulen

(1) Die Förderungshöchstdauer für die Ausbildung an Höheren Fachschulen beträgt sechs Semester.

(2) Abweichend von Absatz 1 beträgt die Förderungshöchstdauer für die Ausbildung an...
(bitte beim zuständigen Amt für Ausbildungsförderung erfragen).

§ 2
Förderungshöchstdauer an Akademien

(1) Die Förderungshöchstdauer für die Ausbildung an Akademien beträgt fünf Semester. Im Land Berlin beträgt sie sechs Semester.

(2) Abweichend von Absatz 1 beträgt die Förderungshöchstdauer an...
(bitte beim zuständigen Amt für Ausbildungsförderung erfragen).

(3) Abweichend von Absatz 1 beträgt die Förderungshöchstdauer an den Berufsakademien in den Ländern Baden-Württemberg und Schleswig-Holstein sechs Semester, im Land Schleswig-Holstein in der Fachrichtung Technik mit dem Schwerpunkt Wirtschaftsingenieur acht Semester.

§ 3
Förderungshöchstdauer an Fachhochschulen

(1) Die Förderungshöchstdauer für die Ausbildung an Fachhochschulen einschließlich der entsprechenden anwendungsbezogenen Studiengänge an Gesamthochschulen beträgt sieben Semester. Abweichend von Satz 1 beträgt die Förderungshöchstdauer in dem Studiengang...
(bitte beim zuständigen Amt für Ausbildungsförderung erfragen).

(2) Die Förderungshöchstdauer beträgt für die an ein abgeschlossenes Fachhochschulstudium oder einen als gleichwertig anerkannten Abschluß anschließenden, durch Ausbildungs- und Prüfungsordnungen geregelten Zusatzausbildungen, durch die die bisherige Ausbildung unter Einbeziehung eines anderen Studienganges erweitert wird, zwei Semester. Abweichend von Satz 1 beträgt die Förderungshöchstdauer in dem Studiengang...
(bitte beim zuständigen Amt für Ausbildungsförderung erfragen).

(3) Die Förderungshöchstdauer beträgt für die Studiengänge der künstlerischen Gestaltung an den Fachhochschulen in...
(bitte beim zuständigen Amt für Ausbildungsförderung erfragen).

(4) Abweichend von Absatz 1 richtet sich die Förderungshöchstdauer für die Ausbildung in den musikalischen Studiengängen an der Hochschule für gestaltende Kunst und Musik in Bremen nach § 4 Abs. 2 Nr. 9, 10, 13 und 25.

§ 4
Förderungshöchstdauer an Kunsthochschulen

(1) Die Förderungshöchstdauer für die Ausbildung an Hochschulen für bildende Künste beträgt acht Semester mit folgenden Ausnahmen:
(bitte beim zuständigen Amt für Ausbildungsförderung erfragen).

Die Förderungshöchstdauer für Zusatzausbildungen beträgt für den Studiengang...
(bitte beim zuständigen Amt für Ausbildungsförderung erfragen).

(2) Die Förderungshöchstdauer für die Ausbildung an Hochschulen für Musik und Darstellende Kunst beträgt für den Studiengang...
(bitte beim zuständigen Amt für Ausbildungsförderung erfragen).

Die Förderungshöchstdauer für Zusatzausbildungen beträgt für den Studiengang...
(bitte beim zuständigen Amt für Ausbildungsförderung erfragen).

(3) Für Auszubildende, die in Fortbildungs- und Meisterklassen aufgenommen oder zur Vorbereitung auf das Konzertexamen zugelassen sind, verlängert sich die Förderungshöchstdauer um zwei Semester. In den Ländern Bayern und Hessen sowie im Saarland verlängert sie sich um vier Semester.

§ 5
Förderungshöchstdauer an wissenschaftlichen Hochschulen

(1) Die Förderungshöchstdauer für die Ausbildung an wissenschaftlichen Hochschulen beträgt für den Studiengang...
(bitte beim zuständigen Amt für Ausbildungsförderung erfragen).

Die Förderungshöchstdauer für Zusatzausbildungen beträgt für den Studiengang...
(bitte beim zuständigen Amt für Ausbildungsförderung erfragen).

(2) Die Förderungshöchstdauer für die Lehrerausbildung beträgt für den Studiengang...
(bitte beim zuständigen Amt für Ausbildungsförderung erfragen).

Die Förderungshöchstdauer für Zusatzausbildungen beträgt für den Studiengang...
(bitte beim zuständigen Amt für Ausbildungsförderung erfragen).

(3) Absatz 2 Satz 1 Nr. 1, 5, 8, 9, 11, 15, 17, 21, 25, 27, 29 und 30 sowie Satz 2 Nr. 9 und 10 gilt für die Ausbildung an Pädagogischen Hochschulen, die nicht wissenschaftliche Hochschulen sind, entsprechend. Absatz 2 Satz 1 Nr. 30 und

Satz 2 Nr. 5 ist auch auf Ausbildungen anwendbar, die ganz oder teilweise an einer Kunst- oder Musikhochschule vollzogen werden.
(4) Die Förderungshöchstdauer beträgt für die Ausbildung an der
1. Staatlichen Hochschule für Fernsehen und Film in München sechs Semester.
2. Hochschule für Politik in München sechs Semester (für die Diplomausbildung acht Semester; für Nichtabiturienten verlängert sich die Förderungshöchstdauer um jeweils zwei Semester),
3. Hochschule für Wirtschaft und Politik in Hamburg – unbeschadet der Regelung in Absatz 1 Satz 1 Nr. 84 – sieben Semester.
Die Förderungshöchstdauer verlängert sich in diesen Fällen für Teilnehmer an der Abschlußprüfung um die Monate des anschließenden Semesters, in denen die Prüfung abgelegt wird.
(5) Wenn ein Studiengang Sprachkenntnisse außer in den Sprachen Deutsch, Englisch, Französisch oder Latein voraussetzt und diese Kenntnisse von dem Auszubildenden während des Besuchs der Hochschule erworben werden, wird die Förderungshöchstdauer für jede Sprache um ein Semester verlängert.

§ 6
Förderungshöchstdauer für integrierte Studiengänge
(1) Die Förderungshöchstdauer für die Ausbildung in Fachrichtungen, in denen integrierte Studiengänge mit inhaltlich und zeitlich gestuften Abschlüssen bestehen, beträgt für Studiengänge mit einer Studien- und Examenszeit von insgesamt bis zu 7 Semestern sieben Semester; im übrigen gilt die Förderungshöchstdauer des § 4 Abs. 1 und 2 und des § 5 Abs. 1 und 2.
(2) Die Förderungshöchstdauer beträgt in dem integrierten Studiengang...
(bitte beim zuständigen Amt für Ausbildungsförderung erfragen).

§ 7
Praktische Studiensemester an Hochschulen
Von Auszubildenden an Hochschulen abzuleistende praktische Studiensemester gelten als Praktika und werden nicht auf die Förderungshöchstdauer angerechnet.

§ 8
**Förderungshöchstdauer bei Ausbildung
außerhalb des Geltungsbereichs des Gesetzes**
(1) (Aufgehoben)
(2) (Aufgehoben)
(3) Wird die Ausbildung außerhalb des Geltungsbereichs des Gesetzes ohne zeitliche Begrenzung (§ 16 Abs. 3 des Gesetzes) durchgeführt, kann die Förderungshöchstdauer nach den §§ 1 bis 6 und 9 unter besonderer Berück-

sichtigung der Ausbildungs- und Prüfungsbestimmungen des Ausbildungslandes im Benehmen mit dem zuständigen Bundesminister, für einzelne Studiengänge höchstens jedoch um zwei Semester verlängert werden.

§ 9
Vorläufige Förderungshöchstdauer bei nicht genannten Ausbildungen

Ist in den §§ 3 bis 5 für eine Ausbildung eine Förderungshöchstdauer nicht bestimmt, so beträgt die Förderungshöchstdauer für diese Ausbildung sechs Semester. Abweichend von Satz 1 beträgt die Förderungshöchstdauer für eine Zusatzausbildung an einer Fach-, Kunst- oder wissenschaftlichen Hochschule zwei Semester.

§ 10
Förderungshöchstdauer bei Förderungsbeginn während des Fachstudiums und bei Unterbrechung der Förderung

Für die Förderungshöchstdauer ist die Zahl der Fachsemester maßgeblich, unabhängig davon, ob in diesen Semestern eine Förderung erfolgt ist oder Semester wiederholt wurden.

§ 11
Festsetzung der Förderungshöchstdauer nach Studienabbruch oder Fachrichtungswechsel

Hat ein Auszubildender eine Ausbildung abgebrochen oder die Fachrichtung gewechselt, ist die Förderungshöchstdauer für die andere Ausbildung neu festzusetzen.

§ 11 a
Anrechnung früherer Ausbildungszeiten, Umrechnung

(1) Bei der Festsetzung der Förderungshöchstdauer für eine weitere oder andere Ausbildung sind vorhergehende Ausbildungszeiten zu berücksichtigen; dabei ist regelmäßig von der durch die zuständige Stelle getroffenen Anerkennungsentscheidung auszugehen.

(2) Legt der Auszubildende eine Anerkennungsentscheidung nicht vor, so setzt das Amt für Ausbildungsförderung die Förderungshöchstdauer unter Berücksichtigung der jeweiligen Studien- und Prüfungsordnungen sowie der Umstände des Einzelfalles fest. Weicht eine spätere Anerkennungsentscheidung der zuständigen Stelle von der nach Satz 1 festgesetzten Förderungshöchstdauer ab, so ist sie regelmäßig zu berücksichtigen, wenn der Auszubildende nachweist, daß er den Antrag auf Anerkennung zu dem für ihn frühestmöglichen Zeitpunkt gestellt hat.

(3) Zeiten, in denen der Auszubildende eine Teilzeitausbildung durchgeführt hat, sind in Vollzeitausbildungszeiten umzurechnen. Dabei sind die Absätze 1 und 2 entsprechend anzuwenden.

FörderungshöchstdauerV

§ 11 b
Übergangsvorschrift

(1) Für Studierende im Studiengang Lebensmittelchemie und für Studierende im Studiengang Chemie in den Ländern Baden-Württemberg, Bremen, Hamburg, Hessen, Niedersachsen, Nordrhein-Westfalen und Rheinland-Pfalz, die ihre Ausbildung vor dem 1. April 1983 aufgenommen haben, beträgt die Förderungshöchstdauer wie bisher 11 Semester für den Studiengang Lebensmittelchemie und 12 Semester für den Studiengang Chemie.

(2) Für Studierende und Rechtspraktikanten der Einstufigen Juristenausbildung im Land Bremen, die ihre Ausbildung im Wintersemester 1981/82 oder zu einem früheren Zeitpunkt begonnen haben oder einem solchen Jahrgang zugeordnet sind, beträgt die Förderungshöchstdauer wie bisher 7 Semester.

(3) Für Studierende, die ihre Ausbildung vor dem 1. Oktober 1986 begonnen haben, beträgt die Förderungshöchstdauer wie bisher 12 Semester im Studiengang Chemie-Ingenieurwesen/Verfahrenstechnik und 14 Semester im Studiengang Medizin. Dies gilt nicht für den Studiengang Energie- und Verfahrenstechnik im Land Berlin.

§ 12
Berlin-Klausel

Diese Verordnung gilt nach § 14 des Dritten Überleitungsgesetzes in Verbindung mit § 67 des Bundesausbildungsförderungsgesetzes auch im Land Berlin.

Verordnung über den leistungsabhängigen Teilerlaß von Ausbildungsförderungsdarlehen (BAföG-TeilerlaßV)

Vom 14. Dezember 1983 (BGBl. I S. 1439, ber. S. 1575), geändert durch die Verordnung v. 16. 7. 1985 (BGBl. I S. 1540)

§ 1
Prüfungsstelle

Prüfungsstelle ist die Behörde, bei Prüfungen im kirchlichen oder privaten Bereich die Einrichtung, die das Gesamtergebnis der Abschlußprüfung in einem in sich selbständigen oder ergänzenden Ausbildungs- oder Studiengang an einer Höheren Fachschule, Akademie oder Hochschule feststellt.

§ 2
Abschlußprüfung

(1) Abschlußprüfung ist diejenige Prüfung, die dazu bestimmt ist, einen Ausbildungsabschnitt, für den Förderungsleistungen erbracht worden sind, abzuschließen. In der einstufigen Juristenausbildung ist die Abschlußprüfung die Prüfung, die den gesamten Ausbildungsgang abschließt. Abschlußprüfung ist auch die juristische Zwischenprüfung nach dem Prüfungsrecht des Landes Bayern.

(2) Abgeschlossen ist die Prüfung nur dann, wenn ihr Bestehen oder Nichtbestehen festgestellt worden ist. Werden in einem festgelegten Prüfungsabschnitt mehrere Kandidaten geprüft, so gilt die Prüfung als zu dem Zeitpunkt abgeschlossen, in dem für alle Kandidaten dieses Abschnitts das Ergebnis festgestellt ist.

(3) Die Wiederholungsprüfung im Falle des Nichtbestehens der Abschlußprüfung ist eine Abschlußprüfung im Sinne dieser Verordnung, nicht dagegen eine Wiederholungsprüfung, die lediglich zum Zwecke der Notenverbesserung durchgeführt wird.

§ 3
Geförderter

Geförderter im Sinne dieser Verordnung ist, wer nach dem 31. Dezember 1983 Darlehensleistungen nach dem Bundesausbildungsförderungsgesetz erhalten hat.

§ 4
Kalenderjahr

Die Abschlußprüfung ist dem Kalenderjahr zuzurechnen, in dem das Gesamtergebnis dieser Prüfung von der Prüfungsstelle festgestellt wird. Dies gilt auch für eine angefochtene Prüfungsentscheidung.

§ 5
Vergleichsgruppen

(1) Die Prüfungsstelle hat, vorbehaltlich des Satzes 2 und des Absatzes 2 für jeden Ausbildungs- oder Studiengang eine Vergleichsgruppe aus allen Geförderten zu bilden, für die sie das Gesamtergebnis der Abschlußprüfung festgestellt hat. Sie kann mit Zustimmung einer von dem Land bestimmten Behörde

1., wenn die Abschlußprüfungen vergleichbar sind, für mehrere Ausbildungs- oder Studiengänge eine gemeinsame Vergleichsgruppe oder
2., wenn dies im Hinblick auf die Vergleichbarkeit der Abschlußprüfungen erforderlich ist, für einen Ausbildungs- oder Studiengang mehrere Vergleichsgruppen sowie bei Lehramtsstudiengängen, auch an einzelnen Hochschulen, Vergleichsgruppen für Fachrichtungen oder Fächerkombinationen bilden.

(2) In den Magisterstudiengängen wird eine eigene Vergleichsgruppe gebildet für jedes Fach, in dem nach der jeweiligen Prüfungsordnung die Haus- oder Magisterarbeit angefertigt werden konnte; Absatz 1 Satz 2 ist entsprechend anzuwenden.

§ 6
Bildung der Rangfolge

(1) Die Rangfolge ist grundsätzlich nach der im Zeugnis der Abschlußprüfung ausgewiesenen oder nach der Prüfungsordnung festgesetzten Prüfungsgesamtnote zu bilden. Nur soweit diese Note im Einzelfall nicht ausreicht für die Entscheidung, wer von mehreren Geförderten den ersten 30 vom Hundert zuzurechnen ist, ist nach Absatz 2 oder Absatz 3 zu verfahren. Ist eine Prüfungsgesamtnote weder im Zeugnis der Abschlußprüfung ausgewiesen noch nach der Prüfungsordnung festgesetzt, so ist nach Absatz 3 zu verfahren.

(2) Ist nach der Prüfungsordnung die Prüfungsgesamtnote gerundet, wird die Rangfolge unter Einbeziehung der durch die Rundung weggefallenen, höchstens jedoch zwei Stellen hinter dem Komma gebildet.

(3) Im übrigen ist die Rangfolge wie folgt nach dem rechnerisch zu ermittelnden Gesamtergebnis der zu berücksichtigenden Teilleistungen der Abschlußprüfung zu bilden: Die Ergebnisse der einzelnen Teilleistungen sind zu addieren und durch die Gesamtzahl der Teilleistungen zu dividieren. Werden einzelne Teilleistungen nach der Prüfungsordnung besonders gewichtet, so sind die Addition und Divison unter Berücksichtigung dieser Gewichtung vorzunehmen. Sind im Rahmen der Gesamtbewertung Ergebnisse von Teilleistungen oder das Gesamtergebnis angehoben oder gesenkt worden, so ist dies ebenfalls rechnerisch zu berücksichtigen. Das Gesamtergebnis ist bis auf eine Stelle hinter dem Komma zu errechnen.

(4) Soweit bei der Einordnung nach den Absätzen 2 und 3 nur eine Stelle hinter dem Komma zur Verfügung steht, geht bei Ranggleichheit in der

Rangfolge jeweils der Geförderte, der seine Ausbildung in der geringeren Zahl von Fachsemestern abgeschlossen hat, dem Geförderten mit der nächst größeren Zahl von Fachsemestern vor.

§ 7
Abschlußprüfung ohne differenzierte Bewertung
Soweit als Gesamtergebnis der Abschlußprüfung nur das Bestehen festgestellt wird, hat die Prüfungsstelle mit Zustimmung einer von dem Land bestimmten Behörde die ersten 30 vom Hundert der Geförderten nach den in dieser Prüfung erbrachten Leistungen zu ermitteln.

§ 8
Ranggleichheit
(1) Besteht in der nach den §§ 6 und 7 gebildeten Rangfolge eine Ranggleichheit an der Stelle, bis zu der die ersten 30 vom Hundert der Geförderten reichen, so gelten alle, die sich an dieser Stelle den gleichen Rang teilen, als zu den ersten 30 vom Hundert gehörig.

(2) Falls 30 vom Hundert der Zahl der Geförderten keine ganze Zahl ergeben, sind die 30 vom Hundert auf die nächste ganze Zahl aufzurunden.

§ 9
Ausbildungs- oder Studiengänge ohne Abschlußprüfung
Für die Ermittlung der ersten 30 vom Hundert der Geförderten in den Ausbildungs- oder Studiengängen, in denen eine Abschlußprüfung nicht vorgesehen oder nicht vorgeschrieben ist, ist diese Verordnung entsprechend anzuwenden. Die Funktion der Prüfungsstelle nimmt in diesen Fällen die jeweilige Ausbildungsstätte wahr. Innerhalb der einzelnen Vergleichsgruppen wird die Zuordnung zu den ersten 30 vom Hundert der Geförderten nach den am Ende der Ausbildungs- oder Studienzeit ausgewiesenen Leistungen vorgenommen; dabei ist eine differenzierte Bewertung über die Zuordnung hinaus nicht erforderlich. Bei der Zuordnung kann sich die Ausbildungsstätte von ihr zu berufender Kommissionen bedienen. Die Bildung der Vergleichsgruppen und die Berufung der Kommissionen bedürfen der Zustimmung einer von dem Land bestimmten Behörde.

§ 10
Anfechtungswirkungen
Führt die Änderung einer prüfungs- oder förderungsrechtlichen Entscheidung dazu, daß ein Geförderter den für ein Kalenderjahr ermittelten ersten 30 vom Hundert zuzuordnen ist, so wird die Zuordnung anderer Geförderter zu den ersten 30 vom Hundert dadurch nicht berührt.

§ 11
Auskunftspflichten
(1) Prüfungsteilnehmer, die nach dem 31. Dezember 1983 Ausbildungsförderung erhalten haben, sind verpflichtet, der zuständigen Prüfungsstelle bei der Anmeldung zur Abschlußprüfung hiervon Kenntnis zu geben. Als Nachweis

ist dieser Erklärung ein Bewilligungsbescheid oder eine entsprechende Bescheinigung des Amtes für Ausbildungsförderung beizufügen, das zuletzt mit einer Entscheidung über die Förderung befaßt war.
(2) Die Prüfungsstellen haben alle Prüfungsteilnehmer im Zusammenhang mit der Meldung zur Abschlußprüfung zu befragen, ob sie nach dem 31. Dezember 1983 Ausbildungsförderung als Darlehen für den Ausbildungsabschnitt, der durch die Prüfung abgeschlossen wird, erhalten haben, und auf die Folgen einer Verletzung der Mitteilungspflicht nach Absatz 4 hinzuweisen.
(3) Für Prüfungsteilnehmer, die sich vor dem 1. Januar 1984 zur Abschlußprüfung gemeldet haben und diese nach dem 31. Dezember 1983 abschließen, ist das in den Absätzen 1 und 2 geregelte Auskunftsverfahren nachzuholen.
(4) Kommt ein Prüfungsteilnehmer seiner Mitteilungspflicht nach Absatz 1 Satz 1 nicht nach, so ist er auf Dauer von einer ihm günstigen Berücksichtigung als Geförderter ausgeschlossen.

§ 12
Festlegung der Rangfolge
(1) Die Prüfungsstelle ermittelt nach den §§ 6 bis 8 für jede Vergleichsgruppe die Rangfolge der Geförderten und wer zu den ersten 30 vom Hundert der Geförderten gehört.
(2) Sie teilt dem Bundesverwaltungsamt bis Ende April des auf die Feststellung des Gesamtergebnisses der Abschlußprüfung folgenden Kalenderjahres die für die weitere Durchführung des § 18 b Abs. 1 des Bundesausbildungsförderungsgesetzes erforderlichen Daten auf für die elektronische Datenverarbeitung geeigneten, maschinell lesbaren Datenträgern mit.
(3) Abweichend von Absatz 2 kann die Prüfungsstelle die Daten auf standardisierten Erfassungsbögen übermitteln, wenn die maschinelle Datenmitteilung wegen eines unverhältnismäßigen Verwaltungsaufwandes nicht vertretbar ist.
(4) Über den Darlehenserlaß entscheidet das Bundesverwaltungsamt.

§ 13
Ausbildung außerhalb des Geltungsbereichs des Gesetzes
Schließt ein Geförderter die Ausbildung außerhalb des Geltungsbereichs des Gesetzes ab, so ist diese Verordnung entsprechend anzuwenden. Die Funktion der Prüfungsstelle nimmt in diesen Fällen das nach § 45 Abs. 4 Satz 2 des Gesetzes für dden Ort der Ausbildungsstätte bestimmte Amt für Ausbildungsförderung wahr.

§ 14
Übergangsregelung
In den Ausbildungsgängen für Ärzte und Apotheker sind, solange nicht alle Teilabschnitte der ärztlichen oder pharmazeutischen Prüfung nach der

Approbationsordnung für Ärzte oder der Approbationsordnung für Apotheker in der nach dem 31. Dezember 1983 jeweils geltenden Fassung differenziert bewertet sind, bei der Bildung der Rangfolge nach § 6 die differenziert bewerteten Teilabschnitte zugrundezulegen. Bei der rechnerischen Ermittlung des Gesamtergebnisses ist die Gewichtung zu berücksichtigen, die sich aus den in den Approbationsordnungen für die einzelnen Prüfungsabschnitte zur Gesamtnotenbildung festgesetzten Multiplikations-, Divisions- und Additionswerten ergibt.

§ 15
Berlin-Klausel

Diese Verordnung gilt nach § 14 des Dritten Überleitungsgesetzes in Verbindung mit § 67 des Bundesausbildungsförderungsgesetzes auch im Land Berlin.

§ 16
Inkrafttreten

Diese Verordnung tritt am 1. Januar 1984 mit der Maßgabe in Kraft, daß sie für alle nach dem 31. Dezember 1983 abgeschlossenen Abschlußprüfungen anzuwenden ist.

§ 17
Außerkrafttreten

Diese Verordnung tritt mit Ablauf des 31. Dezember 1987 mit der Maßgabe außer Kraft, daß das darin geregelte Verfahren auf Prüfungsabsolventen des Jahres 1987 auch noch nach diesem Zeitpunkt anzuwenden ist.

EinkommensV

Verordnung zur Bezeichnung der als Einkommen geltenden sonstigen Einnahmen nach § 21 Abs. 3 Nr. 4 des Bundesausbildungsförderungsgesetzes (BAföG-EinkommensV)
Vom 5. April 1988 (BGBl. I S. 505)
Auf Grund des § 21 Abs. 3 Satz 1 Nr. 4 des Bundesausbildungsförderungsgesetztes in der Fassung der Bekanntmachung vom 6. Juni 1983 (BGBl. I S. 645) verordnet der Bundesminister für Bildung und Wissenschaft mit Zustimmung des Bundesrates:

§ 1
Leistungen der sozialen Sicherung

Als Einnahmen, die zur Deckung des Lebensbedarfs bestimmt sind, gelten folgende Leistungen der sozialen Sicherung:
1. nach dem Arbeitsförderungsgesetz (AFG)
    a) Unterhaltsgeld (§ 44),
    b) Überbrückungsgeld (§ 55 a),
    c) Übergangsgeld (§§ 59 ff.),
    d) Kurzarbeitergeld (§§ 63 ff.),
    e) Schlechtwettergeld (§§ 83 ff.),
    f) Arbeitslosengeld (§§ 100 ff.),
    g) Arbeitslosenhilfe (§§ 134 ff.),
    h) Konkursausfallgeld (§§ 141 a ff.);
2. nach der Reichsversicherungsordnung (RVO), dem Gesetz über die Krankenversicherung der Landwirte (KVLG), dem Mutterschutzgesetz (MuSchG), dem Angestelltenversicherungsgesetz (AVG) und dem Reichsknappschaftsgesetz (RKG)
    a) Krankengeld (§§ 182 ff. RVO, §§ 19 ff. KVLG),
    b) Sonderunterstützung für im Familienhaushalt beschäftigte Frauen (§ 12 MuSchG),
    c) Mutterschaftsgeld (§§ 200 ff. RVO, §§ 27 ff. KVLG, § 13 MuSchG) und Zuschuß zum Mutterschaftsgeld (§ 14 MuSchG), soweit sie das Erziehungsgeld nach dem Bundeserziehungsgeldgesetz oder vergleichbare Leistungen der Länder übersteigen,
    d) Verletztengeld (§§ 560 ff. RVO) einschließlich der besonderen Unterstützung (§ 565 RVO),
    e) Übergangsgeld (§§ 568, 1240 ff. RVO, §§ 17 ff. AVG, §§ 39 ff. RKG);
3. nach dem Bundesversorgungsgesetz (BVG) und den Gesetzen, die das Bundesversorgungsgesetz für anwendbar erklären,
    a) Versorgungskrankengeld (§ 16 BVG),
    b) Übergangsgeld (§ 26 a Abs. 1 BVG),
    c) Unterhaltsbeihilfe, wenn der Berechtigte nicht in einer Rehabilitationseinrichtung untergebracht ist (§ 26 a Abs. 5 BVG),

d) laufende ergänzende Hilfe zum Lebensunterhalt, soweit sie außerhalb von Anstalten, Heimen und gleichartigen Einrichtungen für Angehörige i. S. des § 25 Abs. 3 Nr. 2 des Bundesausbildungsförderungsgesetztes (BAföG) geleistet wird, die mit dem Einkommensbezieher nicht in Haushaltsgemeinschaft leben (§ 27 a BVG);
4. nach dem Lastenausgleichsgesetz (LAG), dem Reparationsschädengesetz (RepG) und dem Flüchtlingshilfegesetz (FlüHG) jeweils der halbe Betrag der
   a) Unterhaltshilfe (§§ 261 bis 278 a LAG),
   b) Unterhaltsbeihilfe (§ 10 des Vierzehnten Gesetzes zur Änderung des Lastenausgleichsgesetzes),
   c) Beihilfe zum Lebensunterhalt (§§ 301 bis 301 b LAG),
   d) Unterhaltshilfe und Unterhaltsbeihilfe (§§ 44, 45 RepG),
   e) Beihilfe zum Lebensunterhalt (§§ 12 bis 15 FlüHG);
5. nach dem Unterhaltssicherungsgesetz, soweit sie nicht zum Ausgleich für den Wehrdienst des Auszubildenden geleistet werden,
   a) allgemeine Leistungen (§ 5),
   b) Einzelleistungen (§ 6),
   c) Leistungen für grundwehrdienstleistende Sanitätsoffiziere (§ 12 a),
   d) Verdienstausfallentschädigungen (§ 13 Abs. 1, § 13 a);
   Entsprechendes gilt für gleichartige Leistungen nach dem Zivildienstgesetz (§ 78) und dem Bundesgrenzschutzgesetz (§ 59);
6. nach dem Beamtenversorgungsgesetz
   Übergangsgeld (§ 47);
7. nach dem Unterhaltsvorschußgesetz
   Unterhaltsleistung (§§ 1 ff.);
8. Anpassungsgeld nach den Richtlinien über die Gewährung von Anpassungsgeld an Arbeitnehmer des Steinkohlenbergbaus vom 13. Dezember 1971 (BAnz. Nr. 233 vom 15. Dezember 1971), zuletzt geändert am 16. Juni 1983 (BAnz. S. 5901);
9. Schwerverletztenzulage an erwerbsgeminderte Landwirte auf der Grundlage des jeweiligen Zuwendungsbescheides des Bundesministers für Ernährung, Landwirtschaft und Forsten.

§ 2
Weitere Einnahmen

Als Einnahmen, die zur Deckung des Lebensbedarfs bestimmt sind, gelten auch folgende Leistungen:
1. nach dem Wehrsoldgesetz
   a) Wehrsold (§ 2),
   b) Verpflegung (§ 3),
   c) Unterkunft (§ 4).

Entsprechendes gilt für gleichartige Leistungen (Geld- und Sachbezüge)
– nach dem Zivildienstgesetz (§ 35), dem Bundesgrenzschutzgesetz (§ 59) sofüie Angehörige der Vollzugspolizei und der Berufsfeuerwehr;
2. nach dem Gesetz zur Förderung eines freiwilligen sozialen Jahres Unterkunft, Verpflegung und Taschengeld (§ 1 Nr. 5);
3. Vorruhestandsbezüge, soweit sie steuerfrei sind;
4. Leistungen, die in Erfüllung einer gesetzlichen Unterhaltspflicht erbracht werden, mit Ausnahme der Leistungen der Eltern des Auszubildenden und seines Ehegatten.

§ 3
Einnahmen bei Auslandstätigkeit
Als Einnahmen, die zur Deckung des Lebensbedarfs bestimmt sind, gelten ferner
1. die Bezüge der Bediensteten internationaler und zwischenstaatlicher Organisationen und Institutionen, soweit diese von der Steuerpflicht befreit sind;
2. folgende Einnahmen nach dem Bundesbesoldungsgesetz:
   a) Auslandszuschlag nach § 55 Abs. 1 bis 4 mit 10 vom Hundert des Betrages,
   b) Auslandskinderzuschlag nach § 56 Abs. 1 Satz 1 Nr. 1 mit 50 vom Hundert des Betrages,
   c) Auslandskinderzuschlag nach § 56 Abs. 1 Satz 1 Nr. 2 mit 80 vom Hundert des Betrages;

Entsprechendes gilt für vergleichbare Bezüge von Personen, die im öffentlichen Interesse nach außerhalb des Geltungsbereichs des Bundesausbildungsförderungsgesetzes entsandt, vermittelt oder dort beschäftigt sind.

§ 4
Berlin-Klausel
Diese Verordnung gilt nach § 14 des Dritten Überleitungsgesetzes in Verbindung mit § 67 des Bundesausbildungsförderungsgesetzes auch im Land Berlin.

§ 5
Inkrafttreten
Diese Verordnung tritt am 1. Juli 1988 mit der Maßgabe in Kraft, daß sie für alle Bewilligungszeiträume anzuwenden ist, die nach dem 30. Juni 1988 beginnen. Gleichzeitig tritt die Verordnung zur Bezeichnung der als Einkommen geltenden sonstigen Einnahmen nach § 21 Abs. 3 Nr. 4 des Bundesausbildungsförderungsgesetzes vom 21. August 1974 (BGBl. I S. 2078), zuletzt geändert durch Artikel 4 des Gesetzes vom 13. Juli 1981 (BGBl. I S. 625), mit der Maßgabe außer Kraft, daß sie auf Bewilligungszeiträume weiter anzuwenden ist, die vor dem 1. Juli 1988 begonnen haben.

Sozialgesetzbuch, 10. Buch
§§ 44 – 50

§ 44
Rücknahme eines rechtswidrigen
nicht begünstigenden Verwaltungsaktes

(1) Soweit sich im Einzelfall ergibt, daß bei Erlaß eines Verwaltungsaktes das Recht unrichtig angewandt oder von einem Sachverhalt ausgegangen worden ist, der sich als unrichtig erweist, und soweit deshalb Sozialleistungen zu Unrecht nicht erbracht oder Beiträge zu Unrecht erhoben worden sind, ist der Verwaltungsakt, auch nachdem er unanfechtbar geworden ist, mit Wirkung für die Vergangenheit zurückzunehmen. Dies gilt nicht, wenn der Verwaltungsakt auf Angaben beruht, die der Betroffene vorsätzlich in wesentlicher Beziehung unrichtig oder unvollständig gemacht hat.

(2) Im übrigen ist ein rechtswidriger nicht begünstigender Verwaltungsakt, auch nachdem er unanfechtbar geworden ist, ganz oder teilweise mit Wirkung für die Zukunft zurückzunehmen. Er kann auch für die Vergangenheit zurückgenommen werden.

(3) Über die Rücknahme entscheidet nach Unanfechtbarkeit des Verwaltungsaktes die zuständige Behörde; dies gilt auch dann, wenn der zurücknehmende Verwaltungsakt von einer anderen Behörde erlassen worden ist.

(4) Ist ein Verwaltungsakt mit Wirkung für die Vergangenheit zurückgenommen worden, werden Sozialleistungen nach den Vorschriften der besonderen Teile dieses Gesetzbuchs längstens für einen Zeitraum bis zu vier Jahren vor der Rücknahme erbracht. Dabei wird der Zeitpunkt der Rücknahme von Beginn des Jahres an gerechnet, in dem der Verwaltungsakt zurückgenommen wird. Erfolgt die Rücknahme auf Antrag, tritt bei der Berechnung des Zeitraumes, für den rückwirkend Leistungen zu erbringen sind, anstelle der Rücknahme der Antrag.

§ 45
Rücknahme eines rechtswidrigen
begünstigenden Verwaltungsaktes

(1) Soweit ein Verwaltungsakt, der ein Recht oder einen rechtlich erheblichen Vorteil begründet oder bestätigt hat (begünstigender Verwaltungsakt), rechtswidrig ist, darf er, auch nachdem er unanfechtbar geworden ist, nur unter den Einschränkungen der Absätze 2 bis 4 ganz oder teilweise mit Wirkung für die Zukunft oder für die Vergangenheit zurückgenommen werden.

(2) Ein rechtswidriger begünstigender Verwaltungsakt darf nicht zurückgenommen werden, soweit der Begünstigte auf den Bestand des Verwaltungsaktes vertraut hat und sein Vertrauen unter Abwägung mit dem öffentlichen Interesse an einer Rücknahme schutzwürdig ist. Das Vertrauen ist in der Regel schutzwürdig, wenn der Begünstigte erbrachte Leistungen verbraucht

oder eine Vermögensdisposition getroffen hat, die er nicht mehr oder nur unter unzumutbaren Nachteilen rückgängig machen kann. Auf Vertrauen kann sich der Begünstigte nicht berufen, soweit

1. er den Verwaltungsakt durch arglistige Täuschung, Drohung oder Bestechung erwirkt hat,
2. der Verwaltungsakt auf Angaben beruht, die der Begünstigte vorsätzlich oder grob fahrlässig in wesentlicher Beziehung unrichtig oder unvollständig gemacht hat, oder
3. er die Rechtswidrigkeit des Verwaltungsaktes kannte oder infolge grober Fahrlässigkeit nicht kannte; grobe Fahrlässigkeit liegt vor, wenn der Begünstigte die erforderliche Sorgfalt in besonders schwerem Maße verletzt hat.

(3) Ein rechtswidriger begünstigender Verwaltungsakt mit Dauerwirkung kann nach Absatz 2 nur bis zum Ablauf von zwei Jahren nach seiner Bekanntgabe zurückgenommen werden. Satz 1 gilt nicht, wenn Wiederaufnahmegründe entsprechend § 580 der Zivilprozeßordnung vorliegen. Bis zum Ablauf von zehn Jahren nach seiner Bekanntgabe kann ein rechtswidriger begünstigender Verwaltungsakt mit Dauerwirkung nach Absatz 2 zurückgenommen werden, wenn

1. die Voraussetzungen des Absatzes 2 Satz 3 Nr. 2 und 3 gegeben sind oder
2. der Verwaltungsakt mit einem zulässigen Vorbehalt des Widerrufs erlassen wurde.

(4) Nur in den Fällen von Absatz 2 Satz 3 und Absatz 3 Satz 2 wird der Verwaltungsakt mit Wirkung für die Vergangenheit zurückgenommen. Die Behörde muß dies innerhalb eines Jahres seit Kenntnis der Tatsachen tun, welche die Rücknahme eines rechtswidrigen begünstigenden Verwaltungsaktes für die Vergangenheit rechtfertigen.

(5) § 44 Abs. 3 gilt entsprechend.

§ 46
Widerruf eines rechtmäßigen nicht begünstigenden Verwaltungsaktes

(1) Ein rechtmäßiger nicht begünstigender Verwaltungsakt kann, auch nachdem er unanfechtbar geworden ist, ganz oder teilweise mit Wirkung für die Zukunft widerrufen werden, außer wenn ein Verwaltungsakt gleichen Inhalts erneut erlassen werden müßte oder aus anderen Gründen ein Widerruf unzulässig ist.

(2) § 44 Abs. 3 gilt entsprechend.

§ 47
Widerruf eines rechtmäßigen begünstigenden Verwaltungsaktes

(1) Ein rechtmäßiger begünstigender Verwaltungsakt darf, auch nachdem er unanfechtbar geworden ist, ganz oder teilweise mit Wirkung für die Zukunft nur widerrufen werden, soweit

1. der Widerruf durch Rechtsvorschrift zugelassen oder im Verwaltungsakt vorbehalten ist,
2. mit dem Verwaltungsakt eine Auflage verbunden ist und der Begünstigte diese nicht oder nicht innerhalb einer ihm gesetzten Frist erfüllt hat.

(2) § 44 Abs. 3 gilt entsprechend.

§ 48
Aufhebung eines Verwaltungsaktes mit Dauerwirkung bei Änderung der Verhältnisse

(1) Soweit in den tatsächlichen oder rechtlichen Verhältnissen, die beim Erlaß eines Verwaltungsaktes mit Dauerwirkung vorgelegen haben, eine wesentliche Änderung eintritt, ist der Verwaltungsakt mit Wirkung für die Zukunft aufzuheben. Der Verwaltungsakt soll mit Wirkung vom Zeitpunkt der Änderung der Verhältnisse aufgehoben werden, soweit
1. die Änderung zugunsten des Betroffenen erfolgt,
2. der Betroffene einer durch Rechtsvorschrift vorgeschriebenen Pflicht zur Mitteilung wesentlicher für ihn nachteiliger Änderungen der Verhältnisse vorsätzlich oder grob fahrlässig nicht nachgekommen ist,
3. nach Antragstellung oder Erlaß des Verwaltungsaktes Einkommen oder Vermögen erzielt worden ist, das zum Wegfall oder zur Minderung des Anspruchs geführt haben würde, oder
4. der Betroffene wußte oder nicht wußte, weil er die erforderliche Sorgfalt in besonders schwerem Maße verletzt hat, daß der sich aus dem Verwaltungsakt ergebende Anspruch kraft Gesetzes zum Ruhen gekommen oder ganz oder teilweise weggefallen ist.

Als Zeitpunkt der Änderung der Verhältnisse gilt in Fällen, in denen Einkommen oder Vermögen auf einen zurückliegenden Zeitraum auf Grund der besonderen Teile dieses Gesetzbuchs anzurechnen ist, der Beginn des Anrechnungszeitraumes.

(2) Der Verwaltungsakt ist im Einzelfall mit Wirkung für die Zukunft auch dann aufzuheben, wenn der zuständige oberste Gerichtshof des Bundes in ständiger Rechtsprechung nachträglich das Recht anders auslegt als die Behörde bei Erlaß des Verwaltungsaktes und sich dieses zugunsten des Berechtigten auswirkt; § 44 bleibt unberührt.

(3) Kann ein rechtswidriger begünstigender Verwaltungsakt nach § 45 nicht zurückgenommen werden und ist eine Änderung nach Absatz 1 oder 2 zugunsten des Betroffenen eingetreten, darf die neu festzustellende Leistung nicht über den Betrag hinausgehen, wie er sich der Höhe nach ohne Berücksichtigung der Bestandskraft ergibt.

(4) § 44 Abs. 3, § 45 Abs. 3 Satz 3 und Abs. 4 gelten entsprechend. § 45 Abs. 4 Satz 2 gilt nicht im Fall des Absatzes 1 Satz 2 Nr. 1.

§ 49
Rücknahme und Widerruf im Rechtsbehelfsverfahren

§ 45 Abs. 1 bis 4, §§ 47 und 48 gelten nicht, wenn ein begünstigender Verwaltungsakt, der von einem Dritten angefochten worden ist, während des Vorverfahrens oder während des sozial- oder verwaltungsgerichtlichen Verfahrens aufgehoben wird, soweit dadurch dem Widerspruch abgeholfen oder der Klage stattgegeben wird.

§ 50
Erstattung zu Unrecht erbrachter Leistungen

(1) Soweit ein Verwaltungsakt aufgehoben worden ist, sind bereits erbrachte Leistungen zu erstatten. Sach- und Dienstleistungen sind in Geld zu erstatten.
(2) Soweit Leistungen ohne Verwaltungsakt zu Unrecht erbracht worden sind, sind sie zu erstatten. §§ 45 und 48 gelten entsprechend.
(3) Die zu erstattende Leistung ist durch schriftlichen Verwaltungsakt festzusetzen. Die Festsetzung soll, sofern die Leistung auf Grund eines Verwaltungsaktes erbracht worden ist, mit der Aufhebung des Verwaltungsaktes verbunden werden.
(4) Der Erstattungsanspruch verjährt in vier Jahren nach Ablauf des Kalenderjahres, in dem der Verwaltungsakt nach Absatz 3 unanfechtbar geworden ist. Für die Hemmung, die Unterbrechung und die Wirkung der Verjährung gelten die Vorschriften des Bürgerlichen Gesetzbuchs sinngemäß. § 52 bleibt unberührt.
(5) Die Absätze 1 bis 4 gelten bei Berichtigungen nach § 38 entsprechend.

Sachverzeichnis

Abbruch der Ausbildung	55
Abschlußprüfung	55
Amt für Ausbildungsförderung	1, 3, 7, 45 ff.
Amtshaftungsanspruch	28
Anträge	69, 74, 82, 85, 96, 103
Anschriftenermittlung	119 ff.
Ausbildungsende	55
Auskunftspflichten	82
Auszahlung des Darlehens	4, 7
Beendigung der Ausbildung	54, 87 ff.
Beginn der Rückzahlungsverpflichtung	49 ff.
Behinderungsbedingte Verlängerung d. Studiums	104
Bekanntgabe	
– des Bewilligungsbescheides	3
– des Rückzahlungsbescheides	58
Besondere Härte	105
Bestandskraft	
– des Bewilligungsbescheides	5, 32
– des Feststellungsbescheides	13 ff., 17 ff., 20
– des Rückzahlungsbescheides	37
Bestreiten der Auszahlung	7
Betreuung eines Kindes	95 ff.
Beweispflicht	5
Bewilligung des Darlehens	3, 5
Bewilligungsbescheid	3, 5, 32 ff., 45 ff.
Darlehen	3 ff.
Darlehensrestschuld	112
Darlehensschuld	2, 3, 8 ff.
Darlehensteilerlaß (siehe Erlaß)	20 ff.
Diplomarbeit	55
Dissertation	55
Eingliederungshilfe	33
Einkommen des Darlehensnehmers	63 ff., 72 ff., 97 ff.
Einkommensabhängige Rückzahlung	63 ff.
Einrede der Verjährung	28
Einwendungen gegen die Rückzahlungsverpflichtung	17 ff.
Eltern	26 ff.
Endgültige Bewilligung des Darlehens	6

Erben	128
Erlaß des Darlehens	
– wegen behinderungsbedingter Verlängerung des Studiums	104
– wegen besonderer Härte	105
– wegen herausragender Studienleistungen	78
– wegen Pflege und Erziehung eines Kindes	95
– wegen vorzeitiger Beendigung des Studiums	83
– wegen vorzeitiger Rückzahlung des Darlehens	100
Ermessensentscheidung	20
Erstattungsanspruch	4
Erwerbstätigkeit	98
Fälligkeit des Darlehens	57
Fälligkeitstermin	57
Feststellungsbescheid	8 ff., 20 ff., 25, 36
Förderungshöchstdauer	39 ff., 86
Förderungsjahr	8 ff.
Freibeträge	67
Freistellung	59, 63
Glaubhaftmachung	68
Gläubigerwechsel	33 f.
Gleichbehandlung	114
Härtefälle	91, 105
Herausragende Studienleistung	78
Interesse der Allgemeinheit	18, 26
Kalenderjahr	21 ff.
Kindererziehung	95 ff.
Kosten der Anschriftenermittlung	119 ff.
Mahnbescheid	115 ff.
Mahngebühr	115 ff.
Meldungen des Amtes für Ausbildungsförderung	2
Nachforderung	18 ff., 25 ff.
Nachlaßschuld	128
Nachrangigkeit der Ausbildungsförderung	26 ff.
Niederschlagung	74
Planmäßige Beendigung der Ausbildung	55
Ratenzahlung	49 ff.
Rechtsschutz	14, 25, 37, 60
Referendarausbildung	55
Rücknahme von Bescheiden	19 f., 25
Rückzahlungsbescheid	6, 17 ff., 25, 36, 51, 58, 60

Schadensersatz	28
Schlechterstellung	25
Schuldnerwechsel	33
Sicherheitsleistung	73
Sozialhilfe	33
Stundung	72
Stundungszinsen	73
Tilgungsplan	51, 63
Teilerlaßverordnung	170
Tod des Darlehensnehmers	128
Übergangsregelung	54
Überleitung	
– eines Unterhaltsanspruches	26 ff.
– eines Anspruchs nach dem BSHG	33 f.
Übermaßverbot	114
Umwandlung des Darlehens in einen Zuschuß	6, 32
Unanfechtbarer Bescheid s. Bestandskraft	
Unterhaltsanspruch	26 ff.
Unterhaltsklage	26 ff.
Verjährung	28, 35
Verwirkung	35
Vertrauensschutz	18 ff., 25
Verzinsung	109
Verzug	109
Verzugszinsen	58 ff., 110 ff.
Vorbehalt	
– der Rückforderung	6
– der Nachforderung	19 ff.
Vollständige Erstattung	18
Vorausleistung	26 ff.
Vorzeitige Beendigung	83
Vorzeitige Rückzahlung	100
Widerspruchsverfahren	25
Wohnungswechsel	124
Zahlungstermin	57
Zeugnis	55
Zivilrechtlicher Unterhaltsanspruch	26 ff.
Zwischenfeststellungsbescheide	9